개정판

글로벌 기업경제학

개정판

글로벌 기업경제학

기업의 M&A와 사회적 책임

이요섭 지음

Global Corporate Economy

연암사

개정판

글로벌 기업경제학

제1판 1쇄 발행 2008년 3월 15일
제2판 1쇄 발행 2011년 12월 31일
제2판 4쇄 발행 2021년 3월 25일

지은이 이요섭
발행인 권윤삼
발행처 도서출판 연암사

등록번호 제10-2339호
주소 서울시 마포구 망원동 472-19
전화 02-3142-7594
팩스 02-3142-9784
값 14,000원

ISBN 978-89-86938-90-6 93320

이 도서의 국립중앙도서관 출판시도서목록(CIP)은 e-CIP 홈페이지
(http://www.nl.go.kr/ecip)에서 이용하실 수 있습니다.
(CIP제어번호: CIP 2011003820)

개정판을 내면서

2008년 3월『글로벌 기업경제학』초판이 출간된 이래 독자 여러분의 변함없는 관심과 성원에 힘입어 이번에 개정판을 출판하게 된 것을 깊이 감사드린다. 그 동안 초판 2쇄 추가 발간 등 열렬히 관심을 가져주신 독자와 특히 학구열에 불타는 학생 여러분에게 심심한 감사를 드린다. 최근 빠르게 변화하는 글로벌 기업 환경의 흐름 속에서 새로이 단장을 마치고 초판 3년 만에 개정판을 내게 되어 매우 기쁘다.

최근 몇 년 동안 세계적으로 경제 환경은 너무나 큰 변화가 있었고, 이런 변화들이 기업과 경제에 끊임없이 지각변동을 일으키고 있다. 미국 서브프라임 모기지 사태로 촉발된 리먼 브라더스 퇴출 및 이에 따른 금융위기 고조, 뒤를 이어 남유럽 몇 개 나라의 증폭된 정부 부채 해법을 둘러싸고 야기된 재정위기와 이해당사자 간 갈등 지속 등 아직 풀어야 할 과제가 산재한 상황이다.

또한 국내적으로는 2009년 2월부터 자본시장법 시행으로 금융투자상품 거래의 시장환경이 글로벌 환경에 걸맞게 조정되는 과정에 있어 한국형 IB Bank의 출현을 크게 기대하고 있는 분위기다. 아울러 파생상품시장의 재정비를 비롯한 금융환경체제도 빠르게 조정되어 갈 전망이다.

이번 개정판에서는 이와 같은 글로벌 금융환경의 변화를 반영하여, M&A시장 내용을 심층적으로 보강·강화하고, 세계 500대 기업의 변동 내용을 재분석하여 한국기업의 위상을 점검하였다. 이에 따라 기업의 생산관리 시스템 관련 장(章)을 따로 증설하여 연구를 추가했고, 다국적 기업조직의 수직-수평적 통합 및 이에 관한 사례로 자동차산업의 부품 조달부문 분석자료를 추가·보강하였다.

이번 개정판의 특징은 다음과 같다.

첫째, 각 장마다 말미에 「기업사례」를 소개하여 기업의 글로벌 기업경영 사례를 이해하고 그 시사점을 터득하는 데 도움이 되도록 노력했다.

둘째, 재무이론인 MM정리 및 성장최대화가설 등 기업경영 이론에 관심 있는 독자에게 수학적 수식 도출을 소개하여 심도 있는 연구를 할 수 있도록 했다.

셋째, 파생금융상품의 「심층사례」를 소개하고 이해하기 어려운 개념에 대한 설명을 보완했다.

넷째, 기업 관련 금융상품의 실물 「사진그림」을 소개하여 체감하도록 했다.

다섯째, 마지막으로 국문색인과 영문색인을 마련해 '기업경제학 용어

사전' 의 기능을 다할 수 있도록 함으로써 독자들의 참고색인에 도움이 되도록 하였다.

이 책의 제13장 기업관련 신금융상품에 관심 있는 독자 또는 학생은 졸저 『금융시장과 금융상품(제4판)』, 또는 『금융시장의 이해(제5판)』(연암사)의 일독을 권하는 바이다.

끝으로 개정판이 나오기까지 물심양면으로 도움을 베풀어주신 연암사 권윤삼 사장께 깊이 감사드린다.

2011년 12월
송파 탄천 냇가 우거에서
이요섭

초판 머리말

기업은 현대경제에서 중요한 역할을 하는 경제주체다. 나라의 경제를 이끌어 가며 글로벌 무한경쟁의 시대에 가장 빠르게 대응하면서 국민경제 순환에 활력을 불어넣는다. 그러나 기업이 과연 어떠한 목적을 가지고 어떻게 기능해야 하는지에 대해서는 가볍게 검토되는 것 같다. 확실히 기업은 우리의 희망이다.

지금까지는 기업이 경제활동의 주체라는 단순한 역할에만 국한해서 다루어져 왔기 때문에 이론적으로나 실제적으로 더 연구되어야 한다. 따라서 이러한 연구는 기업경영과 관련된 현실적 문제해결에 경제이론을 적용함으로써 경쟁적 시장에서 자원의 최적배분을 도모하고 기업의 합리적 의사결정방안을 세우는 데 크게 기여할 것이다. 그리고 이와 같은 고찰은 기업과 경제학의 실용적 이해를 촉진하게 될 것이다.

기업경제학은 기업의 존재, 행동, 조직, 기업의 외연적 확장 등에 대한 여러 테마들을 경제학적으로 접근하여 고찰하는 학문분야라고 말할 수 있다. 그런데 기업학은 너무 현실에만 치중하고, 경제학은 너무 이론적 접근에만 치우치는 양단간의 어려움이 있어 이를 중간으로 끌어 모아 알기 쉽게 접목했다.

기업경제 분야는 2002년부터 소속대학에서 개강한 '기업과 경제'라는 과목으로 해마다 강의를 담당한 이래 많은 시간이 흘렀다. 그런데 강의 내용을 업데이트하다 보니 기업의 존재가 새삼 중요하다는 것을 느끼게 되었다. 그럴 때마다 '사회과학분야에서 기업의 이론과 실제를 전문적인 내용으로 정리하여 넓은 독자층에 소개하는 것이 어떨까' 하고 생각해 왔다. 이제, 그 결실을 맺게 되어 매우 기쁘다.

이 책의 구성은 모두 4부로 되어 있다.

제1부는 기업의 목적과 생산이다. 기업의 존재와 의의 및 생산이론과 생산관리를 입문적 수준에서 다루었다. 기업의 목적에서는 특히 최근 이슈가 되고 있는 기업의 사회적 책임과 윤리경영을 심도 있게 고찰하면서 외국의 사례도 살펴보았다. 또 기업을 둘러싼 이해관계집단과 주인·대리인관계도 고찰하였다. 기업의 이윤학설도 간단히 소개하고 특징적 내용들을 살폈다.

제2부는 기업의 주체에 관한 고찰이다. 기업의 주체와 지배구조, 경영자와 기업가의 역할, 기업의 자본조달방법 등을 다루고 기업의 지배구조에서 주주와 경영자간의 이해상충관계(trade-off)를 규명하였다. 기업의 자본조달에서는 자기자본과 타인자본의 구조와 기업가치의 상관관계 유무를 고찰하였다.

제3부는 기업의 조직이다. 기업의 전통적인 조직구조를 먼저 살핀 다

음, 기업의 글로벌화에 따른 다국적기업의 조직유형들을 살폈다.

마지막 제4부는 기업의 확장과 재무관리다. 최근 경영수단으로 확산되고 있는 M&A의 다양한 내용을 소개하고 기업의 재무관리에 대해 기초적인 고찰을 하였다. 마지막 13장에서는 기업관련 금융상품들을 고찰하고 전통적 금융상품들과 신상품인 파생금융상품을 기초적 수준에서 살펴보았다.

이 책의 시사점은 전체 내용의 흐름 속에서 현대기업경영에서 참된 기업가의 덕목(德目)은 무엇이며, 미래의 기업가상(像)은 어떤 것이어야 하는가에 대해서도 독자 여러분에게 감히 제시하려는 데 뜻을 두었다. 지금이야말로 참되고 품위 있는 기업가 정신이 그 어느 때보다도 절실히 필요하다. 또 이 책이 모든 기업가, 경영자, 회사 대주주, 직장인, 대학생, 취업준비생, 지식인 등 많은 독자층의 요구(needs)에 골고루 부응하면서 기업관리의 지침서가 되기를 바란다.

끝으로 여러 가지 어려운 사정 속에서도 이 책을 출판하도록 흔쾌히 허락해 주시고, 세심하게 지원해 주신 연암사 권윤삼 사장님과 편집부 및 제자들에게 깊이 감사를 드린다.

2008년 3월
송파 탄천 냇가 우거에서
이요섭

|차 례|

Part 4 기업의 확장과 재무관리

표 차례

그림 차례

기업사례

PART 01

기업의 목적과 생산

1장 개론 • 2장 기업의 생산이론 • 3장 기업의 생산관리
4장 기업의 목적과 사회적 책임

GLOBAL CORPORATE ECONOMY

01
CHAPTER

개론

제1절 기업이란 무엇인가?

기업과 우리 일상생활은 어떤 관계가 있는가?

우리는 일상생활에서 하루라도 생활필수품 없이는 살아갈 수 없다. 아침에 일어나면 세수를 한다. 치약을 짜서 칫솔 위에 얹고 칫솔질을 한다. 다음에는 비누로 세수를 한다. 이 때 우리가 쓰는 것은 애경산업의 '2080' 치약, '우유비누' 나 '애경비누' 일 수 있다. 혹은 대상(미원)의 '클로렐라' 비누일 수도 있다. 또는 엘지의 '페리오' 치약이나 '덴탈' 치약일 수도 있고, 기능성 치약 '죽염 원생백' 일 수도 있다.

출근할 때 대개는 현대차의 '아반테' 아니면 '쏘나타', 기아차의 '옵티마' 를 몰고 간다. 그 차에는 흔히 한국타이어 또는 금호타이어가 끼워져 있다. 회사에서는 삼성전자에서 출시한 '비스타' 를 열고 파일을 찾는다. 실제 하드웨어를 제외한 소프트웨어의 윈도우비스타는 마이크로 소프트 등 다국적 제품이다. 또한 친구와의 점심 약속은 SKT, KTF 혹은 LGT의 휴대폰으로 한다. 귀가 후 9시 뉴스를 시청하기 위해 삼성, LG 텔레비전을 본다. 이러한 필수품들은 모두 우리 기업들이 만들어낸 제품이다.

눈을 밖으로 돌려 보자.

우리는 주변에서 외국 제품을 쉽게 목격할 수 있다. 도요타, 폭스바겐, 소니텔레비전, 미쉐린 타이어, 구찌 핸드백, 로렉스 시계, 바바리 코트 등 헤아릴 수 없을 정도로 많다. 이들 역시 외국기업들이 생산한 상품으로 교역을 해서 우리에게 수입된 제품이다.

이와 같이 사람들에게 필요한 제품을 만들어서 공급하는 경제주체가 바로 기업이다. 그런데 이러한 제품생산에서 판매에 이르기까지의 모든 과정과 관련해서 다루는 분야가 경영학 분야다. 지금까지 경영학은 효율적 기업경영을 달성할 방안의 모색에만 치중해 왔다. 그 결과 급변하는 시장의 변화로 다양한 영향을 받는 기업이 현실의 경제환경 속에서 어떻게 행동하고 변신하는가에 대한 실증적 연구는 별로 이루어지지 않는 실정이다.

반면에 경제학의 연구는 주로 시장균형을 중심으로 경제현상을 분석하면서 추상적 이론의 추구에 치중해 왔다. 이러한 문제의식을 기초로 해서 저술한 이 책은 기업의 조직과 생산관리 및 생산활동을 경제학적 해법과 접목시켜 경제학적 관점에서 분석하고 설명함으로써 경상계열 혹은 여기에 뜻있는 학생들을 비롯해서 많은 기업인, 사업가, 경영자(CEO), 관심 있는 독자들에게 경제학적 유용성을 인식시키는 데 목적이 있다.

또한 기업조직의 효율적 관리와 기업경영과 관련된 현실적 문제들을 해결하는 데 경제이론을 적용함으로써 경쟁적 시장에서 자원의 최적배분을 도모한다. 기업의 합리적 의사결정방안을 고찰해서 경제학의 실용적 이해를 증진시키고, 나아가서 복잡다단한 경제현상을 정확히 간파할 수 있는 안목을 배양하는 데 이 책의 최종목표가 있다.

기업은 어떤 일을 하며, 시장과 어떤 관계에 있는가?

기업은 여러 가지 생산요소를 결합하여 상품을 생산해내는 것을 주요한 존재이유로 하는 경제주체[1]다. 글로벌 시대에 생산의 특징 가운데 하나는 사람들이 따로 떨어져 생산에 종사하는 것이 아니라, 하나의 팀을 이루어 생산할 때 생산의 잠재력이 급격히 증대될 수 있다는 점에 있다. 몇몇 개인들의 연합이 아닌 기업이라는 조직이 생산의 주체가 될 때 기대할 수 있는 또 하나의 이득은 생산과 관련된 모든 경제행위를 시장을 통한 교환에 따르지 않고, 그 중 일부는 기업내부의 연관관계를 수행함으로써 비용을 절감하는 데에서 나온다.

그러나 그렇다 해서 모든 경우에 내부적인 연관관계에 의해 일을 처리하는 것이 시장교환에 의존하는 것보다 더욱 경제적이라는 보장은 없

1) 경제주체 : 일국의 경제를 담당하면서 주요한 역할을 하는 3주체. 가계(household) 기업(enterprise) 국가 또는 국가하부기관(국영기업, 공공기업 등)(public enterprise)을 말한다.

다. 어떤 때에는 시장에서의 교환에 의존하는 것이 훨씬 더 경제적일 수도 있기 때문이다. 따라서 어떤 일을 기업의 내부적 통제(internal controls)를 통해 수행할 것인가 외부적 시장거래(external market transactions)를 통해 수행할 것인가에 대한 판단이 필요하게 된다. 바로 이것이 기업이라는 조직의 경계(boundary)를 결정짓는 기준이 된다.

앞서 말한 바와 같이 기업은 시장자본주의체제 속에서 활동하는 중요한 경제주체 가운데 하나로서 우리가 생활하는 데 필요한 재화(제품, 상품)와 서비스(용역)를 생산하고 공급하는 조직적 주체이며, 생산요소인 노동, 자본, 기술을 결합하여 완성된 재화를 생산한다. 여기서 주체라 함은 의사결정을 실행하는 단위(unit)의 뜻을 내포하며 따라서 기업은 계약을 체결하고 이행하는 당사자가 된다는 뜻도 포함한다. 이 두 가지 의미에서 '회사'라는 의미와 동일하다고 볼 수 있다. 여기에는 제조업 영위를 위주로 하는 회사뿐 아니라 상업서비스 또는 수출입서비스를 하는 무역회사나 변호사가 변호서비스를 하는 변호사사무소도 기업[2]이 된다.

경제주체들은 국민경제 내에서 끊임없이 부(wealth)를 생산하고 분배함으로써 경제활동을 영위하고 있다. 이러한 경제활동을 영위하기 위한 기구(mechanism) 혹은 제도를 경제제도(economic system)라고 한다. 경제제도 내에서 생산주체는 주로 기업과 정부이고, 소비주체가 되는 것은

---

2) 기업과 회사 : 우리나라 상법 제169조에서 「본 법에서 회사라 함은 상행위 기타 영리를 목적으로 하여 설립한 사단을 이른다」라고 정의했으며 또한 「회사는 법인으로 한다」(제171조)라고 규정하고 있다. 기업(firm)과 회사(corporation: 주식회사)를 달리 보는 시각도 있다. 기업은 생산조직의 한 방식이고, 회사(주식회사)는 자본조달의 한 방식이다(박세일, 법경제도학, 박영사, 1994, p.84)라고 풀이한다. 그러나 이 둘은 서로 떼어 놓고 생각할 수 없으며, 하나의 기업경영 과정에서 동일한 틀 속에서 함께 다루어져야 할 성질이다.

주로 가계다.

경제제도 내에서는 기본적으로 세 가지 유형의 시장, 즉 생산요소시장, 생산물시장(재화 · 상품시장), 금융시장이 운영되고 있다. 생산요소시장(factor market)에서는 소비주체가 자기의 노동, 경영기술 및 그 밖의 자원을 가장 높은 가격을 제시하는 생산주체(기업)에게 판매한다. 생산요소시장은 이와 같은 노동, 토지 및 자본과 같은 생산요소를 배분하고 임금, 수당, 임대료 등의 형태로 생산요소의 소유자들에게 소득을 분배 지출한다. 소비주체(가계)는 요소시장으로부터 얻은 소득의 대부분을 생산물시장(재화 · 상품시장)에서 상품과 서비스를 구매하는데 사용 지출한다. 기업은 가계로부터 구입한 생산요소를 갖고 소비재를 생산하여 주로 가계에 판매하는 동시에, 또한 기업 내에서 필요한 중간생산재를 생산하여 다른 기업에게도 판매한다. 한편, 기업은 기업이 필요한 공장시설 투자에 소요되는 자금을 금융시장을 통해 조달하기도 한다.

이와 같이 기업은 제품을 생산하는 주체인데, 그 형태와 분류는 학자에 따라 다르나 대체로 여기에는 영리(이익)를 목적으로 하는 사기업(私企業)과 공기업(公企業: 공사, 특수회사, 공단 등)이 있다. 이와 함께 학교, 국가기관처럼 반드시 영리만을 목적으로 하지 않는 비영리 조직이 존재한다. 또한 영리를 추구하는 사기업에도 개인기업, 합명회사, 합자회사, 유한회사, 주식회사 등이 있다. 그러나 이 책에서는 오늘날 자본주의 경제사회에서 가장 일반적인 중심적 기업형태인 '주식회사'를 기준으로 설명을 전개해 나가기로 한다.

기업은 상품생산을 하는 경제주체다

앞에서 고찰한 바와 같이 기업은 재화(상품 · 서비스)를 생산하는 경제주체다.

기업은 자원, 노동, 자본, 경영기술 등 생산요소들을 결합하여 재화나 서비스를 생산하고 이를 소비자(수요자)에게 제공하는 경제적 활동을 영위하는 조직이다.

여기서 기업은 경제원칙에 입각하여 제품매출액(revenues)에서 소요지출비용(cost)을 뺀 나머지(residual)인 이익(profit) 또는 편익(benefit)을 극대화 하는 기업목표(purpose)를 달성하는 것이다. 즉 기업은 재화와 서비스를 생산하여 이를 고객(수요자)에게 판매하여 이익을 창출한다. 그 이익을 기업의 이해관계자들에게 분배해 주든가 재투자(R&D)하여 기업활동을 계속해 나가는 조직이라고 정의할 수 있다. 기업의 이해관계자들에 관해서는 제3절에서 상세히 고찰하게 될 것이다.

기업의 본질에 관해서는 고전적인 자본주의 경제를 배경으로 형성된 기업목적일원설이 지배적이다. 이에 따르면 기업은 오로지 기업가의 이윤을 추구하기 위한 존재며 기업경영은 이윤을 극대화하기 위한 수단이라는 것이다. 이 가운데 가장 대표적인 예로 매출액극대화설이 있는데, 이는 필요이윤의 확보를 목표로 하고 이러한 제약에서 기업은 매출액을 극대화한다는 학설이다. 오늘날 일반적으로 기업규모를 평가할 때, 주로 매출액(revenues)을 기준으로 따지는 사례를 우리는 흔히 본다. 예컨대, 미국 Fortune지의 세계 500대 기업 분류에서는 매출액을 기준으로 평가한다.

한편으로 장기이윤극대화설은 기업이 단기적으로 여러 가지 기업목적이 존재하더라도 모두가 장기이윤을 극대화하려는 수단에 지나지 않으며 기업은 결국 장기이윤극대화라는 단일 목적을 추구하게 된다는 학설이다.

또 다른 학설은 이윤추구라는 기업의 본질의 존재를 인정하면서, 다른 한편으로는 기업의 사회적 책임(social responsibility)이라는 또 다른 기업 본질의 존재를 인정하고 있다. 이는 기업이 오로지 기업가의 이윤추구만을 위해 존재하는 것이 아니라 기업의 사회적 책임이라는 경제외적(經濟外的) 목적까지를 포함해야 하며, 단일한 목적이 아니라 다차원적 목적을 추구한다는 기업목적다차원설이라고 할 수 있다. 그리고 이는 기업의 이윤축적행위를 부정하는 것이 아니라, 이윤이 기업목적 달성에 대한 대 사회적 보상(對 社會的 報償)이라는 성격이 강력하게 반영된 논리다.

기업에 대한 인식은 동 · 서양 사이에 다른 점이 있다

기업의 본질은 원론적으로 말해서 기업을 에워싸고 있는 이해관계자간의 계약상 집합체다. 그리고 그들 사이의 이해를 조정하는 것은 법규정 이외에 '주인 · 대리인관계' 위에서 합리적으로 조정되는 존재다.[3] 그런데 동서양간에는 기업에 대한 인식이 매우 다르게 나타나는 경향이 있다.

3) 伊丹敬之 外, 企業とガバナンス, 日本の企業システム, 第2巻, 有斐閣, 東京, 2005, p.50.

이 같은 인식의 차이는 일반적인 기업관에 영향을 미치게 되며, 기업의 행동과 전략에도 영향을 준다. 이러한 차이 발생의 원인은 기업의 성장 배경, 문화적 전통의 차이, 사회경제적 환경과 산업 특성에 따라서 다양하게 인식될 수 있다. 대표적인 자본주의 국가인 미국 사회와 대륙법의 바탕 위에 정립된 일본 사회 간에 이러한 차이가 대표적으로 대비되는데 그 가운데 몇 가지 주요한 내용만 간추려 보면 다음과 같다.

첫째, 미국의 경우를 살펴보자.

자본주의에 대한 인식에서 미국은 자본가(주주, 채권자) 중심의 자본주의를 중시하며 이윤추구가 기업의 최우선 목표다. 사장을 주주가 선임하고 사원인사도 외부 스카웃 또는 내부발탁 등 유동형 인사방식이며, 기업의 주인으로 철저하게 주주를 꼽는다. 또 기업전략도 대개 단기적 관점에서 수립된다. 노조활동에 대해서는 직업별, 산업별 노조가 조직되어 분업적 생산체제를 이루고 있다. 그리고 이익처분은 배당이 우선하며, 실현이익을 중시한다. 자금조달방식도 자기자본보다 타인자본(차입금)에 의존하고, 이윤동기에서 M&A(적대적 M&A 등)를 선호한다. 또한 불황대책으로 정리해고, 배당감축 등을 신속히 이행한다.

둘째, 일본의 경우를 살펴보자.

자본주의에 대한 인식에서 일본은 기업 중심의 자본주의에 강하며, 기업의 영속성 추구가 기업목표다. 사장은 기업구성원(경영진+종업원)이 선정하고 장기적 경영전략을 우선시한다. 사원인사도 정기공채, 연공서열 등 정착형 인사시스템을 활용한다. 노조활동에 대해서는 기업별 노조가 조직되며 종합적 생산시스템(TQC[4] 및 CIM[5] 시스템)을 이루고 있다. 그리고 이익처분에는 투자지향적이며 즉시배당보다 미래를 위한 유보자산을 중시한다. 자금조달에서도 은행 등 간접자본보다는 직접금융에 더 의존한다. 또한 기업합병은 사업확장의 동기에서만 선호하며, 적대적 M&A는 꺼린다.

영국의 경우는 18세기 산업혁명기에 탄광 소년노동이나 근로조건이 열악했던 공장의 부녀자 및 미성년자의 장시간 노동의 영향으로 당시 영국인들의 기업관은 좋지 않았다. 오늘날에서도 영국 일반인들의 기업관, 특히 광업 및 제조공업에 대한 인식은 좋지 않은 편이다. 영국의 이와 같은 반기업적(反企業的) 인식은 현재까지도 계속되는 경향이 있어, 일류 대학의 졸업생들까지도 졸업 후 제조업보다는 금융기관, 정부기관, 방송국 등 화이트컬러의 서비스업 취업을 선호한다.

그러나 일본은 기업을 '새로운 가치를 창조해 내는 사회적 존재'라는 인식, 즉 기업성선설(企業性善說)이 존재한다. 따라서 일본기업들은 불황기에도 고용감축보다는 우선 배당을 감축하면서 장기고용을 유지하고, 주주보다는 경영자와 종업원을 주인으로 여기고 경영하는 등 일본식 경영관행이 크게 영향을 미친다. 아마도 이와 같은 일본의 친기업적 가치관이 일본의 장기불황기에도 관계종사자들이 최선의 노력을 다한 결과 이를 극복하고, 오늘날 일본이 세계에서 경제 강국으로 계속 성장하게

---

4) TQC(Total Quality Control): 전사적(全社的) 종합품질관리를 말한다. 이는 회사의 전 임직원이 QC(품질관리)를 이해하고 조직적으로 제품의 질을 높이려고 노력하는 제도다. 원료에서 제품(상품)에 이르기까지 이를 설계, 제조, 판매, 고객의 각 단계를 연결해서 전사적으로 통일된 의사소통과 행동원리로 제품관리를 하는 것을 말한다.

5) CIM(Computer Integrated Manufacturing): 컴퓨터통합생산시스템을 말한다. 이는 컴퓨터를 이용하여 기술개발, 설계, 생산, 판매에 이르기까지 하나의 통합된 체제를 구축하는 것을 말하는데, CIM은 새로운 생산시스템으로서 필요한 제품을 필요한 시기에 필요한 양만큼 생산 가능토록 하여 모든 과정을 동시적으로 처리 · 관리하는 일종의 전략적 정보시스템이다.

된 원동력이 되었다고 생각된다.

제2절 기업은 자원을 어떻게 효율적으로 배분하나?

1. 기업과 시장의 역할

시장과 기업은 어떻게 다른가?

기업이란 무엇인가? 기업의 본질이나 성격이 무엇인지 직접적으로 설명하기에 앞서 간접적으로 기업이 시장과 어떻게 다른가를 설명하는 것이 훨씬 이해하기 쉽다. 그런데 이를 설명하려면 어디까지가 기업이고 어디서부터가 시장인가? 즉, 기업의 경계(boundaries of the firm)가 어떻게 정해지는지를 고찰해야 한다. 여기서 기업의 밖은 시장(market)이며 기업의 안은 기업의 내부조직을 말한다. 윌리엄슨(Williamson, 1975)[6]은 시장과 기업(내부조직)의 경제활동이 어떻게 이루어지는가에 대해서 분석을 하였는데, 기업을 시장이라고 하는 바다에 떠있는 섬으로 비유하였다. 큰 섬도 있고 작은 섬도 있다. 복잡한 섬과 단순한 섬도 있다. 섬과 섬이 따로 떨어져 있는 경우도 있고 긴밀한 연결고리로 얽혀져 있는 섬도 있다.

---

6) Williamson, Oliver, "Markets and Hierachies, Free Press, 1975.

[그림 1-1] 시장과 기업의 관계

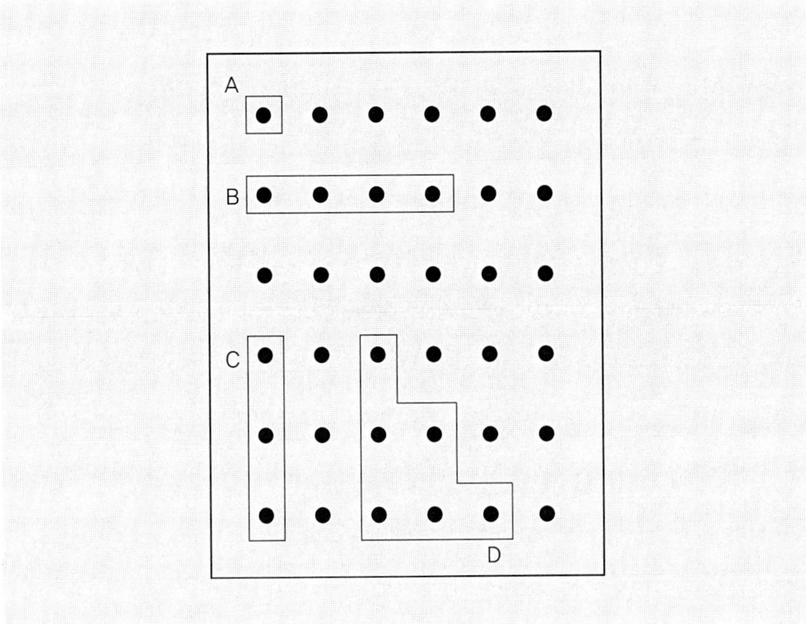

※ 자료: Oliver williamson, Markets and Hierachies, Free Press, 1975.

그는 다음 그림에서 이를 설명하고 있다.

[그림 1-1]에서 각 검은 점은 기업의 구분 가능한 사업활동을 표시한다. 여기서 기업 A는 한 가지 활동만을 하는데 비해서 기업 B, C, D는 사업범위가 여러 가지 활동을 포함하고 있다. 즉, 기업 B는 수평적으로 연결된 관련활동을 통합 운영하고, 기업 C는 수직적으로 관련활동을 통합 운영하고 있다. 기업 D는 여러 범위의 사업활동을 다각적으로 운영하고 있다.

이와 같이 기업의 형태는 다양한 모습을 보이는데 그 어떤 경우에도 기업의 바깥쪽은 '시장' 이라는 점이 공통이다. 여기서 사업활동이 기업 안에서만 이루어지는 것과 기업 밖(즉, 시장) 에서 이루어지는 것, 양자 간에는 어떠한 차이가 있으며 양자 간의 장단점은 무엇인가?

첫째로 재화생산에 필요한 중간재를 기업에서 자체생산하는 경우와 타 기업에서(시장기구를 통해) 구매하는 경우를 가정할 때, 자체생산은 전체 공정상의 흐름을 조정하는 데 따르는 부담을 경감시킬 수 있다.

중간재 조달은 유기적인 협조와 조정이 필요한데, 그 조정이 기업내부에서 이루어지는 경우와 기업 밖에서 이루어지는 경우를 비교할 때 양자 간에는 커다란 차이가 있다. 기업은 위계조직상의 상하급계층으로 질서가 정해져 있고 중앙통제조직이 존재하므로, 시장의 대등한 거래당사자 간의 조정에 비해서 더욱더 용이하게 조정이 이루어지게 마련이다. 따라서 조정에 걸리는 시간이나 비용이 훨씬 더 절약된다.

둘째로 필요한 부품을 타 기업 대신 직접 제조 조달하는 경우 정보유출을 방지할 수 있다. 부품생산에 필요한 원료, 기술, 디자인, 공법, 노하우 등 각종 정보가 그 기업의 경쟁우위를 결정하는 경우가 많은데, 이 경우 직접 제조한다면 아무 문제가 없다. 하지만 외부기업에 주문해서 조달하는 경우는 관련된 정보가 경쟁회사에 유출될 가능성이 매우 크다. 한번 정보가 유출되면 바로 경쟁력 저하로 직결되는 사례를 우리는 흔히 볼 수 있다.

셋째로 필요중간재를 직접 제조 조달하는 경우 거래비용의 절감효과가 발생한다. 거래비용이란 거래를 원활히 수행하는데 들어가는 모든 비용을 포함하는 말이다. 예컨대 거래와 관련된 정보획득에 드는 정보비용(탐색비용), 거래성립을 위한 협상과정에서 발생하는 협상비용 등 직접적 거래비용이 있다. 또한 계약자의 계약이행 여부를 감시하는데 드는 감시비용, 계약행위 파기시 계약내용을 강제집행하는데 드는 계약강제이행비용 등 간접비용이 있다. 따라서 직접내부조달의 경우 이러한 여러 비용을 절감 또는 경감할 수 있다.

애덤 스미스는 국부론(The Wealth of Nations, 1776)에서 분업(division of labour)의 이익에 대해서 언급하고 있는데, 핀(pin) 제조업의 사례를 들고 있다.

한 사람은 철사를 길게 늘이고, 다른 사람은 이것을 곧게 펴며, 세 번째 사람은 이것을 자르고, 네 번째는 이것을 뾰족하게 만들고, 다섯 번째는 머리 부분을 붙이기 위해 그 끝을 가는데, 이 머리 부분을 만드는 데에도 2, 3번의 별도의 작업을 해야 한다. 또 그것을 붙이는 것도 그것을 하얗게 만드는 것도 또 다른 하나의 일이며, 핀을 종이로 싸는 것조차도 하나의 작업이라 할 수 있다. 따라서 1개의 핀을 만드는 데에는 중요한 일이 약 18가지의 별도 작업으로 분할되기 때문에, 몇몇 제조업체에서는 전부 별개의 사람 손으로 하고 있다.

스미스가 방문한 공장에서는 10명이 분업하여 하루에 4만8000개 이상의 핀을 제조하였다. 따라서 각자 4만8000개의 10분의 1, 다시 말해서 하루에 4800개의 핀을 만들었다고 볼 수 있다. 그러나 만약 그들 모두가 각각 독립해서 일을 했거나 모두 이 일을 위해 교육을 받지 않았더라면, 그들 각자는 하루에 20개는커녕 어쩌면 1개의 핀도 만들 수 없었을 것이다.(Adam Smith(1776), An Inquiry into the Nature and Causes of the Wealth of Nations, The Modern Library published by Random House, Inc.,

New York, 1937. pp.4~6.)

여기서 우리는 분업의 이익이 어떠한 것인가를 알 수가 있다. 기업은 이 같은 분업원리를 적용하는 조직이기 때문에 이익추구를 위해서라면 기업조직을 적용하는 것은 필수적이다.

그러나 이와 반면에 중간재를 기업자체에서 생산조달하는 경우 다음과 같은 단점이 있다.

첫째, 대량생산에 수반되는 규모의 경제성을 실현하는 것이 불가능하다. 즉, 생산량의 증가에 따른 평균비용의 절감효과를 누릴 수 없게 된다.

둘째로 시장규율이나 시장압력작용의 기능을 향유할 수 없게 된다. 시장자체의 규율에서는 효율성 증진효과를 누릴 수가 있고 상호경쟁력의 발휘로 품질향상과 비용절감이 뒤따른다.

지금까지 시장거래와 기업 내 자체조달의 장 · 단점을 비교 설명했는데, 최종 판단은 경제활동을 수행하는 장(場)으로서의 기업과 시장이 어떻게 반응하느냐에 따라 양자 간의 경계(boundaries)가 결정되고 그들의 선택이 이루어질 것이다.

기업의 거래비용절감효과에 대해서는 다음에 다시 상세히 고찰하게 될 것이다.

2. 기업의 자원배분은 어떻게 하나?

자원배분의 조정기능

기업의 기능과 역할을 자원배분과 관련해서 고찰할 때, 자본주의 사회에서는 생산공정의 분업과 전문화가 형성되므로 각자는 자기의 생산물을 다른 사람들에게 제공하는 대신, 이와 교환으로 그 사람의 생산물을 획득하게 된다. 이것이 시장경제의 핵심인 '교환'이다. 이러한 교환에서 초과공급이나 초과수요 상황이 용이하게 해소되기 위해 조정(coordination)이 꼭 필요하게 된다. 이 조정장치로써 존재하는 것이 시장과 기업조직이다.

예컨대 첫째, 시장을 통한 수요 · 공급의 조정을 살펴보자.

농수산물시장에서 여름철에는 참외나 수박 등 과일이 많이 거래된다. 이러한 현상은 생산자인 농민이 판단하건대 벼농사나 밭농사 등 다른 평범한 작물보다는 계절적으로 경제성이 훨씬 높은 참외나 수박을 생산하는 것이 더 수익성이 높다는 것을 알고 있다. 때문에 이 결정은 생산자인 농민의 독자적 판단으로 참외나 수박을 여름철에 생산할 것을 결정한 것이다. 그래서 참외나 수박을 성수기인 여름철에 공급하기로 한 것이다. 시장에 참가하는 소비자들도 어떤 누구의 지시가 있어서가 아니라 자기 스스로 여름철 소비취향에 따라 쌀, 생선, 소고기의 소비를 줄이는 대신 여름과일의 소비를 더 선택하게 된다. 이처럼 생산자와 소비자 간에 시장을 통한 특정 상품의 수급 조정은 이들 시장참여자 사이에서 스스로 판단해서 이루어진다.

둘째로 기업(조직)을 통한 수요 · 공급의 조정을 생각해 보자. 기업을 통한 수급조정은 이와는 상이하게 다른 방법에 의해서 이루어진다. 어느 회사가 A팀은 겨울철에 동복을 생산하고, B팀은 봄철에 춘추복을 생산한다고 하고, 이 2개 팀에 각각 20명씩 인원배치가 되어 있다고 가정하자. 겨울철에 이르러 겨울옷의 수요가 폭증함에 따라 회사는 B팀의 인원 가운데 7명을 A팀으로 배치하는 결정을 했다면, 이 같은 배치전환은 7명의 종업원들이 스스로 결정한 것이 아니라 회사 사장(기업주)의 계획과 명령에 따라 결정한 것이다. 이와 같이 시장을 통한 조정에 비해서 조직(기업)을 통한 조정은 커다란 차이점이 있다. 물론 봄철에는 A팀의 인원 가운데 7명을 B팀으로 배치해서 성수기에 대비할 수 있다.

바꾸어 말하면 조직에서는 주요 자원을 구성원 개개인이 마음대로 사용할 수 있는 것이 아니라 조직구조상의 위계라인에 따라 수직으로 하향 배분되는 것이다. 여기서 일반적으로 상위직계의 구성원은 하위직계보다 자원배분권한이 훨씬 더 많고, 하위직계자는 상위직계자(상급자)의 승인이 인정되는 범위 안에서 부여된 자원을 받아서 일을 한다.

기업을 통한 조정이 왜 효율적일 수 있나?

기업의 거래비용을 절약할 수 있다는 데 그 이유가 있다.

여기서 거래비용(transaction cost)이라 함은 시장을 이용하든가 기업을 이용하든가, 혹은 중간적 방법을 이용하든가 함으로써 거기에 따라 발생하는 비용을 말한다. 이와 같은 비용요소에 관해서는 다음과 같이 정의하고 있다.[7)]

첫째, 한정된 합리성(bounded rationality)이다.

사람들은 되도록이면 합리적 의사결정을 원하지만 그들의 정보처리 능력이나 계산능력에는 한계가 있기 때문에 일정하게 한정된 만큼만 행동할 수밖에 없다. 이러한 한정된 합리성의 사고방식은 거래비용을 발

7) 이 부분에 관해서는 小田切宏之, 企業經濟學, 東洋經濟新報社, 東京, 2006, pp.37~38 참조.

생시키는 중요한 요인이 된다.

둘째, 복합성(complexity)과 불확실성(uncertainty)이다.

사람들은 미래에 발생할 수 있는 사상(事象)의 수가 경우에 따라서는 아주 많고, 거기에 더하여 어떤 사상이 어떤 확률로 발생할지 알 수도 없는 것이다. 더욱이 그것이 반복해서 발생하면, 발생한 사상의 조합(組合)은 지수(指數)적으로 증가한 것이 된다. 예컨대, 일기예보를 둘러싸고 오늘 발생하는 사상은 단순히 맑음과 비의 두 기지 밖에 없다고 해도, 한 달 동안의 조합은 2의 30승, 즉 대략 11억이 되고, 1년에는 "10의 108승"에 이르게 된다.

사람들이 이러한 모든 경우를 상정할 수 있다고 해도 그 확률을 예측하기가 어렵다. 또한 그것을 예측하려고 해도 너무 많은 비용이 소요되어 결국 불가능하게 된다.

셋째, 기회주의(opportunism)다.

이 말은 사람들이 자기이익을 추구하는 전략적 행동을 택한다는 뜻이다. 사람들은 법정에서 처벌받지 않는 한, 자신에게 불리한 계약은 지키지 않을 것이다. 이러한 사례가 기회주의의 예다.

마지막 넷째, 정보의 편재성(information impactedness) 혹은 정보의 비대칭성(information asymmetry)이다. 사람들은 모든 정보를 가지고 있지 않고 한정된 당사자에게만 정보가 편재되어 있다. 예를 들어 중고차시장에서 중고차를 사려는 사람은 시장에 나와 있는 어떤 특정한 차를 보고 그것이 괜찮은 차인지 사고가 난 차인지 잘 알지 못한다. 즉, 그에게는 차의 속 내용이 하나의 감추어진 특성이 된다. 반면에 그것을 팔려고 내놓은 사람은 그 동안 써본 경험에 의해 그것이 어떤 유형의 차인지에 대한 정보가 있기 때문에 비대칭적인 정보의 상황이 조성된다.

일반적으로 거래비용이란 거래시에 발생하는 비용을 말한다. 거래비용은 크게 두 가지로 분류된다. 하나는 계약을 체결하는데 들어가는 직접비용과 간접비용이고, 다른 하나는 사전적 비용과 사후적 비용이다.

직접비용에는 거래와 관련된 정보를 획득하는데 들어가는 정보비용, 거래협상을 위한 협상과정에서 발생하는 협상비용 그리고 관련정보를 거래가능 대상자들에게 유포(전달)하는데 들어가는 정보전달비용 등 세 가지가 있다.

또한 간접비용에는 계약자의 계약행위 이행 여부를 감시하는데 들어가는 감시비용 그리고 상대방이 계약행위 파기시 계약내용을 강제집행하는 데 들어가는 계약강제이행비용의 두 가지가 있다.

한편 사전적 비용이라 함은 계약체결 단계에서 나타나는 정보비용, 협상비용, 안전장치강구비용 등을 포함하며, 또한 역선택(adverse selection)을 방지하기 위한 활동에 관련되는 비용이 포함된다.

사후적 비용이라 함은 계약의 불완전성으로 계약체결 이후 나타날 수 있는 비용들을 말하는데, 여기에는 계약유지비용, 계약재협상비용, 감시비용, 보증비용, 산출물측정비용 등 5가지가 있다.

이를 표로 요약하면 〈표 1-1〉과 같다.

거래비용 절감에는 한계가 있다

그러나 기업조직을 통한 거래비용 절감에는 한계가 있다.

기업의 활동에 의해서 거래비용이 지속적으로 절감되는 부분은 대개 기업 내 거래에 한정되고, 시장을 통한 거래는 소수 거래에 한정된다. 그

〈표 1-1〉 거래비용의 범위

	주 요 내 용
직접적 비용과 간접적 비용	1. 직접적 비용 • 정보비용 : 거래와 관련된 정보를 획득하는데 들어가는 비용. • 협상비용 : 거래성립을 위한 협상과정에서 발생하는 비용. • 정보전달비용 : 관련정보를 거래가능 당사자들에게 유포하는데 들어가는 비용. 2. 간접적 비용 • 감시비용 : 계약자의 계약행위 이행 여부를 감시하는데 들어가는 비용. • 계약강제이행비용 : 계약행위 파기시 계약내용을 강제집행하는데 들어가는 비용.
사전적 비용과 사후적 비용	1. 사전적 비용 • 계약체결 단계에서 나타나는 정보비용, 협상비용, 안전장치 강구비용 등. • 역선택(adverse selection)을 방지하기 위한 제반 활동과 관련된 비용. 2. 사후적 비용 • 계약의 불완전성으로 계약체결 이후 나타날 수 있는 비용. – 계약유지비용(cost of governance procedure) – 계약재협상비용(renegotiation cost) – 감시비용(monitoring cost) – 보증비용(bonding cost) – 산출물 측정비용(measurement cost)

※ 자료: 한국은행 조사부(1999a), p. 35.

런데 현실의 상황은 기업 내 거래보다는 시장을 통한 거래가 더 큰 비중을 점할 정도로 시장거래가 활발하다.

현대의 시장경제체제에서는 이와 같이 시장을 통한 거래가 활발하게 존재하고, 기업의 내부거래를 통한 거래비용절감효과는 일정한 단계가 지나면 점차 감소하는 것이다.

3. 기업은 경영자원의 집합체다

기업의 존재에 대한 또 하나의 특징으로, '경영자원의 집합체' 라고 기업을 정의할 수 있다. 기업의 경영자원에는 세 가지가 있다. 사람, 물건, 돈이 그것이다. 최근에는 이것 외에 제4의 경영자원으로 '정보' 를 지적하는 견해가 일반적이다.

기업경영의 구조는 시장에서 기업의 선택과 행동, 기업내부의 경영자원의 선택과 행동, 그 양면으로부터 기반이 결정된다. 제품 · 서비스시장에 있어서 기업의 행동은 경쟁기업과 고객(소비자)과의 상호관계에 의해서 선택된다. 어떻게 하면 경쟁우위를 얻게 되느냐가 목표다. 고객으로부터 지지를 얻으면 그 시장에서의 점유비율은 상승한다. 그리고 그러기 위한 기업의 행동을 경쟁전략이라 부른다. 또한 사람, 물건, 돈이라고 하는 경영자원을 기업은 조달하지 않으면 안 된다.

사람은 인적자원으로서 기업 내에서 일하는 사람들이며, 정규종업원, 파트타이머, 아르바이트, 파견, 도급계약인원 등 그 형태가 다양하다. 여기서 어떠한 인원을 어떻게 조달하느냐는 기업의 선택사항이다.

물건은 물적자원으로서 제조업을 예로 든다면 공장 · 기계, 원재료, 부품 등이며, 서비스업 분야인 소매업에서 점포, 진열장, POS등록기, 구입된 상품 등이 물적자원이다. 어떠한 물건을 어떻게 조달하느냐가 기업의 선택사항이다.

돈은 자금을 말하는데 주식발행, 은행차입, 사채발행 등으로 외부에서 조달하는 경영자원이다. 따라서 내부조달자원인 유보이익(자본적립금)과의 균형을 어느 정도로 유지하느냐 하는 것이 기업의 선택사항이 된다.

사람, 물건, 돈의 3대 경영자원 외에 또 한 가지 4번째 경영자원으로 '정보'가 있다. 그러나 정보는 단독으로는 존재할 수 없는 경영자원이다. 지식, 기술, 정보로 이루어지는 제4의 경영자원은 사람이 보유한다. '정보'는 고도의 제조기계나 정밀한 부품, 우수한 점포설계 등과 같이 물적자원 속에 체현(體現)되어 있다.

제조업 공장에 가 보면 일반적으로 시판되는 제조기계뿐만 아니라 그 기업에 내재가 된 제조기계가 사용되고 있다. 경우에 따라서는 촬영이 금지 되어 있는 것도 있다. 이와 같이 물적자본 속에 체현되어 있는 기술 정보가 그 기업의 경쟁우위를 좌우한다. 따라서 이 4번째 자원인 정보를 완전히 떼어 독립적인 경영자원이라고 하기보다는 사람(인적자원), 물건(물적자원), 돈(자금)의 3대 경영자원 속에서 함께 체현되어 다루어질 성질인 것이다.

이 3대 경영자원들은 되도록 많다고 해서 좋은 것만은 아니다. 왜냐하면 조달비용과 유지비용을 동시에 항상 고려하지 않으면 안 되기 때문이다. 경쟁우위를 획득하기 위해 필요한 경영자원을 선택하고, 조달하는 일이 중요하다. 기업은 사람, 물건, 돈이라고 하는 경영자원을 투입하고 집합하여, 여러 가지 활동을 하며, 거기서 생산과정을 통해 산출되는 제품 및 서비스를 시장에 공급함으로써 부가가치를 창출한다. 간단히 말해서 기업은 이러한 집합과정을 위해 존재한다.[8)]

---

8) 石井 耕, 企業行動論, 東京, 2004, pp.5~6.

제3절 기업을 둘러싼 이해관계 집단에는 어떤 것이 있나?

기업의 형태

기업의 형태는 크게 개인기업, 합명회사, 합자회사, 주식회사 등으로 나눌 수 있다. 개인기업(single proprietorship)은 출자자와 경영자가 1인으로 동일하며, 기업과 가계가 분리되어 있지 않은 기업형태다. 이러한 형태의 기업은 1인이 감독할 수 있는 소규모 기업에 적합하다. 만약 기업규모가 커져서 감독한계(span of control)를 넘어서면 전문화의 이점이 줄어들고 수확체감현상이 나타난다. 또한 종업원이 증가함에 따라 관리비용이 급격히 증가한다.

그러나 감독을 강화하고 효율적으로 기업을 운영하면 기업이윤이 증가할 확률이 높다. 기업주의 열성과 종업원에 대한 감독을 철저히 하면 이익이 늘고 그것이 자기 몫으로 바로 환원되기 때문에 경영의 인센티브가 강하다. 그 대신 높은 노동강도 하에서 일하게 되므로 종업원에게도 이에 보답하는 인센티브를 제공하여야 한다. 그러나 기업규모를 이 형태로 지속적으로 확대하는 데는 한계가 있다.

현실적으로 소규모 개인기업의 경우는 거기서 발생한 이익이 소유주 개인의 소득으로 파악되므로 이익이 증가하면 과세되는 세금도 누진적으로 증가하게 된다. 이러한 이유로서 기업의 규모가 일정 규모 이상의 경우는 법인(기업)으로 전환하는 것이 과세상 소유주에게 유리하다.

합명회사(partnership)는 출자자와 경영자가 동일인으로서 개인기업과 같이 경영손실에 대해 출자자와 경영자가 무한책임을 진다. 출자자와 경영자자가 두 사람 이상인 점이 개인기업과 다른 점이다. 즉, 동업자의 결합체다. 여러 사람이 공동으로 출자 및 경영을 함으로써 실적결과에 따라 출자액과 감독범위를 그에 맞추어 확대할 수 있어 개인기업보다 큰 규모의 경제효과를 얻을 수 있다.

합명회사는 친인척 등 소수의 설립자로 출발하는 사례가 많으며, 오늘날 세계적인 큰 회사 중에는 사람 이름 두개를 붙여 만든 회사들이 많다. 막스 앤 스펜서, 휴렛 패커드, 프록트 앤 갬블 등의 수많은 회사가 원래 친구나 친척 간의 합명회사로 출발하여 성장했다. 또한 합명회사는 변호사, 의사, 회계사, 설계사 등 고도의 인적자본을 구비한 인사들이 설립하는 회계법인, 법무법인, 병원, 설계사무실 등 수없이 사례가 많다.

이러한 합명회사는 감시비용이 적게 들어가는 것이 특징이다. 미국 투자금융회사인 골드만 삭스(Goldman Sachs)도 합명회사로 출발했다. 합명회사도 출자자와 경영자의 수가 증가하고 기업규모가 커지면 효율적 운영이 어렵게 된다. 이에 더 커지면 대기업으로 모든 체제를 이행해야 한다.

합자회사(limited partnership)는 무한책임사원과 유한책임사원으로 이루어지며, 이원적 사원(출자자) 구성으로 되는 기업형태다. 무한책임사원은 경영에도 참가하는 출자자이고, 유한책임사원은 재산(출자금)만을 출자한 출자자다. 따라서 합명회사에 비해서 일반 출자자로부터 많은 자금을 동원할 수 있는 장점이 있다. 그러나 합자회사의 지분양도에는 무한책임사원 전체의 동의를 요하므로 주식회사에 비해서 자본의 교환성 나아가서 유동성이 떨어진다. 주식회사에 비하여 회사규모를 확장하는 데는 한계가 있지만 출자자(유한사원)의 경영자(무한사원) 감시비용은 훨씬 적게 들어간다.

주식회사(corporation)는 합명회사나 합자회사가 지닌 한계를 극복하기 위한 기업조직이다. 이 조직은 출자자와 경영자가 분명하게 분리되어 있어 출자자(주주)는 자신의 출자범위 내에서만 책임을 지며, 회사경영에는 직접 참가하지 않는 일반 자본가로부터 대규모 자금을 동원 · 조달할 수 있어 사업을 확장하는데 적합한 체제다. 주식회사의 출자자는 유한책임만을 부담하고, 또 출자지분(주식)은 언제라도 증권시장(유통시장)에서 현금화가 가능하다. 주식회사는 출자자와 경영자가 주인 · 대리인관계에 있어 경영자(대리인)에 대한 주주(주인)의 감시비용과 도덕적 해이를 방지하는 노력이 많이 들어가게 된다.

이번 제3절에서 고찰하게 될 기업의 이해관계집단은 이와 같은 주식회사의 경우를 중점적인 대상으로 상정해서 설명을 진행할 것이다. 기업은 이해관계가 서로 다른 여러 집단으로 구성되어 있다. 여기서는 주식회사를 중심으로 이들 집단을 내부 구성원인 주주, 채권자, 경영자, 종업원 등과 외부 구성원인 거래회사, 지역사회, 국가로 구분하고 각 집단의 성격을 고찰하고자 한다.

첫째는 주주다

처음 기업을 설립하고 그 기업을 운영하기 위해서는 막대한 자금이 필요하다. 이 자금을 조달하는 방법으로는 자기자본을 직접 투자하는 방법(자기자본 조달)과 외부에서 자금을 조달하는 방법(타인자본 조달)이 있는데, 현실적으로는 대부분의 기업이 두 방법을 병행해서 이용하고 있다.

주식회사인 경우 자기자본 조달 방법은 주식발행에 의해서 자금을 조달하든가 또는 회사의 유보자금(자본적립금)에서 조달한다. 또 타인자본 조달에 있어서는 은행차입이나 채권(債券 : 회사채)을 발행해서 자금을 조달한다. 주식을 매입하는 사람은 주주(株主), 돈을 빌려주거나 채권을 매입하는 사람은 채권자(債權者)가 되는데 이들은 기업에 자금을 제공했다는 점에서 공통의 이해관계가 있다.

주주는 법적인 측면에서 볼 때, 회사의 주인이다. 따라서 회사가 번창하여 많은 이익을 내게 되면 주인인 주주가 누구보다도 큰 이익을 얻는다. 이 이익은 주가의 상승이나 많은 이익배당의 형태로 실현된다. 그러나 회사의 영업이 부진하여 손실을 보게 되면 누구보다도 주주에게 많은 손해가 돌아간다. 이는 주가의 하락이나 무배당으로 나타나며, 회사가 파산하는 극단적인 경우에는 원금까지도 한 푼도 회수 못하는 최악의 사태도 올 수 있다. 이와 같이 주주는 기업과 항상 운명을 함께 하는 주된 이해관계로 얽혀 있다.

둘째는 채권자다

기업이 자금을 조달하는 방법에는 자기자본 조달 이외에 채권을 자본시장에서 발행해서 투자자로부터 조달하거나(직접금융), 은행에서 융자를 받아(은행대출: 간접금융) 조달하는 방법이 있다. 여기서 채권자(투자자 또는 은행)는 일정한 이자를 받기로 하고 돈을 빌려 주었으므로 직접적으로 회사의 경영상태에 따른 영향은 받지는 않는다. 주주에게 배당금은 지급하지 못하더라도 채권자에게 약속한 이자는 지불해야 하는 책임(채권자부채 우선상환책임원칙)이 기업에게 있기 때문이다. 그러나 기업의 경영이 어려워지면 이자도 받지 못하고, 부도가 나면 원금도 회수하지 못한다. 따라서 채권자(은행 또는 투자자, 사채업자)는 자신들의 투자자금 회수를 위해서 실물자산을 담보로 확보한 다음에 빌려주기도 한다.

개인만이 주주나 채권자로서 회사에 자금을 제공(투자)하는 것은 아니다. 다른 기업이나 은행, 보험회사, 투자신탁회사, 각종 연금 및 기금(공무원연금공단 또는 의료보험공단 등), 나아가 사립학교와 같은 비영리단체도 수익사업이나 기금 관리사업의 일환으로 회사의 주식이나 채권을 매입한다.

주주가 회사에 대해 불입한 주금납입금 범위 안에서 무한책임을 지는데 반해서 채권자는 회사가 결산이익을 실현한 이상 이자와 원금은 최우선적으로 지급보장을 받는 점이 다르다. 따라서 주주는 회사경영이 정상적으로 돌아가고 있더라도 주가하락으로 평가손실을 입을 수 있고, 또 배당에서 예상을 밑도는 저조한 배당을 받을 수도 있다. 이에 대해서 채권자는 확정된 이자를 변함없이 채권만기까지 보장받게 된다는 점에서 이해가 갈라진다. 채권자는 당연히 회사가 위험성 있는 불확실한 장기투자를 하는 것을 꺼려할 것이고, 대신 단기적인 확실한 회사 투자만을 바라게 될 것이다.

셋째는 경영자다

경영자(general manager)란 '기업의 경영과 관련된 중요한 의사결정을 할 수 있는 사람'이라고 정의를 내릴 수 있다. 흔히 CEO(Chief Executive Officer)라고도 부른다. 과거에는 경영자란 기업의 이사(理事: derector)를 가리키는 것으로 이해되었으나, 사외이사(社外理事)제도의 도입으로 경영자가 아닌 사람이 이사가 되는 현상이 생겼기 때문에 지금은 해석에 차이가 있다.

기업의 규모가 큰 회사의 경영층은 그 업무에 따라서 대표이사, 전무이사, 상무이사, 이사 등으로 구분되는 위계체계를 형성하고 있다. 이사가 상무로 승진하는 이사 내에서의 승진은 대표이사가 결정할 수 있지만 법률적으로는 같은 이사이므로 임기에는 차이가 없다.[9)]

일반적으로 대표이사는 사장으로 불리는데, 이는 대표이사가 사장인 경우가 대부분이기 때문이다. 그러나 삼성, 현대, LG, SK와 같은 대규모 기업집단에 속하는 계열사이 대표이사는 부사장이 많으며, 회사의 규모가 작거나 특정한 전문성이 요구되는 경우에는 상대적으로 젊으나 해당 능력을 갖춘 전무이사나 상무이사가 대표이사를 맡는다. 경영자 가운데서 회사운영에서 가장 중요한 위치에 있는 사람은 물론 대표이사(CEO)다. 기업의 효율은 대표이사 한 사람이 좌우하는 것은 아니고 구성원 전

9) 이사(理事): 이사(director)란 상법 등에서 정의된 것처럼 이사회의 구성원으로 등기된 사람을 지칭했다. 그러나 지금은 등기되지 않은 직위만의 이사도 상당히 많이 있다. 은행의 경우 수많은 부행장 가운데 등기이사는 한 두 사람에 그친다. 등기여부에 관계없이 이사 이상의 사원을 특별히 임원(任員)이라 부르는데, 이것은 임원이 '경영진(經營陣)'을 구성하는 한 멤버라는 뜻이 포함된 말이다.

체의 노력과 협력이 절대로 필요하다. 그러나 이러한 회사분위기를 만드는 데는 대표이사의 역할이 가장 중요하다.

최고경영자는 소유경영자(중소기업의 경우)가 직접 맡아 하는 경우도 있고, 또는 그 회사의 대주주나 대주주가 신뢰할 만한 전문경영자가 맡는 경우도 있다. 한국의 대기업에서는 대주주나 그 친척이 최고경영자로 선임되는 예가 많다. 이는 한국에서는 아직 전문경영자층이 두텁게 형성되지 못한 탓도 있고, 전문경영자에 비해서 주식을 소유한 소유경영자가 주인의식을 가지고 더 열심히 일하는데 기인하기도 하다.

소유경영자가 더 열심히 일한다는 가설은 학계에서도 최근 한 연구발표세미나에서 긍정적인 주장이 나오고 있다. 여기에 대해서는 제7장 제1절에서 상세히 고찰하게 될 것이다.

그러나 소유경영자와 전문경영자의 경영성과 차이를 두고 단순히 주인 · 대리인관계(principal and agent)로만 낮게 집고 넘어가서는 안 된다는 주장도 있다. 주주가 아닌 전문경영자는 기업의 장기적 발전에는 무관심하고 오로지 자신의 단기적 이익만을 챙긴다고 보는 것은 지나친 속단이라는 것이다. 오히려 오늘날과 같이 주식의 대중화가 진전된 상황에서는 소액 주주가 경영자 이상으로 주가의 상승을 통한 단기적 이익추구에 더 적극성을 보일 수 있다. 경영자는 기업이 발전하면 경영자 자신의 지위가 높아지고 임금이 올라간다. 반면에 기업의 발전이 정체되거나 파산하면 그 경영자는 경영자로서의 일자리와 명성을 잃게 된다. 그러므로 경영자도 기업의 장기적인 발전에 신경을 써야 할 요인이 없는 것은 아니다. 왜냐하면 아무리 유능하다는 명성을 쌓은 전문경영자라도 기업의 실적이 부진하여 주주의 이익이 충분히 실현되지 못했다고 판단되면 해임되는 사례가 얼마든지 있을 수 있기 때문이다.

넷째는 종업원이다

회사의 각종 일상업무들을 최일선에서 실천하고 실행하는 사람을 종업원이라 한다. 제조업체의 경우를 보면, 회사의 종업원은 장기적 고용관계를 맺은 직원(정규직)과 일시적인 고용관계에 있는 임시직(비정규직)으로 구분할 수 있다. 직원은 직종에 따라 생산직, 영업직, 사무 · 관리직, 전문 · 기술직 등으로 구분된다. 또한 같은 동일직종 내에서도 몇 개의 직급으로 구분되어 모든 종업원이 같은 이해관계를 가진다고 보기 어렵다.

그러나 종업원 내부의 이러한 차이를 무시한다면 종업원의 주된 관심사는 임금, 고용안정, 승진, 노동강도 및 노동시간이라고 할 수 있다. 즉, 종업원들은 가능하면 높은 임금, 안정된 고용, 빠른 승진이 보장되기를 원하며 노동강도가 낮은 수준에서 유지되기를 희망한다. 회사의 종업원들이 일상적인 회사 활동으로 이러한 희망을 실현하려고 한다면 이윤을 극대화하려는 주주나 경영자와 충돌할 수도 있다. 예를 들어 종업원들이 높은 임금을 요구하고 낮은 노동강도로 일하기를 고집한다면 기업의 생산성은 떨어지고 이윤은 감소할 것이다. 또한 종업원들의 승진욕구를 충족시키기 위해서 급격히 회사규모를 확대한다면 비용이 늘고 기업의 효율이 떨어져 이윤이 줄어들 수도 있다. 이와 더불어 종업원들이 개선책이나 희망사항을 적극적으로 말할 수 있도록 노동조합이나 노사협의회의 활동을 강화한다면 이 회사의 생산성을 높이는 길이 될 수도 있다.

그러나 기업의 경영상태가 극도로 어려운 상황에서는 노동조합이 있더라도 집단적 발언을 통한 개선은 어렵다. 이러한 상황이 도래하면 경영자나 노동조합 모두가 회사의 장기적 발전보다 당장의 부도(不渡)막기나 일자리 유지에 정신을 집중한다. 따라서 노동조합이 기업의 경영을 발언하는 효과도 그 기업의 안정성이 유지된다는 전제와 믿음이 있어야 발휘될 수 있다.

다섯째는 거래회사다

여기서 거래회사라 함은 회사의 제품을 수요하는 하류(down stream)에 있는 회사(전방산업: 예컨대 자동차회사의 경우 자동차판매회사, 할부금융회사, A/S회사, 자동차보험회사 등)와 회사에 원자재를 공급하는 상류(up stream)에 있는 회사(후방산업: 예컨대 철강회사, 타이어제조회사, 통신기기제작회사, 유리제조회사, 내장재공급회사, 부품공급업체, 반제품공급업체 등)가 있다.

바꾸어 말하면 상류란 원료에 가까운 공정을, 하류란 고객(최종소비자)에 가까운 공정을 말하는데 이들이 별도의 회사로 설립되어 있으면 법률적 의미에서는 기업 내부 구성원은 아니다.

한편으로 경제적인 측면에서 보면 거래회사의 구성원은 회사의 내부구성원 못지않게 회사의 경영상태에 영향을 받는다. 발주기업인 원제조업자가 발전해야만 여기에 부품을 납부하는 납품업체도 따라서 발전하고, 회사제품의 우수성이 제고됨으로써 이를 판매하는 체인점들도 잇따라 발전하는 사례를 우리는 많이 목격한다. 그러나 이와는 반대로 발주기업 경영이 곤경에 처하게 되면 여기에 납품하는 회사나 그 제품 판매 회사들도 그대로 경영이 부진해지고, 심한 경우에는 발주기업의 부도에 영향을 받아 연쇄부도를 일으키기도 한다.

발주기업은 경쟁력 향상을 위해 거래회사와의 깨끗한 거래와 그 내부 경영에 대해서 관심을 가져야 한다. 예컨대, 현대기아자동차가 글로벌 기업으로서 우수한 경쟁력을 갖추기 위해서는 여기에 납품되는 부품도 가격과 품질면에서 세계적으로 우수해야 한다. 또한 현대기아자동차를 판매하는 판매회사나 대리점의 경영이 원활하고 영업력이 뛰어나야만 발주회사인 원제조회사(현대기아차)의 경영도 훌륭하게 이루어진다. 따라서 발주기업은 자신의 경쟁력 유지를 위해서도 거래기업과의 관계를 잘 유지하면서 그 합리적 경영에 기여하도록 최선을 다해야 한다.

여섯째는 지역사회와 국가다

최근에는 각국이 외국 유수기업들을 직접투자유치 형식을 통해 자국으로 끌어 들이려고 온갖 유리한 개방정책을 펴고 있다. 그리고 각 지방의 지자체에서도 적극적으로 외국직접투자(FDI : foreign direct investment) 유치에 열을 올리고 있다. 그들은 세제상, 금융거래상, 토지임대료 등에서 저비용의 혜택을 제시하고 있다. 지역사회는 기업에 인력과 시장을 제공하고 공장부지나 사무실과 같은 물리적 공간 및 공업용수와 같은 핵심 생산요소를 제공한다.

이렇게 함으로써 기업이 발전하게 되면 지역사회의 고용이 늘어나고 그 곳 경제가 활성화되면서 발전한다. 이같은 선순환적인 정책효과는 미국 등 선진국과 다른 여러 나라에서 이미 입증되어, 외국직접투자 유치에 총력을 기울이고 있다.

다시 국내로 눈을 돌려 보자. 예를 들어 울산지역에서 현대자동차나 현대중공업의 경영이 순조로우면 울산지역의 경기가 좋아진다. 이는 해당 기업의 종업원이나 그 가족은 물론 울산지역의 다른 업종, 예컨대 소비유통업 및 부동산업자의 영업에까지 영향을 준다. 기업이 발전함으로써 국가는 세금 수입이 늘어나고 국민의 소득수준이 상승하며, 산업과 기술의 선진화를 이룩할 수 있다.

이해관계의 조정

지금까지 회사(기업)에 이해관계를 가진 집단들을 대략 여섯 개로 나누어 고찰을 했다. 회사를 경영하는 경영자가 자기의 이익에만 초점을 맞추어 경영해서는 안 되며, 다른 특정 집단이익만을 우선하고 그 외 집단의 이익을 무시하는 방식으로 경영하면 회사가 발전하기 어렵다. 따라서 성공적인 회사 경영이 되려면 앞서 고찰한 이해관계집단간의 상호 조화와 협조 그리고 이를 위한 조정이 무엇보다 중요하다.

회사의 이러한 이해관계조정을 위하여 일차적으로 필요한 것은 회사 경영상태에 관한 정보를 정확하게 밝히는 일이다. 기업경영의 투명성이 강조되고, 이를 위하여 공인회계사를 통하여 회계처리의 정확성을 감시하며 증권시장에서 주식이 거래되는 상장회사의 정보공시를 엄격히 규정하고, 기업집단에 대해서는 결합제무제표를 작성하게 하는 등 여러 가지 제도적 장치 마련의 이유가 바로 여기에 있는 것이다. 다시 구체적으로 설명한다면 증권거래소는 주권(株券)의 상장폐지기준에 해당하는 종목을 관리종목으로 지정하며, 또한 주가 및 거래량 등과 관련하여 시장관리상 감리가 필요하다고 인정되는 종목을 감리종목으로 지정할 수 있다. 이렇게 함으로써 투자자들이 상장기업의 기업가치의 현황을 투명하게 파악할 수 있다.

제4절 기업의 규모별 분류

기업에 대한 규모별 구분에는 어떠한 것이 있나?

우리는 일상생활에서 서울의 남대문시장이나 동대문시장을 자주 찾는다. 거기에는 수많은 점포들이 헤아릴 수 없이 많은 별의별 종류의 상품들을 진열해 놓고 고객에게 판매를 하고 있다. 어떤 곳은 조그만 진열대 하나를 놓고서 장사를 하는가 하면, 다른 한 쪽에서는 엄청나게 큰 공간에 많은 진열대를 갖추고서 다양한 여러 품질의 상품들을 고객에게 판매한다. 그런가 하면 몇 개 블록을 떨어져 근처에 국제적 규모의 현대식 백화점들이 자리 잡고 있다. 초현대식 레이아웃을 갖추고 고급 상품들을 진열해 놓고서 고객에게 이를 판매한다. 물론 백화점을 드나드는 고객층은 남대문시장이나 동대문시장에 출입하는 그런 고객들과는 현격히 차이가 난다.

이와 같이 유통산업 한 가지 분야를 서울의 특정 지역 내에서만 살펴보아도 거래규모와 상품의 품질, 그리고 상품의 판매공급자와 구매수요자의 계층이 천차만별이다. 그런데 이와 같은 상품공급에 관한 매매 상행위를 하기 위해서는 먼저 회사 형태의 창업을 해야 하는데, 이러한 기업설립은 모든 기업이 거쳐야 하는 첫 과정이다. 현재의 대기업도 처음 사업을 시작할 때는 이 같은 창업, 즉 기업설립에서 첫 출발을 한 것이다. 그러나 기업이 성장하는 동안에 어느 기업은 크게 발전하여 규모가 큰 대기업으로 다시 그룹기업으로 대약진을 했는가 하면, 어떤 다른 기업은 중소기업의 위치에 그대로 머물고 있다. 그런가 하면 어느 대기업은 변화하는 산업환경에 적응하지 못하고 경쟁력에서 낙후되어 영원히 탈락함으로써 아예 시장에서 퇴출되어 이름조차 없어진 사례도 흔히 볼 수 있다.

기업의 규모는 중소기업, 대기업, 기업집단, 대규모기업집단 등으로 나누어 고찰할 수 있다.

중소기업이란 중소기업기본법 및 세법 등 법률로써 국가로부터 보호를 받는 기업을 말한다. 중소기업 분류기준은 업종에 따라 약간의 차이가 있으나 제조업은, 상시근로자수 300인 미만 또는 자본금 80억원 이하를 말한다. 그러나 업종이 농업 및 임업인 경우는 상시근로자수 50인 미만 또는 (연간)매출액 50억원 이하에 해당한다.

이러한 중소기업 기준에 포함되지 않는 기업, 다시 말해서 이 규모를 초과하는 기업은 모두 대기업으로 분류된다. 우리나라에는 수천 개의 대기업들이 있다.

또한 이들 대기업 중에서 '독점규제 및 공정거래에 관한 법률' 제14조 제1항 에 따라 지정된 "대규모기업집단"은 앞서 말한 대기업 가운데 자산총액 순으로 상위 30대 기업이 이에 해당한다. 이들 초대형 기업집단을 이른바 '30대 재벌기업' 이라고도 일컫는다. 그런데 30대 대규모기업집단으로 지정되면 같은 소속그룹회사간 상호출자가 전면 금지되고, 채무보증도 해소해야 하는 등 재무건전화를 도모하고 문어발식 기업확장을 금지하는 기업윤리강화의무가 강제된다.

중소기업의 역할

중소기업은 규모에서는 대기업에 비해 크게 뒤지지만 그 기능에서는 주목해야 할 부분이 있다. 다시 말해서 업종에 따라 중소기업이 알맞은 경우도 있고 대기업이 알맞은 경우도 있다. 경영전략(managerial strategy)을 경영학의 한 분야로 정립한 하버드대학의 마이클 포터(Michael Porter) 교수가 지적한 두 가지 효과적 전략이 "저생산비"와 "차별화"인데, 낮은 생산비, 낮은 가격으로 승부가 이루어지는 자동차산업 등에서는 대기업이 유리하다. 이와 반대로 상표 이미지나 특수 소비층의 기호를 맞추는 제품의 특화가 중요한 요소가 되는 화장품 등의 산업은 중소기업이 더 유리할 수 있다.

종합적으로 판단할 때 노동의존도가 높거나 기술변화가 심하거나 시장규모가 작아서 경제효과가 낮은 업종은 중소기업이 맡는 것이 바람직하다. 중소기업과 대기업이 동일한 산업 안에서 서로 협력하는 '계열화' 또는 '수직적 분업'의 사례도 흔히 볼 수 있다. 다시 말해서 중소기업과 대기업은 서로 보완적인 역할을 담당함으로써 경제사회에 큰 기여를 하고 있는 것이다.

또한 중소기업은 개혁적 혁신을 발빠르게 담당할 수 있어서 새로운 기술 적용에 유리하다. 대부분의 국가에서 중소기업이 변화와 발전의 원동력, 또는 사회경제적 활력소라고 불리고 있는 이유가 바로 여기에 있다.

다음은 중소기업과 대비해서 대기업의 문제점 세 가지를 나열한 것이다.

관료주의의 불가피성

대기업은 조직원리에 입각해서 견제와 균형(check and balance)을 강조하기 때문에 새로운 아이디어에 대한 의사결정이 더디고 관료주의적 사고가 불가피하게 지배하므로 새로운 창의적인 결정과 실행에 시간이 더 걸린다.

사업추진의 보수성

대기업은 이해당사자가 다수이기 때문에 리스크가 큰 사업을 실행하기가 어려우며, 매우 보수적인 입장을 견지하게 된다.

혁신기업의 딜레마

혁신적 상품의 등장 초기는 시장규모가 작으므로 고정비에 비해 수익성이 따르지 못하여 손익분기점이 높게 나타나게 된다. 따라서 확신이 없는 신상품 추진은 대기업에게는 적당하지 못한 것으로 생각하게 된다. 예컨대 신제품의 초기 시장규모가 10억원에 불과한 경우라면, 그리고 그 시장수요 증가속도가 상당히 오래 시일이 걸리는 특성이라면, 아무리 혁신상품이라 하더라도 수조원의 매출액규모를 가진 대기업인 경우 쉽사리 이 신상품 분야에 투자하려 들지 못할 것이다.

다시 말해서 대기업에서는 "혁신기업의 딜레마"에 봉착하게 된다. 그러나 혁신적 아이디어를 가지고 출범한 중소기업이 나중에 시간이 지남에 따라 대기업이 될 수 있음은 물론이다. 수많은 창업기업 중에서 미래의 대기업이 탄생되는 것이므로 중소기업체가 많을수록 대기업 탄생 가능성은 그만큼 크며, 창업기업이 많을수록 국가경제가 비약할 수 있는 기반을 더욱 튼튼하게 구축하게 된다.

중소기업의 경제외적(經濟外的) 의의

중소기업의 존재가 국가 사회안정에 유익하며, 국가경제에 긍정적 영향을 주는데, 여기서는 다음의 세 가지 경제외적 의의가 있다.

중소기업은 고용증대에 크게 기여한다

중소기업은 노동집약적이면서 시장규모가 작은 업종이다. 시설투자보다는 노동력에 의존하는 경우가 대부분이므로 매출액대비 고용효과가 매우 월등하다. 특히 중소제조업, 유통, 외식(外食), 관광, 소프트웨어 개발 등 서비스산업은 규모의 경제가 크지 않으므로 고용효과가 크고 실업률 해소에 적격이다.

중소기업은 지역간의 균형적 발전을 촉진한다

대기업은 한국의 경우 대부분 경인지역, 즉 수도권에 밀집되어 있으나 중소기업은 지방에 산재되어 있어 그 지역주민들을 고용하고 있으므로 지역주민의 소득창출에 기여한다. 지역 소재 중소기업들은 원자재 공급자 또는 구매자로서 연관산업을 부흥시키고 또한 그 지역사회의 선도자 역할을 함으로써 문화시설 마련과 문화행사 주관 등을 통해 지역문화 창달에 기여한다. 그들은 또한 사회간접시설 확충과 빈민구제 활동 등 사회적 공헌에도 이바지한다.

중소기업은 대기업에 대한 견제세력의 역할을 한다

대기업의 대부분은 해당 산업분야에서 독과점적 지위에 있기 때문에 여러 가지 폐해를 유발하는 수가 있는데 반해서, 중소기업은 고객에게 더 빠르고 더 유용하게 다가갈 수 있다. 때문에 대기업의 과다한 단기이익 추구행위 등을 억제하고 친고객적인 역할을 담당할 수 있다. 따라서 대기업의 횡포와 압제에서 벗어나게 하는 역할을 중소기업이 대신 맡아할 수 있게 된다면, 지방경제에 큰 기여를 하게 될 것이다.

이와 같이 중소기업이 건전하게 육성되고 대기업과 더불어 역할분담이 균형을 맞추게 된다면 사회안정과 지역간 계층간의 균형적 발전과 성장이 가능하게 될 것이다. 그리하여 장기적으로 국가경계 전체의 성장 · 발전에 이바지하게 될 것이다.

기업집단이란 무엇인가?

일반적으로 기업집단(business group)이라 함은 다수의 기업이 주식소유관계에 의해 서로 연결되어서 집단에 소속된 계열기업간의 협력이 강제되고 그런 협력관계가 장기간 유지되는 형태의 기업들을 말한다. 기업집단이 형성되는 이유는 크게 정치적 이유, 이념적 이유, 경제적 이유 등 세 가지를 들 수 있다.

첫째, 정치적 이유는 근대적 경제발전기에 정부주도로 경제개발을 추진하고 이를 효과적으로 이끌어 가기 위한 목적으로 기업집단을 의도적으로 육성한다. 일본의 메이지유신(明治維新, 1868년)과 점령군 철수(1962년) 이후의 일본의 경우가 그것이다. 또한 한국도 정부주도로 경제개발계획을 시행(1961년 이후)했던 일이 이에 해당한다. 이에 따라 일본에서는 자이바츠(財閥)와 이를 이은 게이레츠(系列)(2차 세계대전 종전 이후)가 탄생했고, 한국에서는 재벌(나중에 '대규모기업집단'으로 호칭)이 형성되었다.

둘째, 이념적 이유의 관점은 독점자본에 대한 논의에서 출발하는 논리로서, 기업의 경제력 집중은 끊임없이 진행되게 마련이며, 이에 따라서 독점이윤을 누릴 수 있다는 논점이다. 이 원리는 원래 콘체른(Konzern)의 형성 논리와 관련된 설명이다. 이는 모(母)회사가 주식의 소유에 의해서 많은 자(子)회사를 지배하면서 자신의 세력확대를 도모한다는 논리다.

셋째, 경제적 이유는 기업집단을 형성함으로써 거래비용을 절감할 수 있고 공정경쟁을 바탕으로 이와 같은 비용절감은 더욱더 제고된다고 보는 견해다. 이는 주로 영미계 국가에서 기업집단이 형성되는 경우다.

기업집단의 형태는 국가와 시대에 따라 다르다. 그 결속관계의 강도에 따라 게이레츠형, 재벌형, 지주회사형, 복합기업체형 등 네 가지로 나눌 수 있다.

첫째, 게이레츠형은 제2차 세계대전 이후 일본에서 발달했는데, 수십 내지 수백개의 기업이 상호간의 주식지분을 소량 소유하는 형태로 상호출자(相互出資, cross shareholding)하여 집단적 유대관계를 형성하는 유형이다. 이는 기업들의 집단에 의한 지배 혹은 기업 간의 연합체(federation)라고 할 수 있다.

둘째, 재벌형은 정부주도로 경제개발 초기의 개도국사례에서 볼 수 있다. 기업의 소유와 경영이 분리되지 않았을 때 나타나는 형태인데 창업자 혹은 그의 가족이나 후손이 집단에 소속된 기업체의 주식지분을 일부 소유하면서 창업자 프리미엄을 활용해 기업집단 전체를 지배하는 형태다. 개도국의 경우 경제력집중의 수단으로 발달하였다. 이와 같은 형태는 한국의 재벌기업, 인도네시아 및 태국 등 동남아시아 국가의 화교자본으로 형성된 재벌형 기업 등에서 그 사례를 볼 수 있다. 또한 일본의 명치유신이후의 자이바츠도 창업자 혹은 그 가족에 의해 지배되었다는 점에서 재벌과 같은 형태라고도 볼 수 있지만 주식소유형태는 지주회사에 가까웠다.

셋째, 지주회사(持株會社, holding company)는 서유럽 각국에서 이루어지는 전형적 형태다. 지주회사는 독자적 영업을 하기보다는 하나 혹은 다수 기업체에 대하여 최대주주로서 지배권을 행사할 목적으로 설립되며, 일반적으로 다양한 산업에 종사하는 다수의 자회사(子會社, subsidiary)를 거느리고 있다. 지주회사 중심의 집단은 지배조직이며 지배조직의 경영층이 실질적으로 지배권을 행사한다.

넷째, 복합기업체(conglomerate)는 지주회사가 모든 자회사의 주식을 100% 소유함으로써 경영의 전권을 확실하게 행사하는 형태다. 즉, 그 자회사는 지주회사에 통합되어 하나의 통합기업체가 되는 것이다. 따라서 이 복합기업체는 지배·종속관계가 가장 확실한 집단이라 할 수 있다. 자회사(사업부)가 법적으로 독립조직체가 아니므로 기업집단이라기보다는 사업집단이라고 부르는 것이 합당하다. 복합기업체가 형성되는 과정은 다각화(diversification)전략에 의해서 신설 또는 M&A 형식을 밟아 새로운 업종의 사업이 개시되는 것이다.

이상과 같은 여러 가지 국가별 기업집단 가운데 한국의 경우와 같은 '대규모기업집단'은 1987년에 처음 도입되었다. 당초 취지는 대규모기업의 경제력 집중을 막기 위한 제도인데, 대규모기업집단으로 지정되면 계열사간 상호지급보증 금지, 출자총액 제한, 상호출자 금지 등 정부의 규제가 가해지게 되어 있다. 이 제도의 적용대상 기업의 선정기준은 처음 시행 당시인 1987년에는 자산 4,000억원 이상의 32개사가 대규모집단으로 지정되었지만, 그 후 그 수가 점차 증가하여 1992년에는 78개로 증가하자, 정부(공정거래위원회)는 기업집단 지정 기준을 현행 자산순위 상위 30개로 상향조정하였다.

기업사례[1]

네슬레(Nestle)의 세계경영 – 다국적기업

스위스의 명물 레만호(湖)의 북쪽 끝자락이 와 닿는 그림 같은 마을 베베(Vevey).
전 세계 130여 개 나라에 진출해 연간매출 1천억 달러를 올리는 거대한 다국적기업 네슬레(세계 42위)의 본사가 자리 잡고 있다고 생각하기엔 의외의 장소다.
호수의 굴곡을 따라 만든 널찍한 산책로를 거니는 노인들이나 롤러스케이트를 타는 아이들의 모습에서 평화로움이 묻어난다. 드넓은 호수가 바라다 보이는 네슬레 본사 건물 역시 조용하기 짝이 없다. 그러나 그 속에서는 전 세계 식품시장을 석원하겠다는 네슬레의 21세기 전략이 다듬어지고 있다.

◆ '사람 있는 곳에 네슬레가 있다'

네슬레의 미래전략에서 엄청나게 획기적 사건이란 사실 있을 수 없다. 네슬레는 21세기에도 변함없이 커피와 아이스크림, 초콜릿과 미네랄워터를 만들 뿐이다.
아무리 새로운 제품을 내놓는다 해도 결국 '사람의 입맛' 이라는 좁은 테두리를 벗어날 수는 없다. 사람의 입맛은 성장환경에 따라 다르기 마련이므로 한 가지 맛으로 세계인의 입을 즐겁게 하기란 사실상 불가능하다. 그래서 네슬레에게는 새로운 제품개발보다 미처 손길이 닿지 않았거나 틈새가 남아 있는 시장개척과 사업운영 전략이 훨씬 더 중요한 테마가 된다. '어디서나 언제나 어떤 방식으로든(Wherever, Whenever, However)' 이라는 슬로건은 네슬레의 전략을 한마디로 요약해 준다. 다른 서방기업들이 손을 쓰지 못하는 지구상의 마지막 시장인 북한과 알바니아에도 네슬레의 제품이 진입해 있다.

◆ 다국적기업의 표본

네슬레 생존전략의 핵심은 바로 철저한 다국적화에 있다. 네슬레의 매출액 중 스위스 국내시장이 차지하는 비중은 겨우 1.5%다. 전체의 98% 이상이 외국시장에서 외국통화로 거래가 이뤄지는 셈이다. 스위스시장이 워낙 좁은 탓도 있지만 많은 기업들이 말로만 요란하게 떠드는 '세계화' 나 '세계경영' 이 무엇인지를 실제로 보여주는 근거이기도 하다. 네슬레그룹을 지휘하는 본사 최고 경영진의 조직을 보면 이 회사의 다국적화 수준이 어느 정도인지는 더욱 뚜렷해진다. 네슬레 세계경영의 사령탑이었던 헬무트 마우허 회장이 대표이사의 직함만 갖고 경영일선에서 한걸음 물러나면서 최고경영자(CEO)에 오스트리아 출신의 브라벡 레머드 회장이 들어섰다. 또 기능별 지역별 사장급 경영진 7명 중 2명을 제외하고는 모두 외국 국적의 인물들로 채워져 있다. 기능별 사장은 재무담당 마리오 코티(스위스), 의약 · 화장품 및 인사 · 담당 프란스시코 가스타네르(스페인), 전략사업그룹 마케팅담당 필립 베 롱(프랑스), 기술 · 생산 · 연구개발담당 루퍼트 개서(오스트리아) 등이다.

또 지역별로는 유럽담당 로버트 래버(스위스), 미주담당 카를로스 리프레서스(멕시코), 아시아 호주 아프리카담당 마이클 개럿(호주) 등이다.
네슬레 사람들은 네슬레를 더 이상 스위스 기업이라 부르지 않는다. 21세기형 기업이 되려면 거추장스런 국적 따위는 깨끗이 잊어버려야 한다는 사실을 보여준다.

◆ 네슬레의 역사 : 농축우유로 출발, 품목다각화로 급성장

네슬레 로고에는 어미새가 둥지 속의 새끼들에게 먹이를 물어다 먹이는 모습이 담겨 있다. 1867년 창업자 앙리 네슬레가 자신의 이름을 따서 붙인 네슬레(nestle)라는 회사명이 스위스말로 '작은 둥지', 혹은 '보금자리'(nest)를 뜻한다.
앙리 네슬레는 어린아이들이 먹을 음식을 보관해 두었다가 필요할 때 쓸 수 있는 방법을 궁리하다가 농축우유제품을 만들어냈고 '파린 락떼'라는 브랜드로 사업을 시작했다. 앙리는 이듬해부터 주변 유럽국가로 시장을 넓혀 1905년에는 영국의 앙글로 스위스 농축우유회사와 합병함으로써 본격적인 다국적화에 나서기 시작했다. 이어 38년 인스턴트커피 네스카페를 개발하고 47년 가공식품업체인 매기와 합병하면서 네슬레 알리멘타나로 회사 이름을 바꿨다. 또 69년에는 미네랄워터회사인 비텔, 85년 커피크리머회사인 카네이션, 92년 음료업체 페리에, 94년 애완동물 사료업체 알포 등을 차례로 인수합병(M&A)했다.
네슬레라는 현재의 회사명을 만든 것은 77년이었다. 이 같은 인수 합병은 네슬레의 성장의 원동력이 돼왔고 지금도 세계 각국에서 인수 합병 대상업체를 물색하고 있다. 이 밖에 70년대에 화장품회사 로레알에 투자하는 등 사업다각화에 나서기도 했다.

◆ 네슬레의 강점과 약점

네슬레의 강점과 약점은 모두 식품이라는 제품의 특성에서 나온다. 강점으로서는 우선 사람들의 식생활에 관련된 제품이기 때문에 시간과 공간을 초월해 시장이 형성돼 있다는 점을 들 수 있다.
네슬레가 일찍부터 세계시장 공략에 나설 수 있었던 것도 기본적으로 소비자제품 시장의 특성 때문에 가능했다고 볼 수 있다. 또 지속적인 인수합병을 통해 경쟁업체들과 비교할 수 없을 정도의 '규모의 경제'를 갖추고 있는 것도 네슬레 만의 장점이다.
식품업체 2 · 3위를 합쳐야 네슬레의 매출규모와 비슷한 수준이다. 네슬레는 이 같은 거대한 규모를 분권화된 조직으로 극복하고 있다. 그러나 이 같은 분권화 전략은 상대적으로 중앙통제를 악화시켜 세계 공통의 전략을 수행하는데 어려움을 갖는다는 점이 단점으로 지적될 수 있다.
지나친 다국적화에 수반되는 노사문제 등 조직관리도 문제점의 하나다. 노사문제는 세계 각 지역업체들마다 서로 다른 문화를 갖고 있어 본부차원의 대책을 수립하기가 어렵다.

특히 식품시장이 가진 성장의 한계는 네슬레로서는 치명적 약점이다. 초일류기업들이 21세기에 들어서도 고성장 목표를 세우고 있는 것과 달리 네슬레는 연간 4% 성장을 최대 목표로 잡고 있다. 또 인수 합병을 통해 엄청난 숫자로 늘어난 브랜드도 처치 곤란이다. 네슬레는 세계적인 주력브랜드를 선정해 전략적으로 육성하지만 수익성이 낮다고 무작정 포기하는 것도 현실적으로 어려움이 뒤따른다는 점에서 문제점으로 지적되고 있다.

※ 자료: 매일경제신문 1999. 9. 7.

02

CHAPTER

기업의 생산이론

제1절 개 요

지금까지 기업경제학의 발전과정에서 기업행동을 파악하는 두 가지의 상호보완적인 접근방법이 제시되어 왔다.

첫 번째 접근방법은 기업의 목적에 의해서 기업의 형태를 설명하는 것이고, 두 번째 방법은 시장의 구조나 경쟁이 기업의 행위를 결정하는 주된 요인이라고 설명하는 것이다. 기업의 의사결정자는 기업의 목적을 달성하는 데 가장 큰 공헌을 한다고 생각하는 행동이나 전략을 선택하는 것이다. 이러한 두 가지 접근방식은 결코 배타적인 것이 아니며 상호 보완적으로 발전되어 왔다. 이 장에서는 기업의 행동을 주로 이윤동기를 중심으로 고찰하고자 한다. 이윤의 특성 및 원천과 현대경제에서 이윤의 역할 및 기능들을 살펴보고 기업이 이윤극대화를 위해 어떤 생산활동을 하는가에 대해서 분석 · 고찰하고자 한다.

제2절 기업의 이윤

이윤의 개념은 무엇인가?

기업이 추구하는 목표는 첫째로 이윤의 창출에 있고 이 이윤을 극대화하는 것이 제1차적 기업목적이다. 그리고 기업은 최소의 희생으로 최대의 편익(benefit)을 얻으려는 이른바 '이윤동기'(profit motivation)를 가지고 경제활동과 생산활동을 영위하고 있다. 이윤은 일반적 개념으로 다음과 같은 수식에서 이루어진다.

이윤(profit) = 총수익(total revenue : *TR*) − 총비용(total cost : *TC*)

다시 말해서 이윤은 총수익(*TR*)에서 총비용(*TC*)을 차감한 잔액(residual)이다. 이 밖에도 이윤에는 여러 가지 개념이 존재한다.

첫째, 회계학적 개념의 이윤이 있다. 이는 다음과 같은 수식으로 이루어진다.

이윤 = 총수익(*TR*) − 역사적 원가(*historical cost*)

여기서 회계학적 이윤개념은 과거 거래에서 발생한 역사적 사실에 근거를 둔 사후적(ex post)개념이다.

둘째, 경제학적 개념의 이윤이 있다. 이는 다음과 같은 수식으로 이루어진다.

이윤 = 총수익(*TR*) − 총비용(*TC*)

= 총수익(*TR*) − (역사적 원가 + 정상이윤*)[*정상이윤 = 자본비용]

여기서 총비용에는 앞서 말한 역사적 원가뿐만 아니라 정상이윤(normal profit)까지를 포함하는 개념이다. 이 정상이윤의 실체는 사회통념상 투자자본의 최소한의 '자본비용'을 뜻한다. 그리고 최소한의 이익(minimum profit) 개념은 '생산원가'(production cost) 개념인 것이다. 즉, 정상이익의 개념이다.

이윤이론에는 어떠한 학설이 있나?

자본주의 경제체제에서 이윤에 대한 논의는 끊임없이 계속되어 오고 있다. 다시 말해서 이윤은 어디서 파생되는 것이며 이윤의 윤리, 도덕적 측면 그리고 이윤이 사회적으로 정당화될 수 있는 것인지에 대하여 활발한 논의가 있어 왔다.

이에 대한 여러 가지 이론과 논의는 대략 다음과 같이 크게 세 가지로 분류된다. 이들 학설은 대부분 이윤의 특정 측면(이윤의 원천, 구성요소, 기능 등의 측면)에 대해서만 주로 설명하고 있다. 그렇지만 이 같은 분류는 기업경영의 의사결정에서 이익분석에 접근하는 첫 출발점이 된다는 데 그 의의가 있다.

보상-기능설(compensatory and functional theory of profit)

이 학설은 이윤을 기업가가 위험을 감수하고 기업행위를 수행한 서비스에 대한 대가라고 주장한다. 따라서 이 이론은 기업가(entrepreneur)를 생산적 활동을 발원시키고 통합하고 조정하여 성공적인 결과를 창출하는 근본적인 힘으로 본다. 결과적으로 여러 가지 경제적 · 관리적 기능을 성공적으로 수행하는 기업가에 대한 정당한 보상이 곧 이윤이라는 것이다.

이 이론은 또 대기업의 부재주주도 기업운영의 서비스는 제공하지 않지만, 그들의 투자자본에 대한 위험을 감수하는 데 주어지는 정당한 보상이라고 보고 있다. 즉, 정상이윤을 받아야 한다고 주장한다.

마찰-독점설(friction and monopoly theory of profit)

이 학설은 이윤을 행운이나 유리한 입장(독점 또는 과점), 시장의 마찰, 경쟁 부재 속에서 파생되는 것으로 본다. 이 이론은 기업의 독점이윤을 잘 설명한다. 일반적으로 완전경쟁시장은 존재하기 어렵고 따라서 실제로는 시장의 마찰적 요인(독점적, 배타적 요인)에 의해서 제한을 받게 되어 특별히 초과이윤을 얻게 마련이다. 예컨대, 국제무역장벽은 내수시장에서 내수기업들이 수출기업보다 더 유리한 위치에 있게 하고 경쟁을 제한하는 시장마찰요인으로 볼 수 있다.

기술-혁신설(technology-innovation theory of profit)

이 학설은 기술 및 기술혁신이 초과이윤의 원동력이라는 것이다. 새로운 생산 · 유통기술은 비용을 낮춤으로써 이윤을 제고시킨다. 또한 새롭고 진보된 상품은 수요증대를 유도하여 이윤을 높일 수 있고, 새로운 관리기술도 이윤을 제고시킬 수 있다.

또한 혁신의 시차위험(time-lag risk)과 혁신의 성패위험도 이에 대한 보상으로 이윤이 귀속되어야 한다고 주장한다.

이상에서 고찰한 바와 같이 이윤은 기업 내부의 여러 가지 요소나 외부환경적 요인으로부터 파생된다. 위에서 고찰한 이윤설명은 이 중 하나만의 이론으로는 만족스럽지 못하고, 세 가지 이론이 상호 보완적으로 해석되어야 할 것이다.

예컨대 기술 · 혁신 이윤은 기술우위에서 발생되는 독점이윤일 수도 있지만, 위험감수에 대한 대가로도 생각할 수 있다.

제3절 기업의 생산활동은 어떻게 이루어지나?

여기서는 기업이 이윤극대화라는 기업의 목적을 바탕으로해서 어떻게 기업이 행동하는지를 분석하고자 한다.

일반적으로 생산이란 가치를 창출하는 행위를 말한다. 생산은 고객의 소비욕구를 충족시키기 위해 생산요소(원자재, 자본, 노동력, 기계, 에너지, 정보)를 투입하여 일련의 변화과정을 통해 제품 및 서비스를 창출하는 과정이다. 요약해서 생산은 상품을 제조하여 최종소비자에게 사용될 때까지 과정에 포함된 모든 경제행위를 포괄하는 것이다. 따라서 생산의 개념에는 단지 기술적 변화과정을 통해 재화(제품)를 창출하는 협의의 생산뿐만 아니라 이를 위해 수반되는 생산활동 지원 분야인 자재의 조달, 확인, 심사, 보관, 운반 등 광의의 생산과정까지를 포괄하는 개념이 담겨져 있다.

기업의 생산활동은 [그림 2-1]에서 보는 바와 같이 생산요소를 생산방법이나 기술적 과정을 거쳐 재화와 서비스로 변환시키는 일련의 과정적인 행위를 말한다.

[그림 2-1]에서 네모 안은 생산요소를 재화 및 용역으로 전환하는 과

[그림 2-1] 생산활동

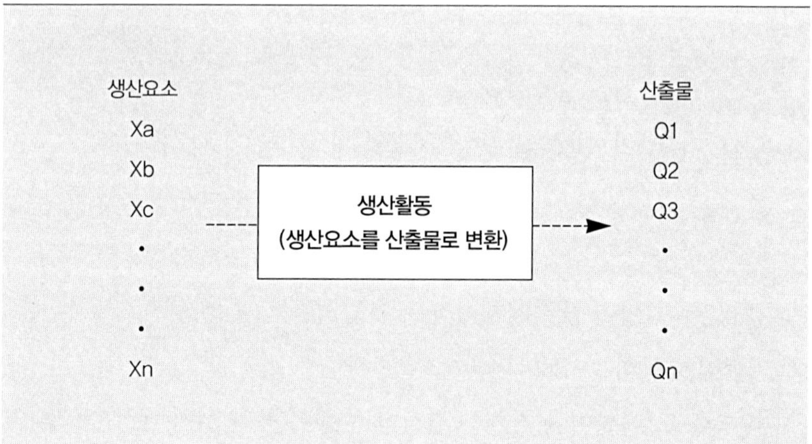

정을 나타낸다. 네모안의 투입될 생산요소는 기술의 발전, 생산요소의 종류, 산출물의 구성 등에 따라 달라질 수 있다.

제4절 기업가치이론

기업가치이론은 기업이 기업 자체의 이윤을 극대화하려고 노력한다고 가정한다. 그러나 이것은 바꾸어 말하면 기업의 목표를 기업의 부(wealth) 또는 기업가치를 최대화하려고 노력한다는 것과 같다.

여기서 기업가치의 개념은 "기대되는 미래현금의 현재가치"라고 정의할 수 있다. 기업의 현금흐름은 이윤과 같다고 간주한다.

미래에 발생하게 될 현금흐름(cash flow)의 화폐가치를 현재의 시점에

해 실

〈현가 계산방법〉

기대되는 미래이윤의 현재가치를 P_0 라 할 때,

$$P_0 = P_n \frac{1}{(1+i)^n} = P_n(1+i)^{-n} \quad \cdots\cdots \text{식(2-1)}$$

- P_0 : 현재가치
- n : 기간
- P_n : 미래현금가치(현금 흐름)
- i : 할인율
- $(1+i)^{-n}$: n기간 후 1원이 얼마의 현재 가치를 나타내는가를 계산하는 식(式)
  → "현가이자요소"(present value interest factor)

예 제

5년 후 5,000,000원을 받을 수 있는 채권(액면가 5백만원)의 현재가치는 얼마인가? 할인율은 10%이다.

〈해답〉

〈현가표〉에서 $n = 5$, $i = 10\%$ 의 현가율은 0.62092

$$P_0\,(PV) = Pn\,\frac{1}{(1+i)^n} = \frac{5{,}000{,}000}{(1+0.1)^5}$$
$$= 5{,}000{,}000 \times 0.62092$$
$$= 3{,}104{,}500\text{원}$$

서 평가한 화폐가치를 현가(present value : *PV*)라고 하는데, 그 계산법은 식(2-1)과 같다. 또한 이에 대한 사례를 들면 [예제]와 같다.

제5절 기업의 이익관리는 어떻게 하나?

이익계획이란 무엇인가?

이익관리의 기본적인 출발점이 이익계획이다. 이익계획(profit planning)이란 미래의 일정기간의 경영활동과 경영성과를 마련하는 이익목표에 대한 일종의 경영계획이다.

즉, 이익계획은 「예상수익 - 예상이익 = 예상비용」이라는 형식을 가지며, 미래적 개념에 속한다. 따라서 미래의 허용예상비용을 미리 통제하는 하나의 수단이 된다.

구체적으로 기업경영에 있어서 이익계획이란 실제로 제품의 범위, 생산량, 가격 등에 관한 운영의사결정(operating decision)을 뜻한다.

이익계획 수립의 과정은 다음의 5가지 과정을 거쳐서 진행된다.

① 기업제품의 기대수요 예측
② 이익계획목표 수립
③ 허용예상비용의 통제 · 관리
④ 이익계획 실행일정표 확정
⑤ 분기별 진도차이분석 및 보완대책(feed-back) 수립 시행

이익예산은 어떻게 짜나?

이익예산은 추정 또는 가상 손익계산서로부터 도출한 이익예산(profit budget)에서 출발한다. 이익예산은 기업의 최근 손익계산서를 기초로, 예상되는 비용 · 가격상의 변동과 이익예산기간에 걸친 기대수요의 변동을 적절히 반영한다. 또 이익예산은 이익계획뿐만 아니라 기업경영활동의 조정(coordination)과 통제(control)에 활용한다. 그 과정은 다음의 세 가지 측면으로 나누어진다.

① 계획측면 : 모든 계층의 경영자로 하여금 인력, 원료, 설비, 재무자원 등 필요량 예측과 그에 따르는 계획수립 및 계획달성 방안을 제시토록 한다.

② 조정측면 : 분기별로 각분기말에 계획 대비 차이분석 및 조정을 한다.

③ 통제측면 : 현재 예산운영결과와 계획예측치를 체계적으로 비교, 분석, 검토하고, 예측(계획)과 결과(실적) 간에 차이가 발생한 때에는 차이원인분석과 수익성개선 방안을 모색(feed-back)하여, 수정계획을 마련하여 시행한다.

손익분기점분석이란 무엇인가?

손익분기점(break-even point)분석은 총비용(TC)을 고정비용(TFC)과 변동비용(TVC)으로 분류하고, 생산량(Q)의 변화에 따른 총수입(TR), 총비용(TC), 이익(NP)의 관계를 알아냄으로써, 이익계획의 도구로서 활용되는 기법이다.

여기서 손익분기점분석은 단기분석이며 기업의 평균변동비와 제품가격은 일정하다고 본다. 따라서 기업의 비용함수(profit function)는 1차선형으로 나타나고, 수입함수도 선형이 된다. A회사의 손익분기점분석 결과를 도표로 보면 [그림 2-2]와 같다고 하자.

이 때 손익분기점생산량 산출공식은 식(2-4)가 되고, 목표이익산출공식은 식(2-5)가 된다. 손익분기점분석은 기업의 매출액량, 가격과 비용간의 관계를 살펴봄으로써, 기업의 가격결정, 비용통제 등 중요한 의사결정을 하는데 유용하게 활용된다.

[그림 2-2]에서 A회사의 제품가격은 15, 고정비는 1,000, 평균변동비는 5 라고 가정한다면, 이때 손익분기점(B)는 생산량(Q_B) = 100단위, TR과 TC 가 만나는 점 B 에서 정해진다.

여기서 제품가격(단가) = P, 생산량 = Q, 평균변동비 = AVC, 고정비 = FC, 총수입 = TR, 총비용 = TC 라고 할 때,

$$TR = P \times Q \quad \cdots\cdots\cdots\cdots\cdots\cdots \quad 식(2-2)$$

$$TC = FC + AVC \times Q \quad \cdots\cdots\cdots\cdots \quad 식(2-3)$$

그런데 Q_B(손익분기점)에서 $TR = TC$ (총수입과 총비용이 같아지는 것)이므로

[그림 2-2] A 회사의 손익분기점 도표

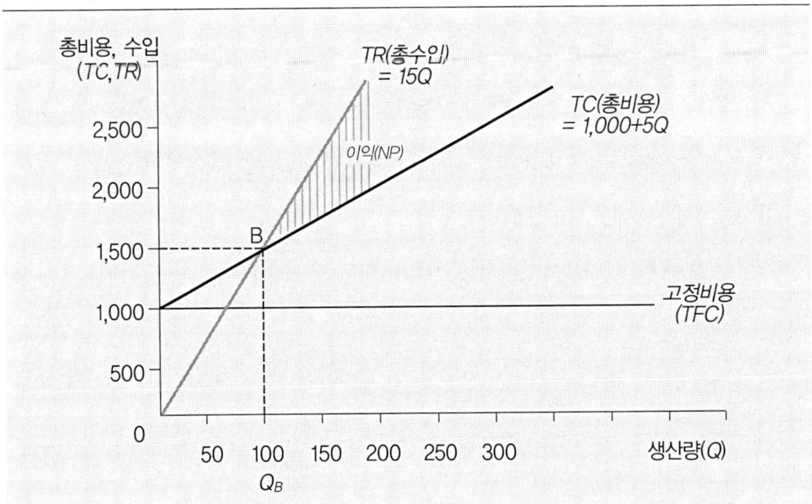

식(2-2)와 식(2-3)에 $Q = Q_B$를 대입하면 다음과 같은 식이 나온다.

$$P \times Q_B = FC + AVC \times Q_B$$

$$(P - AVC)Q_B = FC$$

따라서, $Q_B = \dfrac{FC}{(P - AVC)}$ ······················ 식(2-4)

A회사의 예를 식(2-4)에 대입하면 다음과 같다.

$$Q_B = \frac{FC}{(P - AVC)} = \frac{1{,}000}{(15-5)} = 100$$

이때, 식(2-4)에서 분모(P-AVC)를 '단위당공헌이익'이라 한다. 즉, 고정비를 단위공헌이익으로 나누면 손익분기점이 산출된다.

식(2-5)는 손익분기점을 계산하는 것뿐만 아니라, 목표이익(T)이 정해져 있을 때, 그 목표이익(T)의 달성을 위해 필요한 매출액(필요목표매출액 Q_T)을 찾아내는 데도 이용된다.

목표매출액을 Q_T 라 하고, 목표이익을 T 라고 하면,

$Q_T = \dfrac{FC + T}{(P - AVC)}$ ·············· 식(2-5)

가 도출된다.

기업사례[2]

현대차 2010년 해외생산 300만대 … 시장개척만이 살길

12월 29일로 창립 40주년을 맞이하는 현대자동차. 이제 현대·기아차가 생산하는 차 10대 중 7~8대는 외국시장에서 팔린다. 현대차와 기아차는 올해 들어 11월 말 현재 국내외 시장에서 각각 240만대, 124만대를 판매했다. 해외 판매대수는 각각 180만대, 99만대로 전체 판매물량의 76%, 79%였다.

수치에서 쉽게 확인할 수 있듯이 내수보다는 해외 판매 비중이 훨씬 높다. 해외 판매가 좋으면 내수가 부진하더라도 어느 정도 버텨낼 수 있는 구조다. 그러나 반대로 해외 판매가 무너지면 속수무책이 될 수밖에 없다. 이처럼 외국시장 개척과 판매 확대는 현대·기아차에 선택의 문제가 아니라 생존의 문제다. 현대·기아차가 세계 최대 자동차시장인 미국은 물론 자동차 수요가 급증하고 있는 신흥시장을 공격적으로 개척할 수 있는 글로벌 생산 네트워크를 구축해야 하는 이유다.

중국자동차 시장 수요는 2005년 397만대에서 지난해 518만대로 급증했고 올해는 600만대에 육박할 전망이다. 또 2010년에는 승용차 수요가 730만대로 폭증해 세계 최대 시장이 될 것으로 기대된다. 현대·기아차가 중국 현지공장 생산능력을 두 배 가까이 끌어올린 것도 이 때문이다.

기아차는 지난 8일 중국 장쑤성 옌청시에서 기아차 제2공장(30만대)을 준공했다. 현대차는 내년 4월 베이징에서 현대차 중국 제2공장(30만대)을 준공한다. 현대차 베이징 제2공장이 완공되면 현대차는 60만대, 기아차는 43만대 생산능력을 갖추게 된다. 이 같은 생산능력을 토대로 현대·기아차는 2010년에 현대차 60만대, 기아차 44만대 등 총 104만대를 판매한다는 중장기 계획을 수립했다. 이를 위해 내년부터 중국형 신모델 출시를 통해 그동안 다소 부진했던 중국 판매를 확대할 계획이다. 내년 4월 출시 예정인 중국형 아반떼는 크고 화려한 것을 선호하는 중국시장 트렌드를 반영했다.

인도에서도 현대차는 생산능력을 크게 확대하고 있다. 연간 30만대 생산능력을 갖추고 있는 첸나이 공장 증설이 내년 1월이면 끝난다. 첸나이 2공장이 완공되면 연간 60만대 생산체제를 갖추게 돼 급속히 성장하는 인도시장에서 보다 원활하게 자동차를 공급할 수 있게 된다. 인도 주변국으로도 수출을 크게 늘릴 계획이다. 현대차는 이미 지난해 첸나이 공장에서 생산한 차량 11만3399대를 수출해 인도 제1 자동차 수출업체로 자리 잡았다. 기아차는 지난 4월 유럽에 생산거점을 마련했다. 기아차는 슬로바키아 질리나시에 총 10억 유로를 투자해 연산 30만대 규모 완성차 공장을 건설했다.

현대차도 총 11억 유로를 투자해 체코 노소비체에 연산 30만대 규모 유럽전용 자동차 생산공장을 짓고 있다. 2009년 3월부터 생산에 들어간다.

2009년 현대차 체코공장까지 가동되면 세계 최대 자동차 격전장이자 세계 2위 자동차 시장인 유럽에서도 현지 생산거점을 확보하게 돼 효율적으로 유럽시장을 공략할 수 있게 된다. 현대차는 또 고유가로 경제가 급성장하면서 자동차 수요가 폭발적으로 늘고 있는 러시아시장 선점을 위해 러시아 제2 도시인 상트페테르부르크에 연산 10만대 규모 완성차 공장을 내년 상반기부터 짓는다. 러시아시장에서 시장점유율 1위를 기록하고 있다. 현대차는 지난해 200만대 규모였던 러시아 자동차시장이 2011년에는 350만대로 대폭 증가할 것으로 전망하고 있다.

현대·기아차는 세계 최대 자동차시장인 미국에도 생산거점을 구축했다. 연산 30만대 규모인 현대차 앨라배마공장은 디트로이트 기술연구소, 캘리포니아 디자인센터, 주행시험장과 연계해 현지화 전략을 펼치며 판매를 확대하고 있다.

현대차는 2005년 미국 앨라배마공장 가동을 시작한 후 3년 만인 지난해 1500만대 판매기록을 달성했고 지난 11월 말까지 모두 1700만여 대를 미국시장에서 판매했다. 기아차도 미국 조지아 주에 연산 30만대 규모 완성차 공장을 건설하고 있는데 2009년 완공 예정이다.

조지아 주 공장 외에 내년 1월, 4월 완공 예정인 현대차 첸나이 2공장(30만대), 현대차 중국 베이징 2공장(30만대)이 생산에 들어가고 2009년 3월 완공 예정인 현대차 체코 노소비체에 생산공장(30만대), 내년 상반기 착공 예정인 러시아 현대차 완성차 공장(10만대)이 생산에 들어가는 2011년이 되면 현대·기아차는 총 303만대의 해외생산능력을 갖추게 된다. 지난해 말 현재 국외에서 300만대 이상 자동차를 생산하는 업체는 제너럴모터스(561만대), 포드(396만대), 도요타(340만대) 등 세 곳뿐이다.

※ 자료: 매일경제 2007. 12. 26.

03

CHAPTER

기업의 생산관리

제1절 생산관리의 의의와 개념

기업의 목표와 생산관리의 개념

오늘날 기업의 기본 목표는 이윤 창출이며 기업의 지속성장을 위해 이윤극대화를 추구하는 것은 당연하다. 기업의 생산활동은 이와 같은 이윤 창출을 위한 첫 단계이며 그 터전이다. 따라서 생산이라 함은 고객의 소비욕구를 충족시키기 위하여, 바꾸어 말하면 소비자의 효용을 창출하기 위하여 진행되는 과정이다. 즉, 생산요소(원자재, 자본, 노동력, 기계, 에너지, 정보)를 생산공정에 투입하여 일련의 부가가치 변화과정을 통해 제품(유형재) 및 서비스(무형재)를 창출하는 과정이라고 할 수 있다.

이러한 생산과정에는 단지 기술적 변화과정을 통해 재화(유형재 및 무형재)를 창출하는 협의의 생산뿐만 아니라 이 과정에서 수반되는 생산활동

[그림 3-1] 생산관리 메커니즘

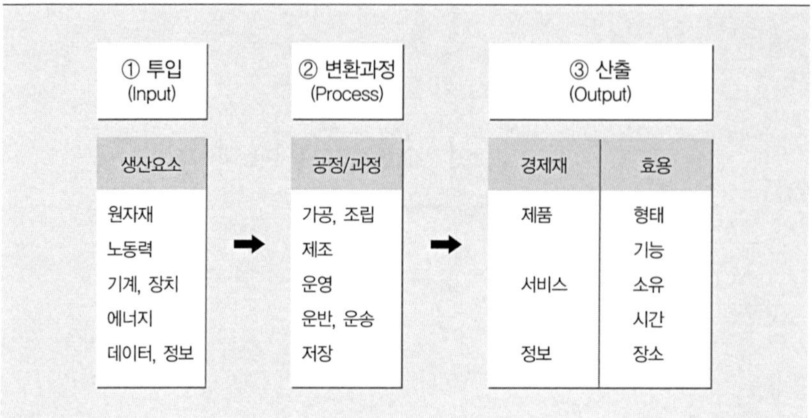

지원분야(자재조달, 확인, 심사, 보관, 운반) 등 광의의 생산과정을 포함하는 개념이 담겨져 있다. 생산의 기본적 의의를 다시 정리하면, 생산요소의 투입(input), 생산공정(과정)의 변환과정(process), 경제재·효용을 창출한 산출물(output)로 요약할 수 있다. 이들 메커니즘을 설명하면 [그림 3-1]과 같다.

기업생산에서 기업의 목적인 이윤을 창출하기 위해서는 경제적 생산을 통한 효용가치의 창출, 투입요소의 비용감소와 함께 산출물의 가치증대, 부가가치의 창출이 필수적이며, 산출물의 시장평가가치 총합은 당연히 투입비용의 총합보다 커야 한다. 따라서 기업생산에서는 최소한의 투입비용으로 산출물가치의 최대화가 이루어지도록 항상 생산활동을 효율적으로 실행해야 한다.

생산관리 명칭의 변화

최근 생산관리의 영역은 산업분야의 세밀화, 생산기술의 첨단화 및 생산방법의 다양화 등으로 영역 확대가 가속화되고 있어, '생산관리' 라는 용어 대신 '생산 · 운영관리' 라는 용어로 바꾸어 일컬어지기도 한다. [그림 3-2]에서 보는 바와 같이 생산관리의 명칭은 제조관리(MM) → 생산관리(PM) → 생산·운영관리(POM) → 운영관리(OM)로 바뀌어 오고 있다. 그럼에도 불구하고 생산관리의 기본원리는 크게 변한 것이 없기 때문에 생산관리로 범용되는 것이 일반적이다.

생산관리 내용에 포함되는 세부 항목에는 제품개발설계, 수요예측, 공정설계, 생산능력결정, 생산설비결정, 시설 및 공장입지선정, 설비배치, 작업방법설계, 수송계획, 일정계획, 재고관리, 품질관리 등이 포함된다.

[그림 3-2] 생산관리의 명칭 변경과정

① 제조관리(Manufacturing Management: MM)

↓

② 생산관리(Production Management: PM)

↓

③ 생산·운영관리(Production Operation Management: POM)

↓

④ 운영관리(Operation Management: OM)

제2절 생산시스템이론과 기능

생산시스템의 개념

시스템이란 단어는 라틴어인 Systema에서 유래된 것으로 그 어원은 그리스어의 Synistanai(결합한다)에서 찾을 수 있다. 시스템은 하나의 전체(복합체)를 구성하는 사물(구성요소)의 집합을 의미하는 말이다. 다시 말해서, synergy = synthesis + energy의 개념으로 이해된다. 따라서 "시스템이란 하나의 공통목적을 위해 제한된 범위 내에서 상호 작용하는 구성요소의 집합" 이라고 정의할 수 있다. 그러므로 시스템은 생산목적을 추구하는데 있어서 관련된 모든 요소들이 집합하여 주변 환경과 끊임없이 상호작용하면서 피드백(feed-back)되어 가는 특성을 가지고 있다.

생산시스템의 기능

생산시스템은 고객만족을 위한 효용창출 및 경제적 생산을 추구한다. 효용창출은 생산시스템의 변환기능을 통하여 수행되며 경제적 생산 자체는 투입자원에 대한 효율적 관리기능을 통해서 달성된다.

이와 같은 생산시스템의 변환기능은 형태변환, 기능변환, 시간변환, 장소변환, 행위변환, 소유변환 등 여러 가지 기능을 통해서 경제적 효용을 창출하는 기능을 한다.

[그림 3-3] 생산관리 목적과 기능

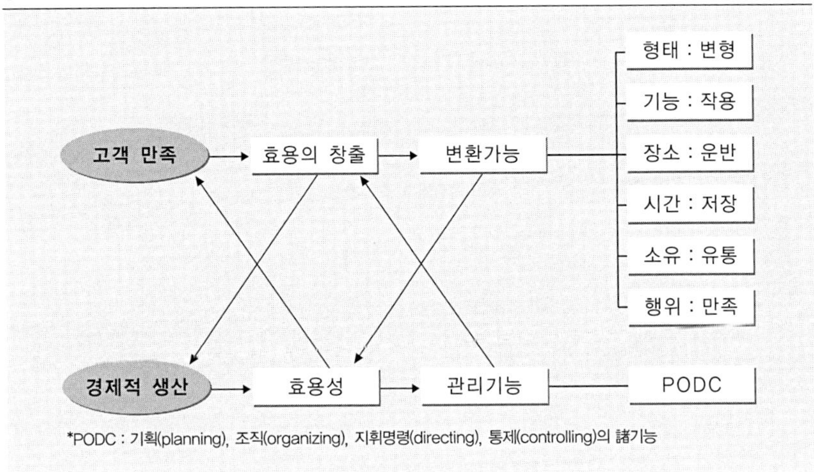

또한 효율적인 경제적 생산의 달성은 생산시스템에 대한 관리기능을 통해서 이루어지는데 이 관리기능은 계획기능, 조직기능, 지휘명령기능, 통제기능 등(PODC : 4가지 기능)으로 세분화된다. 생산관리의 목적과 기능을 설명하면 [그림 3-3]과 같다.

제3절 생산형태

품종·생산량 측면의 생산형태

기업의 생산형태는 수요측면의 상황에 따라 또 품종에 따라 달라진다.

[그림 3-4] 품종별·생산량별 생산형태의 분류

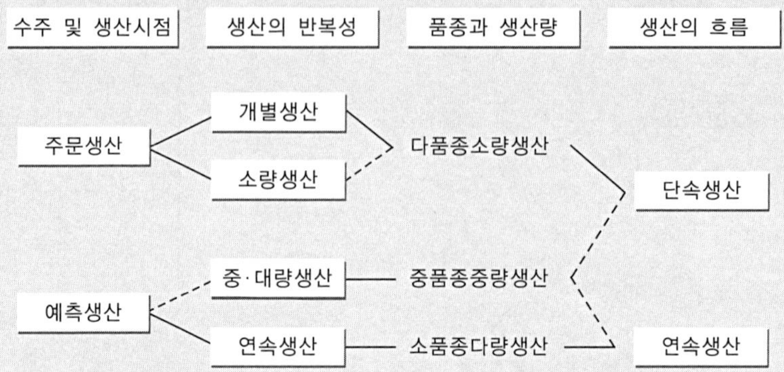

· 주문생산 : 수주생산(주문을 받아서 생산)
· 예측생산 : 시장생산(불특정 다수의 수요자를 상대로 생산)
· 연속생산 : 연속생산(계속적인 생산)

따라서 생산형태는 생산제품의 종류와 생산량의 과다에 따라 소품종대량생산, 중품종중량생산, 다품종소량생산으로 3분된다. 이를 설명하면 [그림 3-4]에서 보는 바와 같다.

제4절 제품의 개발과 설계

제품수명주기가설(product life-cycle hypothesis)

생산된 제품은 일반 유기체(생물체)와 마찬가지로 각각 저마다 일정한

[그림 3-5] 제품수명주기의 모형도

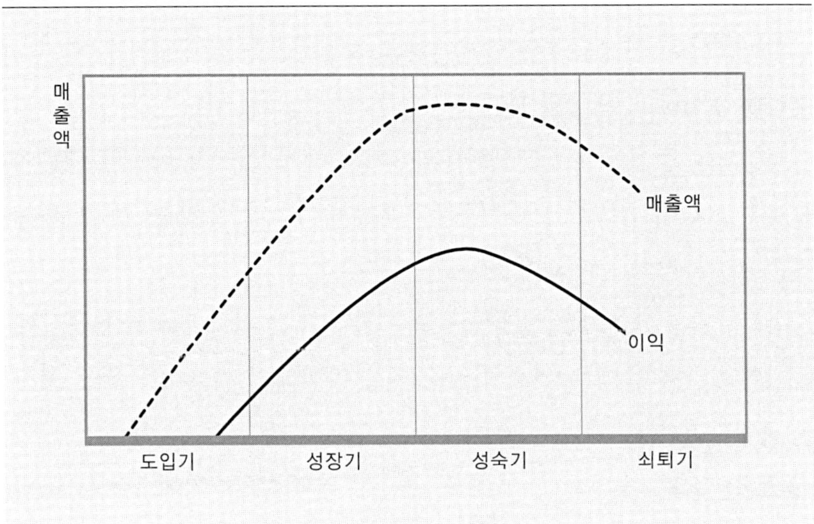

수명주기(life-cycle)가 있다는 주장이다. 특히 새로운 생산제품의 수명주기(product life-cycle; PLC)는 [그림3-5]에서 보는 바와 같이 도입기, 성장기, 성숙기, 쇠퇴기 등 4개 단계로 진행된다. 이는 마치 사람이 출생, 성장, 성숙, 노년이라는 일련의 생태학적 과정을 거치는 것과 마찬가지로 제품이나 서비스도 똑 같은 과정을 거치게 된다는 가설에서 출발한다. 따라서 시간의 흐름에 따라 특정 신제품의 매출과 이익의 변화과정을 양적인 표현에 의해서 가설적으로 설명한다. 그리고 이들 제품의 수명주기단계에 따라 광고정책, 가격정책, 분배정책 등 마케팅전략과 경영전략이 각각 차별화된 대응을 추구한다는 것이다.

제품수명주기의 각 단계별 특성과 시장성장률이 차별화 되어 있기 때문에 소비자에 의해서 반응이 좋은 제품은 그 수명주기를 철저히 관리하여 최장기화 마케팅전략을 수립 추진하여 이윤을 극대화해야 할 것이다.

일반적으로 신제품의 도입기에는 시장점유율을 확대하고 강화하는 전략을 수립하고, 광고와 판매촉진에 투자를 늘려야 한다.

성장기에 들어와서는 고객확대와 수요증대가 이어져 나가기 때문에 새로운 고객이 급증하고 반복구매고객이 증가한다. 이때는 광고판촉에 집중하고 가격의 탄력적 운영이 요구된다.

성숙기에 이르러서는 신제품 수요가 안정 또는 점차 감소하는 추세에 들어가고, 총매출액은 서서히 감소한다. 따라서 장기고객을 위한 철저한 품질관리가 요구되는 시기이다.

마지막 쇠퇴기에 와서는 수요의 급감 또는 정지상태기에 접어들게 되

〈표 3-1〉 제품수명주기의 특성과 단계별 전략

	도입기	성장기	성숙기	쇠퇴기
기본전략 및 포인트	- 브랜드/제품 인지도 확대, 강화 - 광고, 홍보집중 투입	- 지명도/선호도 확대, 강화 - 비용절감 노력 유통침투 확대	- 상표충실도 유지 - 시장세분화 집중 상표경쟁	- 선택적 특화 - 제품구색 축소
제품 및 가격전략	- 신소재/신제품 제한 - 높은 가격(초기) 할인제한(시장침투 주력)	- 제품용도 및 표적 다양화(히트상품 출시) - 가격 탄력적 운영	- 제품통합 및 차별화, 제품수명 연장 - 저가격경쟁력확보	- 제품 진부화 지연 및 극복 - 가격회복·유지 시장점유율 포기
유통 및 판촉전략	- 핵심거래처 우선 침투 - 교육/홍보 캠페인 (수요자극)	- 유통경로침투확대 - 광고/판촉 집중	- 유통효율추구, 재고압력 - 광고축소, 서비스 강화(선택적수요 자극)	- 유통축소, 선별유지 - 최소한의 광고, 판촉유지

※ 자료 : 임재석·엄명철, 생산관리(개정판), 2008, p.131 참조

어 새로운 신제품 개발계획이 필요하게 된다.

제품수명주기의 특성과 각 단계별 대응전략을 살펴보면 〈표 3-1〉에서 보는 바와 같다.

제품개발의 과정

기업 생산분야에서 첫 단계인 제품개발의 과정은 연구단계, 개발대상 선정단계, 개발 및 설계단계 등 3단계로 진행된다.

연구단계

신제품의 개발은 대상제품 선정에 앞서 고객만족도조사에서 고객의 요구사항과 일선 판매원들의 의견을 수렴하는 등 시장조사를 충분히 거친 다음, 이를 연구개발부서에서 종합평가 · 분석을 해야 한다.

개발대상제품 선정단계

앞에서 취합한 시장조사결과와 아이디어 창출내용을 종합하고 여기에 연구개발부서의 기술평가, 사업성 분석을 거쳐서 최종 제품선정을 한다. 아이디어 창출은 연구개발과 기존의 기술공학 등 기업내부에서 얻을 수도 있지만, 고객, 경쟁회사, 부품공급자 등 외부시장에서 얻을 수도 있고, 각계의 다양한 목소리를 경청하여 문제점을 개선하고 새로운 아이디어를 개발하는 브레인스토밍(brain storming) 방식도 이용할 수 있다.

신제품 아이디어 창출의 내용은 제품개발기준 및 재무적 기준에 의해 사업타당성 분석을 하게 되는데, 여기서는 신제품의 매출액, 생산비용, 매출액 수익 등 추정치를 토대로 수요예측, 제품원가 분석, 총 추정이익을 산정할 수 있다.

타당성 분석을 거쳐서 신제품개발이 결정되면 신제품개념의 개발 아이디어는 설계부서로 보내지며 이때부터 예비설계가 시작된다.

예비제품 설계단계

타당성 분석을 통해 채택된 신제품개발 아이디어를 구체적인 제품으로 전환하는 단계이다. 이러한 예비제품 설계는 예비설계와 최종설계의 두 단계로 이루어진다. 따라서 제품개발부서와 엔지니어링부서의 상호간 긴밀한 협조하에 제품개념설계와 원형설계를 완성하고 시험단계를 거쳐 시장평가를 한 다음 최종설계단계로 이행된다.

예비설계단계는 특히 생산비용, 품질 및 신제품 성능 간 야기되는 상충관계(trade-off)를 고려해야 하고 또 시장경쟁력과 생산효율성을 제고하도록 초점을 맞춘다.

예비제품 설계단계의 마지막 단계인 최종설계는 설계명세서와 조립도면을 통해 실제 생산과정과 연결하는 틀을 마련하고, 신제품의 성능 재실험, 시험마케팅 결과 분석, 신제품의 출하시기, 출하지역 등을 결정하여 최종 신제품 생산단계로 들어가게 된다.

04
CHAPTER

기업의 목적과 사회적 책임

제1절 기업의 목적은 무엇인가?

기업은 여러 가지 목적을 가지고 있다

기업의 목적에 대해서는 여러 학자마다 강조하는 관점에 따라 다르나, 그 가운데 대표적인 것으로 이윤극대화, 기업의 사회적 책임, 사업성장 및 다각화 등을 들 수 있다. 여기서 가장 핵심적인 것은 이윤극대화와 기업의 사회적 책임이라 할 수 있다.

기업의 목적(purpose)이란 기업을 에워싸고 있는 여러 이해관계집단 중에서 누구의 이익을 먼저 대변하는가를 결정해 준다는데 그 의미가 크다. 한편으로 기업의 주인이 주주(株主)인 것은 부정할 수 없는 사실이다. 그렇다면 기업체는 당연히 주주의 이익을 최우선적으로 생각하여야 할 것이다. 실제로 미국의 경영은 예나 지금이나 철저하게 "주주 재산가치의 극대화”(maximization of shareholder value)를 신성불가침의 원리로 삼아 왔고, 그것은 21세기에 들어 와서도 변함없이 자리 잡고 있다.

누가 기업의 주인인가에 대해서는 제5장 제1절(주주자본주의와 이해관계자 자본주의)에서 자세히 고찰하게 될 것이다. 그런데 만약 고객과 주주 두 당사자들 간에 이해관계가 상충된다면 누구의 이익(interest)을 우선해서 앞세워야 될 것인가? 하는 문제에 봉착할 수 있다. 물론 그와 같은 일은 많지 않다. 그것이 바로, 가장 선진적인 미국의 기업경영이 말로는 고객을 앞세우면서도 행동으로는 주주를 먼저 걱정하는 이유다. 고객을 위하고 사회의 번영을 추구하는 행위가 바로 그 기업체의 성장과 발전을 가져온다.

기업이 생산하는 상품을 고객이 원하지 않으면 아무런 의미가 없으므로 기업이 창조하는 가치는 모두 고객으로부터 나온다고 보아야 할 것이다. 고객이 없으면 기업이 생존할 수 없고 그들을 최대한 섬기는 것이 기업을 번창하게 하는 지름길이다. 기업이 번창한다는 것은 바로 주주가 원하는 것이기도 하다. 주주가 없으면 기업이 ‘존재할 수 없는 것’은 엄연한 현실이지만 기업이 고객만족을 최우선으로 내세워도 주주와의 이해상충은 일어나지 않는 것이다. 다시 말해서 기업의 목적은 주주의 이익임이 분명하지만 그것을 달성하기 위한 가장 효과적인 수단이 바로 ‘고객만족인’ 것으로 해석된다.

기업의 기본목표는 이윤이다

오늘날 기업의 목표는 이윤의 극대화(profit maximization)라고 할 수 있고, 현실적으로 그것은 경제학의 기본적 가정이 되어 왔다. 이윤이란 기업의 재산 중에서 모든 다른 이해관계집단에게 배분하고 남은 몫으로서 바로 주주의 재산이므로 그것의 극대화는 주주재산의 극대화가 된다는 뜻이다.

국가 경제가 성숙기에 다다르면 대기업에서 소유와 경영의 분리가 일어나는데 미국은 1920년대에 이미 그런 현상이 일반화 되었다. 소유와 경영이 분리될 때 일반적으로 나타나는 현상으로서 전문경영자는 이윤보다는 성장 즉, 매출액 신장에 더욱 신경을 쓰는 경향이 있다는 점이다. 그런 현상은 전통적으로 직원위주로 경영되었던 일본에서 흔히 나타났음을 알 수 있다. 이윤이 전제되지 않으면 장기적으로 기업의 존립 자체가 위협받게 되므로 성장만을 기업의 목표로 해서는 안 된다. 그러나 단기적 성장전략 또는 시장점유율 확대전략이 장기적으로 더 큰 이윤을 남긴다면 그것은 충분히 고려해 볼 수 있다.

결론적으로 말하면 기업의 궁극적 목표는 이윤이고 그것을 달성하기 위한 방편으로 단기적으로 기업의 성장률 또는 매출액신장률을 목표로 설정할 수가 있다.

어느 경우에는 기업의 사회적 책임을 이윤보다 더 앞세우기도 하지만, 역시 바람직한 기업활동의 목표는 이윤(profit) 또는 수익성(profitability)이라는 사실을 부인할 수 없다. 왜냐하면 그것은 위험부담에 대한 대가(risk premium)인 동시에 장래의 사업확장을 위한 기초로서의 자본축적을 위해 필수적인 존재이기 때문이다.

기업의 두 번째 목표인 '기업의 사회적 책임' 에 관해서는 다음 제2절에서 자세히 고찰하고자 한다.

제2절 기업의 사회적 책임과 윤리경영

기업의 사회적 책임이란 어떤 것을 말하는가?[10)]

사회적 책임의 의미

기업의 사회적 책임이란 기업이 사회에 대하여 일정한 행동을 취해야 할 책임을 말한다. 사회 구성단위로서의 기업은 사회 그 자체가 지니는 일반적 성격에 의해 규정되는 것과 마찬가지로 개개 기업의 활동양식은 사회일반의 전개방향과 성격을 규정한다. 개별기업의 활동이 사회일반을 구성하는 정도는 시대에 따라 다르다.

기업의 사회적 책임(corporate social reponsibility: 이하 CSR)은 크게 사회성, 공공성, 공익성 등 세 가지 내용을 포함하고 있다.

첫째, **사회성**은 유용하고 품질 좋은 상품을 생산한다는 기업의 사회적 기능을 효율적으로 수행하는 것을 뜻한다. 따라서 어떤 기업이 유해하고 불량한 상품을 생산한다면 이는 반사회적 활동이 된다.

둘째, **공공성**은 기업이 기업목적을 추구하는데 사기, 과대광고 등 부당한 방법을 배제하고 공공질서를 지키는 것을 뜻한다.

셋째, **공익성**은 기업이 특정집단의 이익뿐만 아니라 기업의 이해관계집단 전체의 이익으로 확대시키는 것을 뜻한다. 기업이 특정집단의 이익만

10) 기업의 사회적 책임(CSR): 한은조사연구, 한국은행, 2007-22호(2007.7.), "기업의 사회적 책임" 참조.

을 위해 다른 개인 또는 집단을 수탈한다든지, 부당한 독점적 가격을 통해서 소비자 대중을 희생시키는 것 등은 공익성에 위배되는 행위가 된다.

기업의 사회적 책임이란 기업활동의 기본적 기구로서의 이윤추구를 부정하는 것이 아니라 기업의 사회적 지위가 크다는 것을 인식하고 기업목적을 사회공익을 증대시키는 방향에서 추구하는 것이며 그것이 바로 기업의 사회적 책임을 다하는 길이 되는 것이다.

사회적 책임의 확산

기업의 사회적 책임을 수행하는 데 지금까지 기업들은 비자발적 내지 이미지 제고 차원에서 기부(contribution) 및 자선(philanthropy)활동, 법령준수(compliance) 등의 형태로 사회에 대한 책임을 다하여 왔다. 그러나 최근에는 사회나 이해관계자에 대한 기업의 일방적인 공헌이 아니라 기업의 미래가치를 높이고 발생 가능한 리스크를 관리하기 위한 경영기법의 하나로 추진하고 있다.

최근의 CSR 활동은 목적, 성격, 방법 등 세 가지 측면에서 다음과 같이 변화되는 추세다.

목적 : 단순한 기부 및 자선활동에서→ 성과 기대와 경제성 있는 사회공헌으로 전환.

성격 : 비자발적 코스트 개념의 인식에서→ 미래 기업가치 향상을 도모하는 자발적 투자로 인식 전환.

방법 : 어느 분야에서든지 가능한 공헌에서→ 자신의 사업활동과 연계하여 사업을 강화하는 활동으로 전환.

CSR에 대한 개념은 국가, 역사 · 문화, 종교 · 사회관습, 경제상황 등에 따라 다르게 이해되어 국제적으로 통일된 정의는 없는 실정이나, 앞서 고찰한 변화추세를 고려하면 다음과 같이 정리할 수 있을 것이다.

'기업의 사회적 책임(CSR)이란 기업이 지속적으로 존속하기 위한 이윤추구는 물론 최소한의 사회규범으로서 법령 및 윤리준수뿐만 아니라 다양한 이해관계자의 요청 등에 적절히 대응함으로써 기업이 속한 사회 · 공동체에 긍정적 영향을 미치기 위한 책임 있는 활동' 이라고 정의할 수 있다.

최근 CSR 활동의 확산 배경

첫째, 이해관계자(stakeholder)의 가치관 변화다

소비자, 투자가, NGO(비정부기구), 종업원 등 이해관계자들의 의식이 성숙되어, 기업의 상품 · 서비스의 가격이나 품질 이외에도 환경, 인권을 비롯한 다양한 분야에서 기업활동에 대한 관심이 크게 증대했다. 특히 소비자는 가격이나 품질 외에 환경보호나 사회적 공정성을 요구하며, 투자가도 또한 자금운용시 기업의 수익성뿐만 아니라 윤리, 사회 및 환경면에 대한 대응을 중시하게 되었다. 그뿐만 아니라, NGO, NPO(비영리단체) 등의 민간조직이 대두하여 정부 및 기업행동에 대한 감시와 비판을 강화하고 있으며 기업 내 이해관계자인 종업원도 고용환경, 직장안전 및 위생, 교육훈련을 포함한 인재육성 등에 대한 관심이 고조되고 있다.

둘째, 환경오염에 대한 책임론 부상이다

범세계적으로 빈번하게 발생하는 이상기온, 가뭄, 홍수 등은 지구온난화에 기인된 것이다. 이는 기업의 생산활동 과정에서 배출되는 이산화

탄소(CO^2) 등이 주요 원인인 것으로 지적됨에 따라 기업의 환경파괴에 대한 책임론이 대두되었다.

셋째, 정보화 진전 및 CSR 기준 적용범위 확대 등이다

정보화의 진전에 따라 인터넷 사용인구가 증가하고 기업의 부정사건, 각종 사고 등 기업에게 불리한 정보도 순식간에 전 세계에 전파됨으로써, 그 기업의 제품 및 주가 등에 악영향을 미칠 뿐만 아니라 때로는 기업도산에까지 이르게 되었다. 예컨대, 글로벌 기업들이 자사의 CSR 기준을 부품기업으로 확대하여 동 기준을 충족하지 못하면 거래를 중단하는 사례도 증가하게 되었다. 또 기업의 부정사건과 환경오염 등의 요인이 이익을 중시하는 단기적 시야의 기업경영이 과도하게 확산된 데 기인한 것이라는 인식도 CSR 관심 제고의 배경으로 작용하였다.

기업의 사회적 책임의 강화 추이

최근 엔론 사태 등 기업 회계부정과 비윤리적 경영, 환경오염 등의 사례가 증가하면서 세계적으로 기업의 사회적 책임에 대한 관심이 크게 증대하고 있다. 기업의 사회적 책임에 관해서는 기부, 봉사 등 자선활동과 법령 준수뿐만 아니라 환경, 인권, 노동, 지역사회 공헌 등 다각적인 활동을 포괄하고 있는데, 세계 각국 가운데 일부 국가에서는 CSR 추진실적을 기준으로 연 · 기금 투자나 금융기관 대출, 부품조달 등을 실행하는 사례도 증가하는 추세다. CSR의 포괄범위와 중점분야 등은 각국의

경제 · 사회 상황이나 기업환경 등에 따라 차이가 있으며 최근에는 UN과 ISO(국제표준화기구) 등을 중심으로 표준이 된 국제규범 제정도 추진하고 있는 상황이다.

미국은 전통적으로 기부, 봉사 등 자선활동을 중시하며 최근 기업 회계부정사건을 계기로 윤리경영을 더욱 강조하는 경향이다. 반면 유럽과 일본은 자선활동을 CSR의 중심과제로 하지 않으며, 유럽은 환경, 노동, 여성 및 사회문제에 대한 기여를, 일본은 좋은 품질의 제품 공급, 고용 및 소득창출 등 기업 본연의 기능 수행과 환경, 지역사회에 대한 공헌을 강조한다.

제3절 기업의 사회적 책임에 관한 각국사례[11]

주요국의 CSR 추진사례와 그 특징

EU

EU(유럽연합)에서는 경제통합 이후 심각한 수준의 실업문제와 역내 국가 간의 경제 격차 발생이 본격적인 CSR 논의의 기원이며, EU 집행기관인 EU위원회와 각국 정부의 주도로 CSR 활동을 추진하게 되었다. EU

11) 한은조사연구, 전게서, 참조.

출범 후 실업문제가 정부의 노력만으로 해결할 수 없게 되자, 기업에게 이의 해결에 동참할 것을 촉구하면서, 유럽기업선언(European declaration of business against social exclusion,1996)을 선포하고, 심각한 실업문제 해결을 위한 기업의 사회적 책임 추진방향을 제시한 바 있다.

그 후 EU는 2000년 3월 리스본 회의에서 CSR 활동을 통해 "고용확대와 사회적 결속의 향상으로 세계에서 가장 경쟁력 있는 사회의 실현 달성"을 선언한 이후 CSR체제구축과 확산을 위해 여러 가지 노력을 경주하였다. 이후 여러 차례에 걸친 협의 결과로, CSR 최종 보고서(Final Results & Recommendations)를 공표(2004년 6월)한 바 있다. 이 보고서에서 지속가능한 발전을 목표로 기업, 노동조합, 시민단체, 환경 · 사회문제 · 개도국문제 관련 NGO 등 이해관계자 모두를 대상으로 한 CSR의 적극적 전개와 향후 방향 등을 제언하였다.

그뿐만 아니라 EU국가 가운데 영국과 프랑스는 세계 최초로 "CSR 담당 장관"을 임명(영국 : 2000년, 프랑스 : 2002년)하는 등 EU가운데 가장 강력한 정부 주도의 CSR을 추진하고 있다. 이에 따라 업계에서ᄃ CSR 활동을 자신의 사업활동과 연관되게 추진하는 등 구체적 추진대상이 나타났다. 예컨대 잠재시장 확보를 위한 필립스의 개도국 의료지원, Marks & Spencer사의 자사 CSR 기준 충족기업의 원재료 조달 등 연관추진을 하고 있다.

EU는 "CSR이란 자신의 사업활동과 관련하여 자율적으로 사회, 환경 등의 문제를 해결하는 활동이며 법적요청이나 계약상의 의무 이상의 활동을 수행하는 것"이라고 정의함으로써 CSR의 추진범위를 명확히 설정하고 있다.

이와 같이 EU는 기업의 기부 및 자선활동 자체보다 기부금의 원천인 이익을 어떤 방법으로 창출하였는가의 과정을 중시한다.

미국

미국은 정부의 직접적 관여가 적은 가운데, NGO 등 비정부기구의 활동, 민간의 SRI(Socially Responsible Investment) 펀드, 대형 금융기관 및 연금기금의 운용방침 등이 기업행동에 큰 영향을 미치는 등 민간중심의 CSR 활동을 추진하는 추세다. 미국의 SRI펀드 규모는 약 2.3조 달러〈2003년〉로 전 세계 SRI의 80% 이상, 미국 전체 펀드시장의 약 12%를 차지할 정도로 확대되어 기업의 외부압력 수단으로 작용하고 있다. 또한 최근에는 엔론, 월드 컴 등 회계부정사건(2001년)을 겪으면서 기업의 윤리 및 사회적 책임 관련법규를 강화함에 따라 기업들의 윤리경영에 대한 관심이 더욱 고조되는 실정이다.

한편 미국은 자발적 봉사정신과 자선적 기부에 긴 역사를 가지고 있어 CSR 활동에서도 기부활동이 중요한 위치를 차지한다. 예컨대, 미국 기업의 사회공헌은 기업이 설립한 재단(기업재단)을 통하여 이루어지고 있으며, 동재단은 수적으로는 미국 전체 재단의 3.6%에 불과하지만 기부금액에 있어서는 11.4%(2002년 기준, 규모는 약 34.6억 달러)를 차지하고 있다.

미국의 CSR 추진의 특징으로는 ① 민간 주도의 CSR 추진 ② 주주의 이익을 최우선으로 보장하는 차원에서 윤리경영 및 투명회계의 강조, ③ 기부 및 자선활동의 활발 등을 들 수 있다. 미국의 주요 기업도 유럽의 선진기업과 마찬가지로 자신의 사업과 연계한 CSR 추진을 통한 잠재시장의 확보 등에 주력하고 있다. 예컨대, 마이크로 소프트사의 빈곤층,

고령자층을 위한 컴퓨터 이용지원(digital-divide 해소) 및 아동 대상 컴퓨터 기술향상 도모, 스타벅스의 자사의 원료 매입기준 충족 생산자에 대한 프리미엄 가격 구입 등이 그것이다.

일본

일본의 CSR은 에도시대(江戶時代)의 사상가인 이시다 바이간(石田 梅岩)이 무사의 사회지배 기본지침인 "무사도(武士道)"에 대응하기 위해 제창한 "상인도(商人道)"와 오우미(近江) 상인의 경영이념에서 유래한다. 효율적인 생산활동이 사회공헌으로 이어진다는 상인도(商人道) 및 오우미 상인 등의 경영이념은 후대 기업에게 전수되었으며 이는 고객 만족과 사람을 중시하는 기업문화로 발전되어 왔다.

1990년대에 들어 환경문제의 심각화, 분식회계 등 기업 부정사건 발생, 글로벌화 진전 등에 따른 국제사회의 압력증가로 CSR에 대한 관심이 더욱 고조되었으며 경제단체, 정부 등을 중심으로 CSR 활동이 본격화되었다. 경제단체연합회는 기업이 자사의 행동기준을 책정 · 운용할 때 기준으로 활용할 수 있도록 "기업행동헌장"을 제정(1991년)하는 한편, 기업의 사회공헌 활동을 매년 조사하고 있다. 정부도 경제단체 및 기업의 활동을 지원하기 위해 산업계, 학계 등과 연계하여 CSR 간담회를 개최하고, 그 결과를 보고서 형태로 발표하는 등 기업의 CSR 활동 지원에 적극적으로 참여하고 있다. 특히 경제산업성은 2002년 CSR표준위원회를 설립하여 CSR 일본표준 제정을 준비 중에 있다.

일본의 특징은 ① 전통적으로 전해져 오는 경영이념 등을 바탕으로 자사의 사업활동과 연계한 CSR 추진 ② 기부 및 자선활동의 상대적 역할

축소 ③ 부품기업 등에 대한 CSR 기준 적용사례 증가 등을 들 수 있다. 일본 우수기업들은 사업활동과 연관된 분야에서 CSR을 추진하는 한편 평상시 기업활동을 체계적으로 정리하여, CSR 보고서 형태로 공표하는 등 홍보활동에도 주력하고 있다(예 : 도요타 자동차의 친환경 자동차 개발, 미즈호은행의 고객과 은행 간의 장벽제거를 위한 "Heartful Project" 실시 등).

주요 선진국의 상위 100사 중 CSR 보고서 발행비율(2005년)을 보면, 일본이 80%로 가장 높다. 또한 일본은 CSR 기준 적용범위를 원자재 및 부품기업으로 확대하고 있으며 43.2%의 기업이 자사공급망(supply chain) 조달기준을 책정하여 운용한다.

한편 CSR 추진 주체면에서 볼 때, 미국은 민간 주도로 추진하는데 반해 일본은 경제단체, 기업, 정부가 협력적으로 대응하고 있다.

기업의 사회적 책임의 국제규범화 동향

환경, 인권, 이해관계자 등을 고려한 자발적 CSR 활동으로 유도하기 위해 국제기구(UN, ISO, OECD 등)의 규범화가 점차 강화 · 확대되는 등 글로벌 스탠더드로 발전할 가능성이 증대하고 있다.

UN은 글로벌 콤팩트(The Global Compact)를 제정하여 기업들이 인권, 노동, 환경, 반부패 영역 등에서 10개의 원칙을 준수 · 실천토록 권고하는 등 기업의 공적책임(Public Accountability)과 투명성 강화를 촉구하고 있다. 또한 사회적 책임투자원칙(PRI)을 제정(2006년 4월)하여 각국 정부 및 금융기관의 연 · 기금 운용시 CSR활동에 충실한 기업을 선별하여 투자할 것을 권고하고 있다.

국제표준화기구(ISO)도 CSR에 대한 국제적 표준 가이드라인(ISO 26000)을 제시하여 그 초안(DIS)이 회원국의 압도적 찬성으로 2010년 2월에 '최종안'(FDIS)으로 채택되었다.

ISO 26000은 CSR의 '신 패러다임 구축'을 위한 국제공조 체제이다. 그 내용은 지배구조개선, 인권, 노동개선, 환경보호, 공정거래관행, 소비자이익, 지역사회개발 등 7대 핵심가치를 실현하는 것이다. ISO 26000제정이 기업에 미치는 영향은 ISO가 비정부간 국제기구이기 때문에, 원칙적으로 강제적효력은 없으나 수출입거래시 동 가이드라인을 상대국가가 요구할 때에는 사실상 강제적 효력이 발생된다.

OECD는 "다국적기업에 대한 OECD 가이드라인(OECD Guidelines for Multinational Enterprises)"을 제정(2000년 전면개정)하여 환경, 고용, 반부패, 소비자 권익, 정보공개 등에 대한 기업행동준칙을 제시하고 동 원칙의 준수를 권고하고 있다. 또한 "국제거래시 외국공무원의 뇌물방지 협약", "기업지배구조에 관한 원칙"의 제정(1999년 제정, 2004년 개정) 등 기업활동 관련규범을 지속적으로 제정하고 있다. 그뿐만 아니라, 국제투명성기구(TI)도 기업의 윤리의식 향상을 목적으로 1995년을 "세계 反 부패의 해"로 지정하고 매년 국가별 부패인식지수(CPI)를 공표하고 있으며 1999년부터는 뇌물제공지수(BPI)도 함께 발표하고 있다. 부패인식지수는 각국의 공무원과 정치인들의 부패 존재 정도를, 뇌물제공지수는 각종 공사나 계약을 따기 위해 외국기업 및 공무원에 대한 뇌물 제공 정도를 각각 지수화하여 국별 순위를 부여하고 있다.

제4절 기업의 사회적 책임의 발전방향

최근 국제기구 및 국가별로 사회적 책임에 대한 규범이 제정되고 있고 실효성 제고를 위한 글로벌 표준(ISO 26000) 최종안이 2010년 2월에 채택되었다. 정부, 산업계 대표 등 이해관계자들이 공동으로 7대 핵심 주제에 대한 표준화 작업을 추진한 것이다. 그런데, 이 사회적책임의 국제표준은 자발적 준수를 원칙으로하지만, 앞으로 국제무역에서 준강제규정으로 활용될 가능성이 높아지고 있다.

ISO의 국제표준 '최종안'(FDIS; Final Draft on International Standard)은 기본 취지가 "기업의 사회적 책임을 넘어야 한다"는 데 있다. 즉, "기업, 소비자, 노조, 정부, 시민단체" 등 사회를 구성하는 다양한 주체간의 책임이 균형을 이루어야 한다는 것이다. 따라서 ISO 26000은 사회적 책임의 '신 패러다임 구축'을 위한 국제공조인 것이다.

구체적으로 ISO 26000은 다양한 이해관계자들이 "지배구조개선, 인권, 노동개선, 환경보호, 공정거래관행, 소비자이익, 지역사회개발"의 7대 핵심가치 실현을 위해 기대되는 역할 수행을 주문하고 있다.

ISO 26000의 기본 철학은 "사회적 책임의 균형과 조화를 통한 공동선(共動善)의 실현"인 것이다.[12] 이러한 추세 가운데 앞 절에서 고찰한 바와 같이, 주요국의 CSR 추진 사례에서 얻을 수 있는 몇 가지 시사점을 정리

12) 사회적 책임 1차 심포지움, "기업의 사회적 책임을 넘어", 조동근 교수, 2010. 3. 30. p.58 참조, 한국프레스센터, 시장경제제도 연구소.

하고, 그 발전방향을 모색해 보면 다음과 같다.

첫째, CSR의 개념은 국별로 다소 차이가 있으나, 윤리적으로 투명경영을 통한 기업의 성장과 존속 자체가 가장 기본적인 기업의 사회적 책임이라는 사실을 인식할 필요가 있다. 기부, 봉사 등 자선활동도 사회공헌활동으로서 중요한 의미를 지니나, 투명경영을 통한 기업 성장이 전제되어야 하며 비윤리적 경영이나 사업실패에 대한 보상수단이 될 수 없는 것이다. 좋은 품질의 재화와 서비스 공급, 고용 및 소득 창출 등 기업 본연의 기능을 통한 사회 공헌이 기본적 책임인 것이다. 그리고 기업이윤의 사회환원 이전에 이윤추구 과정에서 환경, 인권, 지역사회, 소비자, 종업원, 관련기업 등에 대한 기여가 중요한 것으로 평가받고 있다.

둘째, 지속가능한 CSR을 위하여 기업의 사업활동과 연계하여 추진하는 것이 긴요하다. CSR을 기업활동과 별개로 부담하는 비용만으로만 인식하기보다 잠재수요 창출과 고객 요구에 맞는 신제품 개발 등 장기적으로 기업성과에 기여하도록 설계해야 할 것이다. 예컨대, 마이크로소프트사의 저소득층에 대한 컴퓨터 이용지원(digital-divide 해소), 필립스사의 개도국 의료지원 등이 그것이다.

셋째, 최근 크게 늘어나고 있는 각종 국제규범과 사회책임투자(SRI) 등 사회의 요구 기준에 부합하는 CSR 활동을 추진할 필요가 있다. 투명경영과 환경, 안전, 노동, 인권 등 다양화되고 있는 사회의 요구에 부응하여야 한다. 특히 세계화된 시장에서 글로벌 경영을 추구하는 기업의 경우 UN의 Global Compact, SRI, ISO 26000 등 국제규범의 충족이 필수적인 것이다. 이와 아울러 글로벌 기업들의 CSR 기준 적용범위가 자사 공급망(supply chain)까지 확대되는 추세에 비추어, 부품 및 원자재 등을 공급하는 중소기업도 이에 대한 대응이 긴요하다 하겠다.

넷째, 국내 기업들도 사회적 책임의 국제표준화에 전략적으로 동참·대응할 필요가 있다. ISO 26000의 우선 적용대상은 글로벌기업임을 고려할 때, 국내 대기업의 경우 사회적 책임의 국제표준화 작업에 적극 대응할 필요가 있다. 기업별로 미흡한 분야에 대해서는 사전 점검과 대응책을 수립하여 시행하여야 할 것이다. 또 글로벌차원에서 기업의 홍보를 강화하고 신용평가를 CSR 활동과 전략적으로 연계하여 실시함이 바람직하다.

기업사례[3]

도요타 직원 오만해질까 세계 1위 안 내세워

"세계 1등 기업이 됐다고 운운하는데 숫자상 결과는 중요하지 않습니다. 회사 안에 달라지는 것은 아무 것도 없습니다. 과거처럼 고객에게 세심하게 신경을 쓸 기회가 줄어들까 더 걱정입니다."

조 후지오 도요타자동차 회장(70)은 11월 20일 일본 나고야 도요타자동차 본사에서 한국 기자들과 만나 직원들이 오만해질까 두려워서 도요타가 자동차업계 세계 1위에 오른 것(상반기 매출 GM 추월 추정)을 내세우지 않고 있다고 밝혔다. 실제로 이 회사는 별도 기념행사를 갖지 않았다. 성과급을 지급하거나 임금을 인상하지도 않았다. 일부 직원들은 세계 1위 등극 사실도 모르고 있다.

조 후지오 회장은 '도요타 웨이'의 주창자로 평생 도요타 생산방식(Toyota Production System)발전에 기여해 왔다. 그는 서둘러 미래에 대한 이야기로 화제를 돌렸다.

"앞으로 자동차 경쟁은 더욱 치열해집니다. 환경친화적인 차를 먼저 만드는 기업이 미래 자동차 시장의 주도권을 잡게 될 것입니다. 도요타도 여기에 승부를 걸고 있습니다."

조 회장은 "도요타는 연간 9000억엔(약7조2000억원)을 연구개발(R&D) 투자로 투입하는데, 이 비용 중 3분의 2가량을 친환경차 개발에 투입하고 있다"고 밝혔다. 그는 또 "미래의 자동차 시장을 주도할 친환경 차종을 예측할 수 없어 도요타는 하이브리드카, 바이오 연료차, 전기차, 수소차, 연료전지차 등 가능한 한 모든 분야에 투자하고 있다"고 덧붙였다.

도요타는 이와 함께 연비 절감방안 중 하나로 주요 차량의 총중량 삭감을 추진하고 있다. 도요타는 차동차 소재나 부품 설계 개선을 통해 중형차는 10%정도 경량화를 달성할 방침이다. 이를 통해 연비를 3%가량 절감할 수 있을 것으로 도요타는 전망하고 있다. 조 회장은 "탄소 소재가 경량화의 해법이지만 비용이 높아 답을 찾지 못하고 있다"면서 아쉬워했다. 도요타는 럭셔리카 '렉서스'의 한국 시장에서의 선전을 기대 이상으로 평가했다. 성공 요인은 판매 후 토털 서비스에서 찾았다. 조회장은 자국 차량 선호도가 높은 한국시장에 '렉서스'의 진출은 모험이나 다름없었다고 회상했다. 렉서스 브랜드만 진출한 곳은 한국이 유일하고 까다롭기로 소문난 한국 고객을 상대로 새로운 비즈니스 모델을 만들었다는 데 자부심을 느끼는 눈치다. 렉서스의 한국 판매량(연간 6000대)만 놓고 보면 극히 미미하지만 도요타가 한국시장을 중요하게 여기는 이유다.

하지만 조 회장은 렉서스 외에 '아발론'이나 '캠리' 같은 도요타 브랜드의 한국시장 진출에는 신중한 입장을 보였다. 실무진에서 검토는 할 수 있지만 내년 초 진출한다는 한국언론 보도는 공식 입장이 아니다고 해명했다. 하지만 차기라 다이조 한국도요타자동차 사장은 "도요타 브랜드의 한국 진출이 필요한 시점"이라면서 "이르면 내년에 진출 전략을 발표하고 2009년부터는 판매에 들어갈 수도 있다"는 다른 견해를 밝혔다.

조 회장은 현대자동차를 '강적'이라고 표현했다. 그래서 도요타 브랜드의 한국시장 진출이 주춤거려진다는 것. 과거엔 싸지만 품질이 좋지 않다는 현대차의 이미지가 싸면서도 품질이 좋은 쪽으로 바뀌었다고 설명했다. 조 회장은 일본에서 현대차가 팔리지 않는 이유에 대해서는 "현대차는 일본에서 벽이 두꺼운 중간단계 이하 시장을 공략하기 때문에 더디다. 도요타가 해외시장에 진출할 때 쓰는 전략과는 다른 것 같다"고 말했다.

조 회장은 수출이 많은 도요타가 달러 약세에도 불구하고 실적이 좋은 이유에 대해서는 회사의 환율변동 대응책과 더불어 고유가 부담을 협력업체와의 상생(연간 1000억엔 원가 절감)을 통해 극복한다고 털어놨다.

조 회장은 도요타의 또 다른 경쟁력으로 노사간 신뢰를 들었다. 1950년 이후 한 번도 노사간 충돌이 없을 정도로 서로 존중하면서 회사 발전을 위해 노력하는 기업문화가 오늘의 도요타를 만들었다고 강조했다. 도요타는 27개국 52개 생산기지를 갖고 있다. 170개국에 판매망을 두고 올해 840만대(해외 668만대, 국내 172만대)를 판매할 예정이다.

※ 자료: 매일경제 2007. 11. 22.

PART 02

기업의 주체

5장 기업의 지배구조 • 6장 경영자와 기업가는 어떻게 다른가?
7장 기업의 자본은 어떻게 구성되나?

GLOBAL CORPORATE ECONOMY

05
CHAPTER

기업의 지배구조

제1절 기업의 주인은 누구인가?

기업의 지배구조와 주인의 지위

우리는 기업, 특히 주식회사의 지배구조를 논의할 경우, 흔히 등장하는 말이 영 · 미식의 주주자본주의(shareholder capitalism)와 독 · 일식의 이해관계자자본주의(stakeholder capitalism)의 대비관계를 거론한다. 기업은 자원을 소유한 여러 독립적 집단의 결합체이기 때문에 이들을 결합시켜 기업의 목적에 합치하게 일하는 주체, 즉 기업의 주인이 존재하여야 한다. 기업의 주인이 그 역할을 수행하기 위해서는 관계당사자간의 계약을 지속하든가, 아니면 이를 파기함으로써 구성원들에게 일정한 행동원칙과 방향을 제시하고, 기업의 소득인 이익을 합리적으로 처분하는 기능을 해야 할 것이다.

기업지배구조가 일반적으로 친숙한 용어로 자리 잡은 것은 1990년대 이후부터다. 한국에서 논의가 시작된 것은 그 보다 훨씬 이후다. 기업지배구조의 정의나 목적에 대해서는 다양한 견해가 있지만 대체로 두 가지로 대비될 수 있다.

먼저 첫째로 성과책임(performance accountability)의 관점에 입각하여, 주식소유의 분산으로 소유와 경영이 분리됨에 따라 주주의 통제로부터 자유로워진 경영자를 지배구조상의 장치를 통해 기업성과에 책임을 지도록 하게 한다는 것이다.

둘째로 이와는 달리 주주보호(shareholder protection)의 관점에서, 지배구조가 잘 정비되어 있으면 대주주의 횡포로부터 소수주주의 이익을 보호하고 대주주나 경영자의 권한남용을 방지할 수 있다는 점이 중시되고 있다.

이 두 가지 견해 중에서 어느 쪽이 옳은가를 따지는 것은 전혀 무의미하다. 기업이 처한 환경이나 제도 또는 소유구조가 어떠하냐에 따라 지배구조의 주 관심은 달라지기 마련이기 때문이다. 기업지배구조를 논의함에 있어서 특히 소유구조의 차이는 결정적으로 중요한 의미를 갖는다. 오늘날 기업의 지배구조가 중요시되는 것은 주식회사제도가 자본주의 경제체제를 지탱하는 가장 효율적인 시스템으로 기능해 왔지만 시간이 흐름에 따라 여러 가지 부작용이 노출되는 점에 기인하는 것으로 본다. 내부통제기구로서의 이사회제도가 경영자에 대한 감시역할을 제대로 하지 못하고 있고 외부통제기구로서의 M&A(기업인수합병)시장도 통제의 비용(cost)이 많이 들어가는 한계를 가지고 있다.

기업의 지배구조가 중시되는 또 다른 하나의 이유는 일상적으로 경영활동을 하는 경영자와 외부의 이해관계자들 간에 정보의 양과 질에 엄청난 차이(정보의 비대칭성)가 나타나기 때문에 경영자의 행위를 사전적으로 혹은 중간과정에서 적절하게 통제하기가 매우 어려워졌다는 점이다. 따라서 경영자가 설정한 목표 또는 계획과 실제의 활동결과를 비교하여 그에 따른 보상제도(incentive scheme)를 적용하는 사후적 감시활동이 중요성을 띠게 된다.

그럼 여기서 정말로 기업의 주인은 누구인가? 또한 누가 기업의 주인이 되는 것이 합당한가? 이와 관련한 논의는 앞에서 소개한 대로 주주자본주의와 이해관계자자본주의의 두 가지 주장이 팽팽히 맞서 있다. 다음에서는 이들에 대한 특징과 장단점을 대비하여 고찰하고자 한다. 물론 이 논의에서는 주식회사의 형태를 전제로 한다.

기업의 지배구조는 일반적으로 주식회사의 통치 내지 지배구조를 의미한다. 회사를 통치하지 않으면 안 되는 것은 '회사를 가만히 두어도 애덤 스미스가 말한 것처럼, 보이지 않는 손이 사회적으로 바람직한 상태로 이끌어 가는' 것은 이니기 때문에 일어나는 현상이다.

여러 가지 다양한 정보와 인센티브 문제에 의해서 회사의 활동은 사회적으로 바람직한 방향에서 이탈할 가능성이 있다. 회사를 알맞은 활동방향으로 이끌어가도록 하는 인센티브를 조성해 내는 것이 기업지배구조 체제가 풀어야 할 과제 중 하나다. 이와 같은 유인책(인센티브)의 문제를 분석하는 표준적인 구조는 기업지배구조를 주인 · 대리인(principal and agent)관계로 간주하는 접근방법이다. 주인(principal)은 인센티브 문제를 해소하기 위한 구조를 설계하는 입장을 가지는 주체이며, 대리인(agent)은 주인이 인센티브 설계를 통해서 그의 행동을 통제 하고자 하는 대상인 주체다. 기업지배구조에서 대리인은 통치를 받는 자, 즉 회사라는 이름 아래서 의사결정을 행하는 경영자(대표이사)가 된다. 한편, 통치하는 쪽의 주인은 주주, 채권자, 거래상대방, 종업원, 지역사회 등 회사의 다양한 이해관계자(stakeholder)를 생각할 수 있다. 그리하여 기업지배구조를 '다양한 이해관계자의 이해를 경영에 반영시키는 구조' 라고 정의한다.

누구를 주인으로 할 것인가는 '회사는 누구를 위해 경영되어야 하는가' 라는 물음과 관련이 있다. 경제학 이외의 다른 분야의 많은 연구가들은 이 물음에 대한 경제학자들의 대답이 모두 똑같이 '주주' 라고 대답하리라고 생각할지도 모른다. 그러나 경영효율성의 관점에서 회사는 여러 가지 다양한 이해관계자의 이해를 고려해야 할 것이다. 이것은 경제학에서 말하는 효율성의 개념으로부터 자연스럽게 이끌어져 가는 것이라고 주장한다. 다만 이러한 주장이 타당한가는 비용을 드리지 않고 기업지배구조문제를 해결할 수 있는 '이상적' 상황에 있어서만 가능할 뿐이다. 보다 더 현실적인 상황에서는 모럴 해저드(moral hazard : 도덕적 해이), 정보의 비대칭성, 계약의 불완비성 등 여러 가지 유인과 정보의 문제에 있어서 지배구조의 여러 문제를 해소하기 위해서는 비용이 발생하게 된다. 이와 같은 현실적 상황에서는 주주주권, 종업원주권, 이해관계자(stakeholder)주권 등에서 각자가 목표를 어떻게 달성할 것인가 그 비용과 편익을 비교하지 않으면 안 된다. 그 결과 예컨대, 주주이익의 최대화를 목표로 하는 것이 여러 이해관계자의 이해를 고려한 사회후생을 최대화하는 차선책(second best)이 될 수도 있다.[13]

---

13) 伊丹敬之 外, 전게서, pp.3~4. 참조.

주주자본주의(shareholder capitalism)와 이해관계자자본주의(stakeholder capitalism)

주주자본주의론은 주식회사는 주주의 부(wealth)의 극대화를 가져오는 이윤극대화를 위해서 경영되어야 한다고 보는 견해다. 실증적인 측면에서 볼 때, 이 주장은 현대 기업의 복잡한 운영형태의 기본 특징을 잘 설명하고 예측하는데 매우 유용한 가설을 제공한다는 강점이 있다.

이에 대해서 이해관계자자본주의론은 주식회사는 주주를 포함해서 채권자, 거래상대방, 종업원, 지역사회 등 회사의 다양한 이해관계자(stakeholder)를 모두 망라해서 이들의 총체적인 이익을 위해(이해관계를 위해) 경영되어야 한다는 주장이다. 예컨대, 독일은 사회적 시장경제(social market economy)를 원칙으로 하는 사회체제다. 이러한 독일의 사회적 시장경제는 일찍이 에르하르트(1965)가 말한 '조직화된 사회'라는 개념에 잘 표현되어 있다. 주주자본주의가 원칙적으로 개인을 단위로 하는 사회인데 반하여, 사회적 시장경제는 조직화한 사회인 독일의 경우처럼 단체를 주축으로 조직된 사회다.

위에서 고찰한 각각의 체제는 장단점을 동시에 드러내고 있다. 주주자본주의의 경우 저조한 경영성과에 대해 시장이 즉각적으로 시정행위를 함으로써 긴장이 유지되고 효율성을 중시하는 풍토가 조성될 수 있는 반면, 적대적 인수합병에 따른 부작용도 만만치 않다. 자본주의의 두 가지 체제 중 어느 것이 우월한가는 상황에 따라 달라질 수 있다. 공급업자나 구매업자와의 네트워크를 형성하여 안정적인 관계를 유지해야 하는 수많은 제조업에서는 이해관계자자본주의 체제가 유리할 것이다. 새로운 기술과 시장을 무기로 치열한 경쟁을 벌여야 하는 신산업이나 서비스업 분야에서는 주주자본주의 체제가 유리할 수도 있다. 산업 특성별로 볼 때, IT산업이나 벤처기업과 같이 기술발전 속도가 빠르고 기술내용이 복잡한 산업에서는 다양한 분야의 투자가가 참여하여 투자기업에 대한 분석을 하고 그 평가가 지속적으로 번복되어 주가, 거래량, M&A 등의 형태로 시장에 반영되는 주주자본주의가 상대적으로 효율적일 수 있다. 이에 반해서 일반적인 가공조립산업 또는 전통산업과 같이 기술발전 속도가 느리고 반복적인 생산패턴이 이루어지는 산업에서는 안정적인 자금조달과 지속적 감시기능을 수행하는 이해관계자자본주의가 상대적으로 효율적이라고 할 수 있을 것이다.

두 자본주의 체제의 장단점은 시간의 경과에 따라서도 변화하게 마련이다. 요즘과 같이 기술진보가 매우 빠른 시점에서는 주주자본주의 체제가 보다 더 적합하겠다. 하지만 이와 반면에 시장이 지속적으로 성장하고 패러다임 자체가 안정적이었던 시기에 있어서는 이해관계자자본주의 체제가 절대적인 우위를 가지게 되었을 것이다. 현재 주주자본주의 체제가 우월해 보인다고 해서 계속 앞으로도 그러하리라는 보장은 없다. 상황이 어떻게 바뀔지 모르는 일이다.

특히 타인자본의 의존도가 높은 기업의 경우, 채권자가 기업의 지배구조에 개입할 수 있는 명분은 다음과 같이 몇 가지로 요약될 수 있다.

기업의 파산시 채권자가 막중한 위험에 노출된다.

대출기업의 파산이 채권자인 금융기관의 존립을 위협하게 된다. 또 정부 공적자금의 투입을 초래함으로써 국민경제에 막대한 타격을 미친다.

부채의 자본전환(debt equity swap)이 증가하면서 금융기관이 단순한 채권자에 그치지 않고 주주의 지위를 겸하는 사례가 늘어나고 있다.

채권자의 대출결정이 자본시장에서 여타 금융기관이나 투자자의 행동에 영향을 미치는 신호효과(signal effect)가 작동되면 채권자의 감시자 역할(monitoring role)이 더욱 더 중요해질 것이라는 점이다.

시장규율의 양대 축으로서의 은행과 주식시장 또는 기업지배권시장 중에서 주가의 변동이나 M&A의 위협 등 주식시장의 통제메커니즘이 완전하지 못할 경우 금융기관의 감시기능이 보완적인 역할을 하게 될 것이라는 점이다.

이상과 같은 논리로 채권자가 주주와 함께 기업지배구조의 한 구성요소로서 역할을 할 수 있을 것이다. 그러나 이는 이해관계자자본주의를 따라야 한다는 것과는 다른 의미의 말이다. 종업원이나 노조가 중요한 이해관계자인 것은 분명하지만 그렇다고 해서 주주, 채권자 등 자금공여자와 같은 통제권을 가져야 하는지에 대해서는 의견이 갈라지기 때문이다. 인적자본의 가치를 어떻게 볼 것인가는 별도의 논리가 필요하다.[14)]

소유와 경영의 분리와 경제적 상충관계(trade-off)

버리와 민스(Berle and Means, 1932)의 고전적인 연구 이래, 기업지배구조론은 '소유와 경영의 분리'에서 '상장주식회사의 최대의 약점'을 찾

14) 김용철, 기업이란 무엇인가, 2002, PP.141~146. 참조.

아내고, 주주의 이익에 결부되지 않은 경영자의 자율적 행동을 어떻게 규제하느냐에 그 모든 관심을 두어 왔다. 예컨대, 경영자가 자신의 금전적 보수, 사회적 명성, 정치적 권력 등을 제고시키기 위해서 성장지향적인 투자를 지나치게 한다든가, 또 경영자가 금융시장의 압력으로부터 자유로워지기 위해서 무리하게 현금을 지나치게 보유한다든가, 그리고 경영자가 실패가 두려워서 자기의 전공분야 이외 사업에는 착수하려 들지도 않는다든가, 또한 경영자가 중간관리직의 승진을 용이하게 하기 위해 조직을 지나치게 비대화시킨다든가, 그리고 경영자가 무자비하다는 악평이 나도는 것을 꺼려서 노동자의 해고를 주저한다든가 하는 등이다. 이와 같은 경영자의 재량적 행동이야말로 주식회사라고 하는 제도를 비효율적인 것으로 만드는 가장 큰 원인이라는 것이다.

여기서 소유와 경영(및 노동)의 분리가 모두 좋은 것이라고는 말할 수 없다. 그것에 의해서 조장되는 경영자나 노동자의 자율적인 행동이 여러 가지 비효율성을 만들어낼 가능성이 있다는 것은 전통적인 기업지배구조론에서 반복적으로 지적되어 왔다. 중요한 것은 양자 간에 상충관계(trade-off)가 존재한다는 사실이다. 그리하여 이러한 경제적 효율성에 관한 상충관계는 기업이 어떠한 법적형태를 선택하는가? 즉, 고전적 기업형태 그대로 있을 것인가, 아니면 법인화할 것인가, 법인화하려면 법인명목설적인 것인가, 법인실재설적인 것인가에 크게 의존하고 있다.

제2절 기업의 경영권

주주와 경영권은 어떠한 연관을 가지고 있나?

일반적으로 주주의 권리는 ① 회사의 경영에 참여하는 것을 목적으로 하는 주주의결권 ② 영입활동의 결과로서 발생한 이익에 대해 배당을 청구할 수 있는 권리, 즉 배당청구권 ③ 회사의 청산 또는 해산시에 잔여자산에 대해서 분배권을 주장할 수 있는 잔여자산분배청구권 등 세 가지 권리로 요약된다. 이익이란 회사의 총수입에서 총비용을 공제한 나머지 잔여액(residual)이다. 주주가 이익청구권을 갖는다는 것은 회사가 잘 운영되어 발생한 이익의 주인은 주주라는 의미가 된다. 같은 논리에서 손실이 발생한 경우의 부담도 당연히 주주에게 돌아간다.

주주의결권은 주식회사의 최고 의사결정기구인 주주총회에 참여하여 상정된 의안에 대해 찬빈 의사를 표시하는 권리다. 주주총회의 의안으로는 회사의 기초 내지 영업에 근본적 변경을 일으킬 사항(예컨대, 정관의 변경, 합병, 해산, 영업의 양도, 경영관련 계약의 체결 · 변경 · 해약, 타회사의 영업양수 등)과 이사와 감사 등 회사 임원의 선임에 관한 사항 등을 들 수 있다.

정기주주총회는 보통 1년에 한 번 열리고, 임시주주총회는 특별한 사유가 있을 때에 대표이사가 소집공고를 냄으로써 열린다. 정기주주총회에서는 기본적으로 지난 1년 동안의 영업실적을 결산하고 배당률을 결정하는 한편 필요한 임원을 선출한다. 주주총회에서는 주식평등의 원칙에 입각하여 1주당 1표의 투표권이 주어지므로(1인 1표제가 아님) 다수의 소액주주보다도 1인의 대 주주가 더 큰 투표권을 행사한다. 회사의 경영 책임을 맡을 임원은 주주총회에서 선임한다. 따라서 대주주는 다수 투표권을 이용하여 자기가 원하는 사람을 임원 즉, 경영자로 선임할 수 있으며, 이를 통하여 회사의 경영권을 장악하게 된다.

상장회사의 경우에는 소액주주도 많은 주식을 매입하면 대주주가 되고 경영권을 장악할 수 있다. 주식매입을 통한 회사의 인수는 외국에서는 흔히 있는 일이다(예, M&A〈인수합병〉). 외국에서 흔히 일어나는 M&A 즉, 주식매입을 통한 경영권인수는 경쟁회사를 인수하거나, 주가가 낮은 기업을 인수했다가 주가를 끌어 올린 후에 되파는 등 다양한 목적으로 이루어지고 있다.

공개매수를 통한 경영권 이동

과거 한국에서는 증권거래법에서 소액주주가 공개시장을 통해 10% 이상의 주식을 가질 수 없도록 규제되었으나(따라서 적대적 M&A를 차단했었으나), 글로벌 기업환경의 변화에 부응하여, 1997년부터 법개정 이후 이를 완화하였다. 시장개방 확대를 목표로 하는 새로운 다자간 무역기구인 WTO(World Trade Organization: 세계무역기구)가 출범되고, 한국이 선진국 문턱에 접어드는 계기로서 1996년에 OECD에 가입하고, 1997년 이후에는 IMF의 권고에 따라 자본사정 개방이 더욱 진전되었으며, 기업인수에 대한 제약조건도 없어지게 되었다. 이러한 영향을 받아 한국에서도 주식의 공개매입(즉, M&A)을 통한 기업인수가 활발히 일어나고 있다.

예를 들면 미국 론스타의 외환은행 인수, 씨티은행의 한미은행 인수, 알카일의 KT&G 인수공세, 영국 SC그룹의 제일은행 인수 및 최근 금호아시아나의 대한통운 인수 등이다.

주식의 공개매수를 통한 적대적 기업인수(hostile takeover)에 대해서는 이 책의 제10장에서 상세하게 고찰하게 될 것이다.

제3절 주주의 경영자 감시

경영자감시가 왜 필요한가?

주주와 경영자는 상충관계에 있다

회사의 주주와 경영자와의 관계는 주인 · 대리인(principal and agent)관계다. 이론적으로 경영자는 주주를 대신하여 기업을 경영하는 사람(대리인)이다. 그런데 현실의 기업경영을 보면 대주주와 경영자, 경영권을 가진 대주주와 중소 주주 사이의 이해가 상충하는 현상을 흔히 본다. 다시 말해서 주주와 경영자 양자 간의 이해관계는 상충관계(trade-off)에 놓여 있다. 이는 이해당사자 간에 이해상반현상이 일어난다는 의미다. 예를 들어, 중세 절대군주국가 시절의 '대포와 버터'(guns and butter)의 선택을 가상해 보자. 국토방위를 위해서는 돈('대포')을 써야 하고, 그 만큼 국민생활 향유에 소요되는 돈('버터')은 줄어들 수밖에 없다. 또한 오늘날 사회정책의 선택에서도 효율성(efficiency)과 평등성(equity)의 상충관계를 들 수 있다. 평등성을 너무 지나치게 강조하다 보면 효율성(GDP)이 떨어지고, 효율성을 너무 강조하면 분배(평등성)가 떨어지게 마련이다(Principle of Economics, 5th edition, N. Gregory Mankiw, Harcourt College Publishers, 2009, p.5).

위에서 효율성과 평등성이 이해상충관계인 것처럼, 주주와 경영자는 상충관계에 있다. 즉, 경영자의 이익이 반드시 주주의 이익에 부합되지 않으며, 반대로 주주의 이익은 경영자에게 유인력을 잃게 될 수도 있다. 따라서 회사의 최종 주인인 주주는 대리경영자인 CEO(사장)를 통제하고 감시하여 주주의 이익이 저해되지 않도록 장치마련을 해 놓지 않으면 안 되는 이유가 여기에 있다.

주식회사의 경우 소유와 경영이 분리되는 회사제도인데, 주식회사가 탄생한 19세기 이래 주주가 어떻게 경영자 특히, 최고경영자를 통제할까 하는 점이 과제가 되어 왔다. 주식회사제도는 자본을 가지고 있는 전문적인 투자자와 이를 이용하여 회사경영을 할 줄 아는 경영자 간의 분업관계를 발전시킴으로써 효율을 높일 수가 있었다. 주식회사제도는 전 세계적으로 광범위하게 발전하고 있으나 경영자를 잘 감시하여 주주를 위해 열심히 일하게 할 제도의 마련은 계속해서 주주들의 고민거리가 되고 있다.

어떤 CEO라 하더라도 의도적으로 회사를 부실하게 경영하여 주주의 재산 즉, 회사재산을 그냥 낭비하는 경영자는 많지 않다. 대부분은 어려운 경영여건에서 최선을 다한다. 선량한 대부분의 경영자에게는 경영자에 대한 감독과 통제가, 자신들의 일에 주주가 간섭하려 하거나 순발력을 발휘하는 경영자의 행동을 구속하는 것으로 비칠 수 있다. 자신들이 원하는 바 대로 하도록 경영자들을 놓아두면 안 되는가? 이에 답하기 위해서는 경영위기에 빠진 대기업들을 생각해 볼 필요가 있다. 이들이 겪는 곤경의 대부분은 경영자의 주주에 대한 무책임에서 발생한 것이며, 이와 반대로 주주가 과다하게 간섭해서 생긴 것은 많지 않다.

이와 같이 주주와 경영자 간에는 태생적으로 이해가 상반하는 대목이 허나하다. 이상직인 기업의 통제는 여리 기지 좋은 결과를 초래할 수 있다. 우선 경영자가 경영을 잘 할 수 있도록 자율성이 주어진다. 이러한 자율성은 주주의 이익을 최대로 실현하는데 이용된다. 현재의 경영자보다 일을 잘 하는 사람이 있다면 그를 경영자로 앉힐 수도 있다. 이러한 체제에서 경영자는 주주가 원하는 것이 무엇인지를 잘 알고, 주주는 자신들이 바라는 대로 회사가 운영되는지 판단할 수 있는 정보를 가지고 있고 기대에 못 미치면 단호하게 행동할 권한이 있다. 그러면서도 주주는 내부거래 금지규정에 저촉되지 않고 회사의 주식을 거래할 수 있도록 회사경영자와 일정한 간격을 유지해야 한다. 주식회사의 기본적 장점인 투자자의 투자지분 처분이 원활히 이루어져야 한다.

'주인 · 대리인 모형' (principal-agent model)은 이러한 주주 · 경영자간의 이해상충관계를 제로섬(zero sum)현상으로 설명한다. 주인 · 대리인관계의 또 다른 예로는 소송의뢰인과 변호사간, 노조조합원과 노조간부간 관계에서도 볼 수 있다. 대리인비용은 이와 같은 갈등에 따른 비용이다. 다음에서는 이에 대응하여 주주가 감시해야 할 필요성에 대해 검토해 보고자 한다.

경영자는 도덕적 해이의 유인을 받는다

주식회사에서 소유자와 경영자가 동일인이 아닌 한, 주주는 기업경영의 결과만 사후적으로 알 뿐이고, 이러한 결과에 이르도록 한 경영자의 행동은 알 수 없는 경우가 많다. 이러한 정보의 비대칭성(asymmetric information)에서는 경영자의 행동에 도덕적 해이(moral hazard) 현상이 나타날 수 있다.

이러한 예로는 주주자본주의 입장에서 경영자를 평가할 때, 두 가지 가정된 상황이 모두 딜레마에 빠질 수 있다.

제1상황 : 회사의 경영여건이 원래부터 아주 유리한 상황으로서, 경영자가 아주 크게 실책이 없는 한, 대체적으로 기말결산시에 양호한 경영성과가 거의 자동적으로 보장되는 상황.

제2상황 : 동일업종의 경기상황이 잠정적으로 어려운 처지로서, 만약 경영자가 열심히 노력하면 큰 손실만은 피할 수 있는(손실액을 감축시키는) 상황.

여기서 주주는 당연히 경영자가 열심히 일할 것을 요구할 것이다. 그러나 경영자의 노력에 대한 정보를 완벽하게 파악할 수 없으면 실제로 열심히 일하는지 아닌지를 알 수 없다. 따라서 경영자는 열심히 일하겠다고 약속하고는 소극적으로 일할 수 있는데, 이것이 경영자의 '도덕적 해이'다.

위에 제시한 제1상황은 경영자가 1년 동안 열심히 경영을 했기 때문에 이익이 많이 증가했을 수도 있고, 소극적으로 경영을 해서 이익이 덜 증가했을 수도 있다. 여기서 문제는 가치판단의 정확한 기준마련이 있느냐 없느냐에 달려 있고, 또 그 기준이 과연 객관성 있는 합리성이 수반되었느냐가 중요하다. 그러자면 경영자의 정확한 경영활동 평가자료와 정보가 있어야 할 것이다.

제2상황도 마찬가지다. 불리한 경영여건 속에서 기업의 손실을 최대한 방어했는데, 더 노력했으면 기업의 적자발생을 축소할 수 있었을 것이고, 덜 노력한 결과라면 적자폭이 커졌을 것이다. 따라서 후자의 경우 경영평가는 낮아져야 할 것이다.

그러나 위의 두 경우 모두 주주(소유주; principal)는 경영자(대리인; agent)의 경영성과를 결국 사실대로 파악하기가 곤란한 입장에 있게 된다. 여기서 이를 간파한 경영자는 '잘해도 그만, 못해도 그만' 이라는 '도덕적 해이' 에 깊이 빠지게 될 유인을 받는다.

경영자는 역선택의 가능성이 있다

앞의 두 가지 상황, 즉 제1상황이나 제2상황에서 경영자의 노력과 기업의 실적은 무관하다. 이러한 정보를 미리 안다면 주주는 경영자에게 실적에 따라서 급료를 지불하려고 하지 않을 것이다. 경영자는 주주에게 이러한 정보를 완벽하게 전달하지 않고, 노력에 따라 경영성과가 달라질 수 있는 것처럼 말함으로써, 자신에게 유리하도록 계약을 체결할 수 있다.

이러한 문제는 '역선택'(adverse selection)으로 발생하는 문제다. 역선택의 하나의 예로는 자동차 중고시장에서 자동차를 구입할 때, 기계훼손정도를 알 수 없으므로 높은 가격으로 나온 차가 무난할 것으로 보고 이를 선택하는 경우다. 또 다른 예로는 보험가입자의 경우 차량운전을 함부로 해도 보험료가 보장해 주리라 믿고 교통위반에 신경을 덜 쓰는 경우다.

이는 거래참여자 사이에 보유하는 정보에 차이가 있고, 정보를 많이 가진 거래당사자가 자신에게 유리하도록 정보를 이용하는 현상이다. 이러한 현상은 앞의 사례에서와 같이 중고차거래나 보험계약에서 흔히 볼 수 있다.

또 다른 예를 더 든다면 화재보험에 가입한 집주인은 적정한 수의 소화기를 구입하지 않는다. 왜냐하면 소화기 구입비용은 집주인이 부담하지만 그로 인한 이득은 보험회사가 차지하기 때문인데, 주로 임대건물의 경우가 그렇다. 여기서 우리는 역선택(보험료를 지불하는 대신, 소화기구매에 대한 지출을 하지 않는 선택)의 현상을 엿볼 수 있다(Mankiw의 전게서, p.582).

주주의 감시 · 통제 방법

첫째, 주식시장을 통한 감시방법이 있다

주주가 경영자를 감시하는 첫째 방법은 주식시장을 이용해서 감시하는 방식이다. 시장을 통한 감시는 주주가 경영자들에게 일정한 기준에 따라 기업을 운영하도록 재량권을 주고, 주가를 일종의 성적표로 이용하면서 증권시장 거래를 통해서 감독한다. 경영자에게 불만이 있는 주주는 주식을 매각함으로써 그 의사를 표시한다. 매각하려는 주주가 많아져 주가가 떨어지면 현명한 경영자는 이를 신호(signal)로 삼아, 그 의미를 곧 알아차린다. 경영자가 이를 알아차리지 못하고 계속 잘못하면 적대적인 인수자가 나타나 다수 주식을 매입(이를 '적대적 M&A' 라고 한다)함으로써 경영진이 바뀌게 된다.

회사 주식이 대량 처분되고 주식소유가 변동되어 새로운 대주주가 등장하면 자연히 현 경영진이 퇴진하게 될 것이다. 따라서 경영자는 자신의 경영능력을 보여주고, 회사의 경영권이 안정적으로 유지되도록 하기 위해서 회사의 주가유지에 큰 관심을 두게 된다. 주식가격이 낮아진 것을 이용하여 회사의 소유주가 바뀌는 현상은 주식매입을 통해 경영권을 확보할 수 있는 미국에서 흔히 나타나는 현상이다.

한국에서도 앞서 이미 고찰한 바와 같이, 적대적 인수가 활발해졌기 때문에 주식시장을 통해서(더 확실히 말하면 기업지배권시장을 통해서) 활발하게 기업의 인수합병이 이루어지고 있다. 결국 이 같은 공개매매시장이 있다는 사실 그 자체가 경영자로 하여금 주주의 이익에 맞추어 행동하게끔 유도하는 장치 역할을 하는 것이다.

둘째, 이해당사자관계를 통한 감시방법이 있다

이해당사자관계를 통한 감시는 일본과 독일에서 주로 이용된다. 주식의 유동성이 별로 크지 않고 다른 선진국에 비하여 개인기업이나 합명회사의 비중이 높은 대신 상장회사가 많지 않으며 주식의 유동성이 그만큼 낮은 경우에 해당된다. 일본의 경우 계열기업간 주식 상호소유와 독일의 경우 은행의 대규모 주식보유가 이를 나타낸다. 이 경우 주주는 스스로 엄격하게 경영자를 감독하거나 은행과 같은 믿을만한 제3자를 통하여 경영자를 감독한다. 주주들은 흔히 많은 주식을 장기간 보유함으로써 경영자들과 긴밀한 관계를 맺고 있다. 이들은 영국이나 미국처럼 주식시장에서의 정보공시를 통해서 기업정보를 알기보다, 이러한 당사자 관계를 이용하거나 때로는 회사의 이사회에 참여함으로써 장기계획에 관한 정보를 수집한다. 여기서는 회계정보가 불분명한 경우도 많고, 내부거래에 관한 통제도 철저하지 못하다. 따라서 경영통제와 관련된 주식시장의 역할은 영국과 미국에 비하여 낮다.

여기서 보면 시장을 통해서 감시하는 사회와 이해관계자를 통해서 감시하는 사회 간에 회사 주식의 소유구조도 다르다. 회사의 경영자를 감독하기 어려운 형편에 있는 개인주의의 비중은 미국이 단연 높다. 일본과 독일에서는 대체로 거래회사나 은행의 주식지분이 높다. 여기서 만약 주주가 경영자의 경영방침이나 경영성과에 불만이 있을 때에는 연결관계를 단절할 수 있다. 즉, 제도상으로 기업의 임원(경영자)은 주주총회에서 선임되는 것이기 때문에 만약 주주가 현 경영진에 대해서 불만을 가진다면 주주총회에서 이들을 다른 경영자로 교체할 수 있다.

그러나 주식이 다수의 소액주주에게 분산되어 있으면 경영진 교체가 어렵다. 소액주주들의 무임승차(free rider) 성향 때문이다. 이들은 주주총회에 참석하여 현 경영진을 교체하도록 직접 노력하기보다 누군가 다른 사람이 그러한 노력을 해 주면 공짜로 그 이익을 향유하고자 한다. 주주가 주주총회에 참석하지 않을 경우에는 이사회에 그 투표권을 위임할 수 있도록 규정하고 있는데, 소액주주의 투표권을 위임받은 이사회는 현 경영진에 불만을 가진 주주들과는 다르게 투표할 수도 있다.

만약 대주주가 경영권을 장악하고 있는 경우에는 다수의 소액주주가 모여 불만스런 경영진을 교체하기란 매우 어렵다. 주주들의 이익을 충실히 반영하지 않는 경영자가 끈질기게 자리를 지키는 사례는 주주의 권리보장이 잘 되어 있는 선진국에서도 흔히 있는 일이다.

셋째, 기업지배구조의 내부요소에 대한 통제장치가 있다

경영자는 주주의 이익을 위해 충실해야 하는 의무가 있다. 또 한편 경영자는 종업원, 지역사회, 채권자, 정부, 소비자, 공급자 등에게도 '충실의 의무'를 가지고 있다는 주장이 있다. 그러나 OECD는 특히 주주에게 충실할 것을 경영자의 의무로 받아들이고 있다. 그 이유는 주주의 경우는 경영자에게 자본을 제공한 후, 경영자로부터 적절한 투자수익을 얻도록 할 수 있는 강제력이 없는 반면 종업원, 지역사회, 채권자 등은 최악의 경우, 작업을 하지 않겠다거나, 불매운동을 전개하겠다고 하거나, 채권을 회수하겠다는 등의 협박을 통해서 자신들의 이익(수익)을 챙길 수가 있다는 것이다. 결국 주주의 경우만은 다른 여타 이해관계자들 보다 경영자에 의한 착취를 당할 가능성이 높다. 따라서 이들 주주가 자본을 제공하게 하기 위해서는 경영자에게 '충실의 의무'를 확실하게 부담시켜 주주를 보호하겠다고 약속을 해야 하는 것이다.

경영자가 회사자산을 매각하거나 대규모 투자를 하는 등의 경우에 이사회의 동의나 주주들의 동의를 얻도록 하여 경영자의 자기거래를 예방하기도 한다. 투자자(주주)는 자신이 제공한 자본을 경영자가 착취하거나 낭비하는 것을 막아야 하며, 이를 위해 투자자와 경영자 사이에는 계약서가 작성되는데, 그 계약서에는 경영자가 자본을 가지고 할 수 있는 일과 할 수 없는 일이 명시되고, 어떠한 상황에서 어떻게 투자수익을 되돌려 줄 것인지가 분명하게 정해지는 것이다(Jensen, Michael, and Meckling, "Theory of the Firm: Managerial behavior, agency cost, and ownership structure," Journal of Financial Economics 3, 1976. 및 김소연 외, 기업지배구조 문헌연구, 금융학회지 제12권 3호, 2007. 9월, p.31).

기타의 통제수단에는 어떤 것이 있나?

첫째, 경영진의 재산권 부보를 통한 제한방법이 있다

어떤 기업의 경우 기업이 은행으로부터 융자 받을 때, 그 대출에 대한 담보로 임원 자신의 집이나 토지 등의 부동산을 담보로 제공하도록 하는 기업이 있다. 이렇게 되면 회사의 경영이 어려워져 대출금을 상환하지 못하면, 임원의 개인 재산이 법원으로부터 압류 당한다. 그만큼 경영자는 기업의 발전을 위해서 노력해야 하는 확실한 압력을 받게 된다. 이는 기업과 경영자가 같은 배를 탄 공동운명체로 행동하도록 하는 중요한 수단의 하나가 되는 것이다. 혹은 기업이 이러한 의무를 부과하지 않더라도 임원들이 자발적으로 자기 개인재산을 회사에 담보로 제공하고 자금을 차입하여 기업이 필요한 자금을 제공하는 경우도 있다. 이는 기업의 투자사업이 성공할 가능성이 매우 높고 회사의 수익과 연계하여 경영자에게 임금과 보너스 인상, 주식배당이 이루어지는 인센티브제도(예컨대 스톡옵션제도)가 도입되어 있을 때에 흔히 나타난다.

경영자들이 이처럼 적극적으로 회사의 사업에 임한다는 것은 외부 투자자 개개인에게는 투자사업의 성공가능성이 높다는 것을 나타내는 신호로 해석된다. 따라서 이는 회사의 주가를 높이고 자금의 유입을 원활하게 하는 순기능을 발휘할 것이다. 그러나 기업이 의도적으로 기업위험과 개인의 위험을 결부시키면 부작용이 생길 수도 있다. 경영자에게 지나치게 안전위주로 행동하도록 하고, 기업경영을 위해서 필요하기도 한 과감한 행동을 가로막는 부작용은 바람직한 일이 될 수 없다.

둘째, 거래은행에 의한 통제방법이 있다

기업경영에서 주주는 회사 평균수익률의 극대화를 실현할 수 있는 경영을 원하고, 채권자인 은행은 파산가능성을 극소화하는 경영을 원한다. 수익률이 낮더라도 적자를 보지 않는 안전위주 경영은 부도(dishonour: 不渡)를 모면하게 한다는 점에서 은행을 만족시킨다. 그러나 이러한 경영은 배당수익률과 주가상승을 가져오지 않기 때문에 주주에게는 불만이다. 따라서 채권자인 은행과 기업의 주인인 주주의 이해가 항상 일치하는 것은 아니고 때로는 이해관계가 상충될 수도 있다.

회사의 차입의존도가 높은 경우는 차입상태를 유지하고 중간 중간에 상환능력 상태를 확인시키기 위해 회사가 경영에 관한 정보를 은행에 의무적으로 제공하게 된다. 또 은행은 빌려준 원금과 이자가 차질없이 소정기일에 상환되도록 담보하는 의미에서 회사가 지나치게 위험한 투자를 하지 않도록 간섭하게 된다. 이러한 은행의 회사경영에 대한 간섭은

(비록 주주와 이해관계가 완전히 일치하는 것은 아니지만), 기업경영에 직접 참여할 수 없는 소액주주의 이익을 부분적으로 대신하는 역할을 한다.

채무기업이 부도를 당하거나 채권을 회수하기 어려운 곤경에 처하게 되면 채권자인 은행도 덩달아 매우 심각한 경영위기에 처하게 된다. 1997년의 경제위기 도래 이후 은행의 부실채권(채무기업의 원리금 상환이 불가능한 대출금)이 급속히 증가하여 1998년에 일부 시중은행들이 합병퇴출되는 사태(동화, 경기, 충청, 대동, 동남 등 5개 시중은행이 시장에서 퇴출됨)로 나아간 것은 기업의 부실이 은행의 부실로 이어지는 사태를 초래한다는 사실(동반부실화)을 잘 대변해 주고 있다.

셋째, 사외이사제도의 강화를 통해서 감시할 수 있다

주주의 이해관계 옹호를 위한 제도적 장치의 또 다른 한 가지로서 사외이사제도가 있다. 이 제도는 정보의 비대칭에서 일부 정보의 편중으로부터 발생하는 경영자의 도덕적 해이(moral hazard) 문제를 최소화하고, 경영자가 주주의 이익에 보다 더 충실하도록 통제하려는 의도에서 도입하고 있다. 여기서 사외이사(outside director: 社外理事)란 사내이사와 함께 주식회사 이사회의 구성원이 되지만 법률적으로는 사용자의 지위가 없는 사람을 말한다. 이들은 회사의 일상적 업무에는 간여하지 않으나 이사회에서 회사의 주요 안건을 심의하고 의결하는데 참여한다.

예를 들어 GM은 사외이사의 역할을 강화했는데 그 내용은 경영자 견제 및 이사회 권한강화를 기할 수 있었고, CEO에 집중되었던 기업통치권을 분산시킬 수 있었으며, 소액주주를 비롯한 일반주주의 권한을 강화하게 되었다. 한국에서는 1998년부터 상장기업에 대해 사외이사를 선임하도록 의무화하였고, 1999년부터는 상장기업 이사의 25% 이상을 사외이사로 선임하도록 규정화하고 있다.

제4절 경영자에 대한 관리와 유인책

경영자 관리는 왜 필요한가?

이미 고찰한 바와 같이 설령 최고경영자의 지위에 오르더라도 경영자는 주주와 완전히 동일한 이해관계에 있는 것은 아니다. 최고경영자는 호화로운 사무실과 많은 비서진의 유지, 값비싼 해외여행, 연고관계 기업에 대한 특혜 제공 등 여러 형태로 개인적 이익을 추구하면서 기업효율성을 떨어뜨리는 유혹을 받는다. 또 업무시간 중에 사무실을 이탈하여 다른 여가를 즐기면서 업무를 소홀히 할 수도 있다. 주주가 배당을 많이 받기 위해서는 경영자의 이러한 행동을 막는 것이 중요한 과제가 된다. 특히 한국에서 대주주나 그 친인척이 직접 경영자로 나서는 것은 대주주의 이러한 고민과 관련된다고 할 수 있다.

한편으로 기업이 확장됨에 따라서 기업이 필요로 하는 경영자의 자리 수가 늘어나고 또 급속하게 변화하는 경영환경에 대응할 수 있는 고도의 전문지식을 갖춘 경영인이 많이 필요해짐에 따라 친인척 경영만으로는 이 문제를 완전히 충족해서 해결할 수는 없다. 이에 기업의 효율적인 경영을 위해서 경영자가 적극적으로 일하도록 적절한 관리제도와 인센티브제도를 마련해야 한다.

경영자 관리를 위한 유인책

첫째, 승진이다

승진(promotion)은 회사의 직계서열에서 한 직급 상위로 올라가는 것을 말한다. 경영층에 발탁된 임원이라 하더라도 그 임원진용 안에서 지속적인 승진메커니즘을 적용해서 기회를 부여하는 제도는 이들을 적극적으로 일하도록 하는 큰 유인이 된다. 한국의 기업에서는 임원급 내에서도 이사보(補) → 이사 → 상무이사보(補) → 상무이사 → 전무이사 → 부사장 → 사장 → 부회장 → 회장 등의 계층별 서열을 길게 마련해 두고 있다. 이러한 직계별 위계체계(line organization system)에서는 경영자들이 능력을 발휘함으로써 한 단계씩 더 높은 직위로 오르려고 노력하게 된다.

그런데 이와 같은 지속적 승진체계유지를 위해서는 회사조직이나 사업영역이 동시적으로 함께 확장되는 것을 전제로 한다. 여기서 조직과 사업영역이 확대되려면 회사의 경영이 원활하고 필요한 자금을 쉽게 조달할 수 있을 만큼 대외적 신인도가 높아야 한다. 반대로 회사의 경영이 부진하면 회사의 조직과 규모도 축소된다. 이 경우에는 승진이 늦어지고 기존 임원들이 자리를 유지하지 못하고 퇴출되는 일도 생기게 된다.

경기순환이 좋을 때에는 경영자들의 승진가능성이 높아지기 때문에 그들의 일에 대한 열성도 그만큼 높아질 수 있다. 이 경우에는 『좋은 경영상태 → 조직의 확장 → 빠른 승진 → 회사 일에 대한 몰입도 증가 → 한층 양호한 회사경영상태 지속』이라는 선순환구조가 형성된다. 반대로 회사 경영이 부진하여 사업이 정체되면 이 정체가 경영자들의 의욕을 위축시키고 그 결과 경영상태는 더욱 악화되는 악순환이 나타날 수도 있어 승진희망자들의 애를 태우는 시기가 도래된다.

둘째, 금전적 보상(보수)이다

회사의 경영자가 회사로부터 받는 소득도 경영자들에게 강력한 인센티브로 작용한다. 사회에서 높은 소득은 풍요로운 소비, 안락한 생활 등으로 개인과 가족의 효용을 높이는 기초적 수단이다. 또한 높은 소득은 사회로부터 인정받는 능력의 크기를 나타내는 것으로 인식되기 때문에 소비지출과는 관계없이 그 자체가 하나의 '사회적 품위'이며 목표로 간주되기도 한다. 따라서 재산의 다과나 지위의 고하를 막론하고 사람들은 더욱 높은 개인소득을 추구하므로 소득의 인상은 경영자들의 일에 대한 열성을 높이는 주요 수단이 된다.

그런데 최고경영자가 되면 승진은 더 이상 인센티브의 의미가 없게 된다. 최고경영자가 되지는 않았더라도 그에 가까운 지위로 승진하면 그만큼 승진의 기회와 가능성은 줄어들고 따라서 승진의 인센티브는 약화된다. 이러한 경우에도 고소득을 통한 경영자의 유인은 여전히 중요한 기능을 한다. 기업의 근로자가 부장에서 임원이 되면 갑자기 대우가 달라지는데 이 대우의 차이도 이러한 점을 고려한 때문이다.

최고경영자들의 소득이 이처럼 높은 것은 고용계약에 정해진 급료나 보너스가 높기 때문이 아니라 스톡옵션(stock option)을 이용한 자본이득 때문이다. 스톡옵션이란 (자사)주식매입선택권을 말하는데, 이는 일정시점의 가격으로 자기회사주식을 살 수 있는 권리다. 스톡옵션을 확보한 다음에 기업의 실적이 좋아지면 주가가 그 동안 상승할 것이므로 큰 시세차익을 얻을 수 있다. 경영자에게 스톡옵션을 제공하면 주가가 높아질수록 그는 급여 외에 추가소득을 확보할 수 있다. 그러면 자기의 개인적 이익을 위해서라도 경영자들은 좋은 신규사업을 발굴하고 이를 성공시키기 위하여 전력을 다하게 될 것이다.

기업지배구조를 선진 외국들과 비교해 보면 미국은 주주의 권리보장이 잘 되어 있고, 그에 따라 소액주주의 권리보장도 매우 앞서 있다. 이와 반면에 일본과 독일에서는 대주주(또는 대주주가 선임한 경영자)의 권한이 강하다. 한국은 외형상 일본과 유사한 지배구조의 유형을 유지해 왔으나 재정경제부가 1999년 5월 OECD의 권고안에 따라 이사회의 책임과 권한을 강화하고 주주의 권리를 보호하는 내용의 '기업지배구조 모범규약'을 제정 시행함으로써 주주자본주의(shareholder capitalism)를 기본원칙으로 하는 영미식 기업지배구조를 모델로 도입하였다. 그 주요 내용은 주주의 권리보호, 사외이사의 요건 규정, M&A관련 조항 보완, 감사위원회 의무화, 이사회 회의내용 보존 등이 포함되게 되었다. 또한 전체 이사수의 25% 이상을 사외이사로 채우도록 함으로써 사외이사의 역할이 한층 강화되었다.

기업사례 [4]

미국의 GE와 한국의 재벌

많은 경제전문가와 금융인들이 한국재벌의 부실 원인을 지나친 다각화, 즉 문어발식 확장에서 찾는다. 국내에서는 특히 산업자본이 금융업을 하는 것에 대해 부정적이다. 반면 국내 주요 그룹들은 모두 금융업을 21세기 주력업종으로 삼고 있다.

왜 그룹들은 금융업에 애착을 갖는가? 산업자본과 금융자본 분리론은 얼마나 합리적 근거를 갖고 있는 것인가?

◆ GE의 다각화와 GE캐피탈의 쾌속 질주

세계에서 가장 존경받는 최고경영자 잭 웰치가 이끌고 시가총약으로 마이크로소프트에 이어 세계 2위인 GE의 사례는 이러한 질문에 어느 정도의 답변을 해 주는 것 같다.

GE는 외견상 한국의 재벌과 비슷하다. 문어발식으로 온갖 사업을 다 한다. 일반인들이 '핵심산업' 으로 여기는 가전, 발전설비, 수송장비 이외에 플라스틱, 조명기기 사업부도 갖고 있다. 금융과 언론에도 발을 뻗치고 있다. NBC방송은 ABC, CBS와 미국 내에서 선두를 다툰다. GE캐피탈은 규모가 시티은행보다 커져 있다.

GE캐피탈은 비 은행금융기관이지만 외국에서 다수의 은행을 소유하고 있다. 동유럽지역에서만 98년에 300여 개의 지점을 설치했다. 태국, 홍콩 등 다른 아시아 국가에서도 은행인수를 검토하고 있다. 소비자금융, 기계 및 수송기기 리스, 재보험, 보증보험도 한다. 인수 · 합병 및 부실기업 회생업무도 취급한다.

GE캐피탈의 83년 이후 연평균 순이익 증가율은 20%에 달한다. 98년 말의 순이익은 38억 달러, GE 전체 순익의 40%를 차지한다. 이제 GE는 GE캐피탈과 다른 사업부로 나뉜다는 얘기가 나올 정도다.

◆ GE와 한국재벌의 차이

그런데 GE의 문어발식 경영에 대한 비판은 전혀 찾을 수 없다. 미국의 경제주간지 포천(Fortune)은 98년에 GE를 세계에서 가장 존경받는 회사로 선정했다. 한국의 재벌과 달리 GE는 왜 이렇게 찬사를 한 몸에 받고 있는가.

우선은 실적이 말해 준다. 경기의 부침과 관계없이 지난 수십 년간 매출과 수익에서 뛰어난 성적을 올렸다. 국내재벌과 제일 큰 차이는 시너지를 높이는 방식에 있다. 한국재벌의 내부거래에는 '부당' 이라는 접두사가 붙는다. 공정거래위원회 조사에서 드러났듯이 한 계열사가 다른 계열사 물건을 값싸게 사주거나 낮은 금리로 자금을 지원해주는 경우가 많다.

반면 'GE캐피털' 의 저자 함형기 씨에 따르면 GE의 사업부 간에는 이런 내부거래가 없다. GE캐피털과 다른 사업부 간에 '전략적 제휴' 관계만 맺고 있을 뿐이다. 각 사업부서가 철저히 수익에 따라 평가받기 때문에 다른 부서 보조를 엄두 내지 못한다. 잭 웰치는 상당한 수익을 내는데도 불구하고 다른 사업부서만큼 높은 수익률을 올리지 못한다는 이유로 부서를 폐쇄해 버리곤 한다. 대신 서로 도움이 되는 부문에서 협력할 뿐이다. GE캐피탈이 M&A 부문에서 경쟁력을 확보하는 데에는 제조업을 하는 다른 부서의 도움이 크다. 관련되는 다른 부서로부터 정보와 판단에 대한 조언을 자유로이 받기 때문이다.

국내 재벌들도 앞으로 GE의 시너지 모델을 따라가야 할 것이다. GE는 다각화를 할 때 이미 기존 분야에서 세계최고 경쟁력을 확보하고 충분한 자금 동원능력도 있었다. 그래서 처음부터 최고인재들을 끌어 모아 수익위주 경영으로 나갈 수 있다.

반면에 개발도상국의 재벌들이 다각화할 때에는 처음부터 수익 위주로 나가는데 제한이 많다. 특히 해외시장에 뛰어들 경우 인지도도 높지 않고 기술력도 뛰어나지 않은데 처음부터 고가의 제품을 팔아 수익률 높이기를 기대하기 어렵다. 계열사 간 도움은 경쟁력을 확보할 때까지 신사업을 끌고 나가기 위한 수단이 된다. 물론 내부거래가 부실한 기업을 정리하지 않고 연명하는 수단이 되어서는 안 된다. 그러나 초기 단계에서 어느 기업이 계속 부실하게 남을지는 대단히 주관적인 판단이다.

국내 재벌도 GE와 같이 사업부간 활발한 정보 및 인력교류에 따르는 시너지는 살려나가는 것이 바람직하다. 부당내부거래로 적발된 일들 때문에 재벌의 효율성을 전면 부정하면 경제발전의 중요한 엔진을 손상시키는 일이 될 수 있다.

※ 자료: 매일경제신문 1999. 8. 16.

06

CHAPTER

경영자와 기업가는 어떻게 다른가?

제1절 경영자의 역할은 무엇인가?

경영자의 전통적 역할

대기업의 경우 경영자는 소유와 경영이 분리되어, 회사 전체의 경영과제에 대해서만 대상으로 경영판단을 내리고 있다.[15] 각 사업부의 소관 업무에 대해서는 중간관리책임자인 사업본부장(middle management)이 의사결정을 한다. 이 경우 최고경영자는 사업, 시장전략, 주주 · 금융기관 관계, 종업원, 조직, 기능 등 주요과제에 항상 둘러쌓여 있어, 장단기 문제해결 및 경영방침을 확인 결정하는 일을 수행한다. 예컨대 대기업은 보통 여러 개의 사업을 수행하고 있는데, 그들 사업이 구성하고 있는

15) 石井 耕, 전게서, p.72~74. 참조.

과제는 공장, 영업소, 종업원, 투자자금, 제품구성, 고객관리, 경쟁기업, 당해 연도 매출액 및 이익 등에 영향을 미치는 제 요인, 중장기적인 사업 계획 및 거기에 중요한 영향을 미치는 기술개발 등이다. 또한 시장(경쟁) 전략의 과제로는 각 시장에서 고객 그룹과 그 분포, 경쟁상대기업에 대한 차별화전략, 제품의 수명주기, 가격정책, 여러 가지 다양한 커뮤니케이션 정책 등이 포함된다.

첫째, 기업의 전략을 결정하는 일

전략(strategy)이란 기업의 기본적 장기목표를 설정하고 이를 달성하기 위해 필요한 행동방식을 채택하는 것을 말하며, 여러 가지 자원을 배분하는 행위라고 정의할 수 있다. 전략을 수립하는 일은 최고책임자의 핵심적 업무가 된다. 수요의 변동이나 공급원천의 변동, 경제사정의 변동, 신기술의 개발, 경쟁업체의 출현 등에 대응하여 기업목표를 달성한다. 새로운 분야에서 기업활동을 유지 · 확대하기 위해서는 새로운 행동방식의 창안과 자원배분의 변경이 필요하다. 그뿐만 아니라 양적으로 사업을 확대한다거나, 새로운 사업분야에 진출하거나, 새로운 지역에 공장이나 사무소를 설치하기 위해서는 새로운 기본목표를 정할 필요가 있다.

예컨대, 이 시대의 세계 최고의 CEO로서 존경받고 있는 제너럴 일렉트릭(GE)의 잭 웰치(Jack Welch)[16] 회장의 전략은 특별한 면이 있다. 그는 1981년부터 2001년까지 20년간 미국 GE의 CEO를 역임하면서 GE를 세계 초일류 기업으로 비약시켰다. 그는 평소 사원들, 특히 중간관리자의 리더십을 강조했는데, 이 때 잭 웰치의 리더십 필수요소는 4E로서 Energy(활동과 변화를 추구하는 '활력'), Energize(신념을 가지고 일할 수 있는

'동기부여'), Edge(Yes와 No를 바로 할 수 있는 날카로운 '결단력'), Execute(일을 실행할 수 있는 능력인 '실행력')를 지적하고 있다. 그는 해당분야에서 1, 2등을 하지 못하는 사업은 과감히 처분해 버리는 구조조정 전략을 수립 시행한 것으로 유명하다. 또한 그는 GE 재직기간 동안에 GE의 기업가치를 140억 달러에서 4600억 달러까지 증가시켰고, 그가 보여준 혁신경영전략과 그의 리더십은 세계의 가장 존경받는 CEO로 알려져 있다.

둘째, 기업의 조직을 설계하는 일

기업경영에서 먼저 해야 할 일은 기업조직을 만드는 일인데, 이 같은 조직을 설계하는 일을 구조(structure)의 결정이라고 한다. 조직을 설계할 때는 관행이나 명문규정을 정해서 다음과 같은 점을 명확히 해야 한다.

첫째, 여러 관리부서의 관리자간의 권한과 의사전달체계를 명확히 해야 한다.

둘째, 이 같은 의사전달과 권한의 계통(linc)에 따라 흐르는 정보와 자료를 분명히 정한다.

이 때 권한과 자료는 기업의 기본 목표와 정책을 수행하고 경영자원을 배분하는데 중요한 효율적 평가 · 계획을 분명히 하기 위해서 필요하다.

---

16) 잭 웰치(John Francis Jack Welch, Jr., 1935~) : 1981년부터 2001년까지 20년간 미국 GE의 CEO를 역임. 은퇴 후 저술과 강연으로 삶을 영위하고 있다. 잭 웰치의 리더십 필수요소인 4E는 Energy(활동과 변화를 추구하는 '활력'), Energize(신념을 가지고 일할 수 있는 '동기부여'), Edge(Yes와 No를 바로 할 수 있는 날카로운 '결단력'), Execute(일을 실행할 수 있는 능력인 '실행력')를 지적하고 있다. 그는 GE 재직기간 동안 보여준 혁신경영전략과 리더십으로 세계의 가장 존경받는 CEO가 되었다.

여기서 말하는 경영자원이란 자금과 공장, 기계, 건물, 사무실, 창고 및 판매·구매용 시설, 원자재, 연구시설 등의 물적 설비 및 가장 중요한 요소인 인력의 기술과 능력을 포함한다. 그런데 구조는 전략에 따라 영향을 받으며 보다 복잡한 조직은 관련된 몇 개의 기본 전략에서 생긴다. 양적 확대전략을 결정하면 어떤 지역 내에 같은 기능을 담당하는 관리부서를 새로 만들게 된다.

지역적 분산에 의한 확대전략은 수많은 현장의 일선 조직을 관리하기 위한 부서를 필요로 한다. 새로운 분야에 진출하려는 전략을 선택하면 사업본부에 별도의 부문조직을 설치할 필요가 있다. 새로운 제품군(群)을 계속 개발하거나 국제적 규모로 사업을 확대하기 위해서는 복수의 사업본부와 이를 관리하기 위한 통합본부(corporate office)가 필요하다.

이 조직설계에는 핵심적 역할을 담당할 경영자의 인사(人事)도 포함된다. 인사가 중요하다는 것은 기업에서도 마찬가지다. 최고경영자는 앞의 조직설계에 따라 각 직무를 담당할 경영자를 선발, 훈련, 배치하고 역할이 끝난 사람과는 고용관계를 단절해야 한다. 조직설계는 조직체의 의사결정방식과 밀접한 관련을 가진다.

조직의 의사결정은 크게 두 가지로 구분하는데, 집권적 의사결정(centralization)과 분권적 의사결정(decentralization)이 그것이다. 조직에 속하는 각 구성원이 각자 알아서 정보를 수집하고 할 일을 결정하는 방식이 분권적 의사결정이며, 상급자가 하부 구성원에게 통고하는 방식이 집권적의사결정이다. 집권적 의사결정에서 의사결정 주체는 최고경영자나 부서의 장 등 '개인' 일 수도 있고, 주주총회나 부서장회의 등 회의나 투표하는 '집단' 일 수도 있다. 현실에서는 특정 개인이 결정하는 일은 드물고 집권적 의사결정은 참여하는 간부의 수나 결정된 의사를 따라야 하는 구성원 수에서 여러 수준이 있다.

경쟁시장의 가격결정은 전형적인 분권적 의사결정 방식이다. 여기서는 가격 자체가 수요자와 공급자의 개별적 행동 결과로 결정되며, 각자는 이를 보고 얼마나 판매하고 구매할 것인지를 결정한다. 반대로 중앙에서 통제되는 자동조립라인의 작업은 전형적인 집권적 의사결정이다. 라인에 배치된 근로자들이 언제, 무엇을, 어떻게 조립할 것인가를 결정할 수 없기 때문이다.

구조(structure)의 결정은 전략(strategy)에 따라 이루어지는 것이 경영의 큰 원칙이다. 구조조정은 영어의 'restructuring'을 말하는데, 이는 'structure'(구조)를 다시 짠다는 의미다. 사전적(辭典的) 의미로는 시스템이나 조직을 새로운 방법으로 조정하는 것을 말한다. 예를 들면 앞서 설명한 GE의 경우, 저수익, 저성장의 전통적인 사업분야에서 고부가가치의 하이테크, 서비스업 중심의 사업분야로 옮아가는 전략에 따라 부가가치가 낮은 전통적 사업을 잘라내면서(구조 축소를 하면서), 원래 150여 개에 달하던 사업부문을 12개의 사업부로 통합하였다. 그리고 본사의 전략기획팀을 해체하고, 각 사업부와 회장 사이의 3개 계층을 해체함으로써 중간관리자를 대폭 감축시키고, 결제단계도 4~6개로 축소하였다. 이와 같이 새로운 전략이 채택됨에 따라 기업의 조직형태가 크게 변화하는 것을 곧 알 수가 있다.

셋째, 조직의 통제체제를 선정하는 일

경영조직에서 통제체제(control system)의 선정이라 함은 조직이 경영목표와 전략에 맞게 운영되도록 감시하고 유도하는 제도의 설정을 뜻한다. 이를 위해서는 조직의 업적에 대한 평가, 운영에 대한 내부 감사, 목표달성을 위한 유인제도(예: 포상, 승진연계, 징계 등 당근과 채찍 기법) 등을 마련해야 할 것이다. 이러한 통제체제를 통해서 경영자는 구성원의 일을 조직목표를 위해 통합하고, 합목적적으로 구성원들을 이끌어 갈 수가 있다.

조직이 생존하고 발전하기 위해서는 각 개인과 그룹의 행동을 통합하여 그것이 조직의 목표달성에 집중되도록 하고, 환경이 변하면 목표를 조정하는 것이 필요하다. 이를 위해서는 구성원들에게 적절한 동기를 부여하는 일이 중요하며, 동기가 부여되도록 하려면 수행해야 할 계획과 추구해야 할 행동이 미리 명확하게 정해져 있어야 한다.

경영자는 주주에 대해서는 대리인이지만, 위와 같은 주체적인 역할을 해야 한다는 점에서 다른 조직구성원(중간관리자 포함)에 대해서는 주인이 된다. 마찬가지로 사업본부장이나 각 부서장도 최고경영자에 대해서는 대리인이지만 자기 산하의 구성원들에 대해서는 주인으로서 조직의 효율성 향상을 위해 힘쓰지 않을 수 없다.

이러한 논리에 의해서 기업은 주주 및 최고경영자를 정점으로 하여 일반 종업원에 이르기까지 주인과 대리인의 연쇄관계(연결고리 관계)가 형성된다고 볼 수 있다. 여기서 어떻게 하면 대리인이 주인과 같은 열의와 책임감을 발휘하도록 할 수 있는 것인가 라는 과제가 최고경영자와 각 부서장에게 부과된다는 것을 알 수 있다. 통제와 내부관리도 이를 달성하기 위한 하나의 방편인 것이다. 특히 경영자의 내부관리에서 내부비리의 사전예방과 과감한 척결은 그 기업의 생존전략이기도 하다.

경영자자본주의 모델 – 성장최대화가설[17]

경영자가 실질적인 지배력을 일정한 정도 가지고 있다면, 그가 주주이익만을 고려해서 의사결정을 하려고 생각하는 것은 비현실적일 것이다. 차라리 자기 자신의 효용을 극대화하려는 생각을 한다는 것이 자연스러울 것이다. 이러한 사고방식에 근거한 모델을 '경영자자본주의 모델' 이라고 부른다. 다만 무엇이 경영자의 효용이냐에 대해서는 몇 개의 다른 가설이 존재한다.

보몰(William J. Baumol, 1959)은 매출액으로 대표되는 총매출액, 즉 기업규모가 커지면 커지는 만큼 경영자의 소득과 명성이 높아져서 효용이 제고된다고 보고, 매출액최대화가설을 주장했다. 마리스(Robin L. Marris, 1964)는 한층 동태적인 상황을 고려해서 '성장최대화가설' 을 주장했다. 윌리암슨(Oliver E. Williamson, 1964)은 경영자의 효용수준이 경영자를 지원하는 직원들(staffs)의 규모, 경영자의 보수, 경영자가 재량적으로 투자지출이 용인되는 이윤 등 세 가지 변수에 달려 있다고 가정하고, 경영자가 이 효용함수를 최대화 하려고 한다는 '경영자재량가설' 을 제창하였다.

이 밖에도 당시 대기업체제의 실태를 독자적인 관점에서 분석하고, 경영자가 성장을 추구하는 경향이 있다는 것을 마리스와 똑같이 강조한 주장으로서 갈부레이스(John Kenneth Galbraith, 1967)가 있다. 이 가운데 마리스의 모델인 '성장최대화가설' 을 중심으로 다음과 같이 풀이해 보고자 한다.(상세한 수학적 이론전개는 「심층분석」 pp.144~145을 참조할 것)

---

17) 경영자자본주의 모델–성장최대화가설; 이 부분은 小田切宏之, 전게서, pp.114~117를 참조하였다.

지금 경영자가 매출액이나 총자산에 나타나는 규모의 성장률을 최대화 하려고 하는 것은 크게 두 가지 이유에서다.

첫째 이유는 경영자 자신의 효용이 기업규모에 의해서 정해지는 것이다. 경영자의 보수가 일반적으로 기업규모에 따라서 증가한다고 하는 사실은 몇 개의 실증분석에 의해서 확인되고 있다. 또한 대기업의 경영자일수록 혹은 성장하고 있는 기업의 경영자일수록 재계나 업계의 리더로 발탁되며, 경영잡지에서도 신속하게 다루어지는 등 명성을 얻게 될 것이다. 또한 기업성장이 가져오는 달성감(성취감)이나 기쁨 역시 클 것이다.

둘째 이유는 경영자가 종업원과 목표를 일체화시키려는 경향이 있으면 그 위에 종업원의 효용이 성장에 의해서 올라간다는 것이다. 대다수의 경영자가 일본의 경우처럼 내부승진에 의해서 임용되는 경향이 있으면 경영자도 종신종업원으로서 근무하여 오고 있다는 것을 뜻하며, 따라서 종업원의 욕구를 이해하고 그들에게 친근감을 나타내게 된다는 것을 시사한다. 고용이 확보되어 있고 종업원도 정년까지 그 회사에서의 근무가 예정돼 있다고 한다면 그의 생애소득(life-cycle income : 정년까지의 소득흐름의 현재가치)은 임금(급여)이 어느 정도로 빨리 상승하는가에 달려 있다는 것이다.

심층분석

경영자자본주의 모델 — 성장최대화가설 분석 해설[18)]

임금(급여) 상승률(성장률)을 g 라고 할 경우 g 가 상승하면 할수록 소득의 현재가치(*PV*)는 올라간다. 대개의 경우 임금체계는 기본급 부분에 연공요소가 포함되는 것이 보통인데, 그 비율은 낮아지는 경향이 있다. 한편 직무에 의존해서 정해지는 부분의 비율은 증가한다. 이것은 승진이 승급을 위해서 한층 중요한 요소로 되어 있다는 것을 보여주고 있다. 더구나 승진확률은 기업이

---

18) 성장최대화가설 심층분석 해설 : 小田切宏之, 전게서, pp.116~117 참조.

성장하는 속도에 달려 있다. 이 같은 현상을 모델로 다음과 같이 나타낼 수 있다.

현재 노동자는 2기간 일하는 것으로 하자. 그는 제1기 초에 입사해서 평사원(*Rank* 1) 으로서 w_1의 임금을 받는다. 제2기 초에 그는 P의 확률로 상위직급인 *Rank 2*에 승진해서 w_2의 임금을 받게 되든가, 혹은 $1-P$의 확률로 승진에서 탈락되어 *Rank* 1에 그대로 머물러 w_1의 임금을 받게 된다. 전직의 가능성은 없고 해고될 위험도 없다고 치자. 제2기말에는 그가 퇴직한다. 그러면 β를 할인율로 해서 그의 생애소득의 기대치(U)는,

$$U = w_1 + \beta[Pw_2 + (1-P)w_1] \cdots\cdots\cdots \text{식}(6\text{-}1)$$

로 나타낼 수 있다.

상사(*Rank* 2) 1명이 감독하는 부하(*Rank* 1)의 수를 control span(or span of control: 감독한계)이라 부른다. 이것은 기술적, 사회적 조건에 의해서 결정되는 것이라 하고, c로 표시하자. 금기 초에 신규 채용된 노동자수를 N, 전기 초에 신규 채용된 노동자수를 N_{-1}이라 한다면, *Rank* 1 의 노동자수는 $(1-P)N_{-1}+N$, *Rank* 2의 노동자수는 $P \times N_{-1}$이 되는 것이다. 따라서

$$c = \frac{(1-P)N_{-1} + N}{P \times N_{-1}} = \frac{2-P+g}{P} \cdots\cdots\cdots \text{식}(6\text{-}2)$$

가 된다. 다만 g는 신규채용의 성장률($N/N_{-1} - 1$) 이며, N이 매기 일정률로 성장(증가)한다면, 이 비율은 바로 종업원 수의 증가률이기도 하다.
식(6-2)를 다시 정리하면,

$$P = \frac{2+g}{1+c} \cdots\cdots\cdots \text{식}(6\text{-}3)$$

로 되어, 승진확률이 성장률의 증가함수라는 것을 알 수 있다.
이 식(6-3)을 식(6-1)에 대입하면,

$$U = w_1 + \beta[w_1 + \frac{2+g}{1+c}(w_2 - w_1)] \cdots\cdots\cdots \text{식}(6\text{-}4)$$

로 바뀌므로, 노동자의 생애소득이 성장률(g)과 승진에 수반되는 임금증가($w_2 - w_1$)에 따라서 증가하며, control span(c)에 따라 감소한다는 것을 알 수 있다.
즉, 노동자는 임금수준이나 control span이 일정하다면 기업성장률이 높아지기를 바라게 된다. 따라서 앞서 고찰한 바와 같이 경영자가 노동자의 욕구에 동정적이라면 틀림없이 일정제약에서 성장률을 최대화하려고 할 것이다.
이것이 '**성장최대화가설**' 의 요약 내용이다.

제2절 경영자상(像)과 임용방식

경영자상(像)과 임용방식의 기준

경영자 임용충원방식과 그 역할은 선진국 간에도 차이가 있다. 이러한 차이는 미국과 일본을 비교하면 여실히 나타난다. 일본 대기업에서는 주로 대학을 졸업하고 채용된 공채사원 가운데서 능력을 인정받은 자들이 계속 승진함으로써 임원이 된다. 일경련(日經連 : 일본경제인연합회)의 조사에 의하면 이러한 임원충원 방법으로 일본 대기업 임원의 16% 정도가 과거에 기업별 노동조합의 간부 경험이 있는 인사로 구성되어 있다고 한다.

반면에 미국 기업에서는 이러한 내부승진은 일반화된 관행이 아니다. 그 대신 기업의 이사(director)는 친인척이나 명문대학 경영대학원을 졸업한 특정 분야의 전문가로 구성되는 것이 일반적인 관행이다. 따라서 미국 기업의 경영자들은 일반 종업원과는 동료의식이 적고, 주주를 위하여 기업을 경영한다는 원칙을 보다 중요시한다. 이뿐만 아니라 최고경영자를 선발하는 기준도 일본 기업에서는 “원만한 성격”, “인망”, “풍부한 인생경험”, “균형감각”, “폭 넓은 분야를 경험한 제너럴리스트”, “현장경험”, “회사 내의 보수 주류계” 등의 인간적 특성이 중요한 덕목(德目)으로 나타나 있다. 이러한 요건들은 애매하면서도 일본 기업의 집단주의적 성격과 잘 조화되는 특성을 내포하고 있다.

이와는 대조적으로 미국의 경우는 대표적 기업들이 최고경영자에게 요구하는 자질 · 덕목은 일본과 다르다. “변화를 일으키는 힘”, “경영진을 고무하여 동기를 부여하는 능력”, “최고경영자로서의 성공능력”, “리더십”, “전략적 사고”, “창조적 구상력”, “분석능력”, “국제경험”, “고객지향”, “하이테크업계에서 근무했던 경험” 등이 주요한 덕목으로 나타난다.

이처럼 회사에서 최고경영자인 사장을 뽑는 기준이 미국과 일본 간에 현격하게 차이나는 것은 주주의 이익실현을 경영의 최대 목표로 여기는 미국기업과 종업원과 주주의 이익을 비슷한 비중으로 여기는 일본 기업 간에 생기는 경영 풍토의 차이에서 비롯되는 것이다.[19]

경영자의 대우 또는 보수의 차이

경영자의 보수를 각 국가별로 정확하게 비교하기는 매우 어렵다. 일본이나 독일 기업에서는 장기보상금의 비중이 낮은 반면에, 미국의 대기업에서는 그 비중이 매우 높고, 미국기업에서는 공식적으로 지급되는 급료 이외의 수입이 별로 없는 반면에, 일본기업에서는 사택, 자동차, 골프회원권, 판공비 등 눈에 보이지 않는 지원이 많다. 이러한 임원에 대한 보상 관행 차이 때문에 경영자 보수의 상대적 크기가 국가 간에 어떻게 다른지를 정확히 알기 어렵다.

한편 최고경영자와 일반 근로자(생산직 및 사무직)의 소득격차는 미국이

19) 박덕제 · 안영도, 기업경제학, 중앙경제, 1999, pp.141~142 참조.

가장 크다. 임원과 일반 근로자 간의 소득격차도 미국이 일본이나 독일에 비해서 높다. 이처럼 미국의 임원 및 최고경영자의 상대적 고소득은 개인주의와 능력에 따른 보수가 당연하다는 인식이 사회 전반에 깔려 있고, 기업의 임원이 내부 승진보다는 기업 외부에서 스카웃된 인력으로 구성된다는 점과 밀접한 관련이 있다. 이러한 경영자 소득의 차이는 국제적인 기업합병이 성사될 때 그 후 경영과정에서 두 기업의 결합을 어렵게 하는 요인이 될 수 있다.

제3절 기업가는 어떻게 정의되나?

기업가는 누구인가?

중 · 근세 이후 기업의 획기적 성장과 이를 통한 산업사회의 급속한 발전 이면에는 기업가(entrepreneur)의 혁신적 역할이 있었다.

첫째, 기업가는 관리자(administrator)와 다르다. 관리자는 정해진 목표에 따라 자원을 배분하고 그 과정을 관리하는 역할만 한다.

둘째, 기업가는 경영자(manager)와 다르다. 경영자는 소유주와는 주인 · 대리인의 관계로서 주어진 여건 속에서 기업을 일정한 테두리 안에서 경영을 하면 되는 존재다.

셋째, 기업가는 소유주(owner)와도 다르다. 소유주는 기업의 주인으로서 현재상황과 여건에서 기업의 이익을 합리적으로 추구하는 자본가다.

이에 대해서 기업가는 기존 방식을 답습하거나 타인의 방식을 모방하지 않고 기업경영에서 혁신(innovation)을 추구하여 성공함으로써, 그 결과를 사회에 확산시키는 경영자인 동시에 혁신가다. 따라서 기업가의 앞날에는 혁신 추구의 결과 경영여건의 호전으로 더욱 큰 이익의 기회도 있지만, 여건악화로 더 큰 손실위험도 도사리고 있다.

기업경영에 따르는 위험은 보험에 들 수 있는 위험(risk)과 보험에 들 수 없는 위험인 불확실성(uncertainty)으로 구분되는데, 기업가는 불확실성을 감수하고 여기에 도전하면서 새로운 것을 추구한다. 슘페터(J. Schumpeter)[20]에 의하면 기업가가 추구하는 혁신의 내용은 신상품, 새로운 생산방법, 새로운 원료, 새로운 시장 등 4종류가 있다고 말한다.

기업가는 월등한 상상력과 미래에 대한 예측력을 지니고 장래의 불확실성과 도전하면서 더 많은 이윤창출을 위해 최선을 다한다. 또한 기업가는 예측력뿐만 아니라 조직적 판단력을 가진 탁월한 능력가다. 이러한 능력은 반드시 사업자금의 소유와 비례하여 증가하는 그러한 것과 다르다. 여기에는 무엇보다도 강력한 '기업가정신(entrepreneurship)' 이 있어야 한다.

---

20) 슘페터(Joseph Alios Schumpeter, 1883-1950): 케인즈(John Maynard Keynes, 1883-1946)와 함께 20세기 경제학계의 쌍벽을 이루는 사람이다. 그의 저서 "경제발전이론"(1912)은 경제발전이 기업가의 혁신에 의해서 이루어진다는 내용을 담고 있다. 그의 경제이론 성장과정에서는 사상적으로 왈라스와 뵘 바베르크의 영향을 받았다. 그는 빈에서 출생하여 빈 대학에서 수학하면서 한계효용학파의 이론을 습득하였다. 그의 "경제발전이론"은 경제학 이론전개방법을 사회과학 원리를 응용하여 최상의 이론을 논리적으로 만들고자 했다. 그는 이 저서에서 경제순환론, 기업가의 개념, 생산수단의 신결합과 신용창조, 이윤동태론 등을 피력했으며, 특히 기업가개념에서는 기업가의 혁신적 역할을 강조하였다.

상인으로서의 기업가정신이 요구된다

일반적으로 말해서 제조업자만이 기업가가 될 수 있는 것은 아니다. 오히려 역사적으로 보면, 기업가적 경영자는 초기에 새로운 시장개척에 성공한 상인들 속에서 처음 등장했다. 중세로 거슬러 올라가 고찰할 때, 12~13세기에 북유럽의 한자동맹에 가입했던 도시의 상인들은 조합을 결성하여, 러시아의 모피 · 꿀 · 곡물, 영국의 모직물 · 양모, 노르웨이의 어류 · 광물 · 목제, 이베리아의 소금 · 포도주 등의 교역을 중계하여 많은 이익을 올렸다.

더 내려와서 13세기에는 지중해의 베니스 상인들이 향료를 비롯한 아시아 제품을 유럽에 중계 수출하여 많은 이익을 얻었다. 또 제네바의 상인들은 흑해 연안에 진출하여 향료 · 곡물 · 포도주 · 노예 · 목재 · 견직물 · 면화 등을 거래하면서 당시 이러한 상품의 소비자들의 복지를 한 단계 높일 수가 있었다. 또한 소금이나 향료를 공급함으로써 소비자로 하여금 그것이 없었더라면 먹지 못했을 것을 먹을 수 있게, 또 더 맛있게 먹을 수 있도록 했다. 원거리 무역으로 풍년에는 남는 곡물의 판로를 찾도록 하고, 흉년에는 외부 공급원을 찾아 부족한 것을 조달해 메워줌으로써 생산지의 공급과잉과 소비지의 물자부족을 서로 해소할 수 있도록 재화의 균형적 배분에 적극 기여했다.

어떤 면에서 보면 당시의 원격지 무역에 종사했던 상인들이 거둔 많은 이익은 당시의 열악한 경영여건에 따른 위험을 감수하며 혁신을 수행한 데 대한 대가라고 볼 수 있다. 이에 대한 논의는 앞에서 제2장 제2절 기업의 이윤 학설 가운데 '보상기능설'에서 이미 고찰한 바 있다.

최고경영자로서 기업가의 자질이 있어야 한다

한편 기업가의 특징은 장래에 대한 직관적 예측력과 전체를 보는 시각 및 이에 바탕을 둔 결단의 능력을 두루 구비하고 있어야 하며, 일반적으로 최고경영자(CEO)라고 해서 모두 기업가는 아닌 것이다. 현대의 기업경영에서 가까운 사례를 살펴보자. 예컨대 빌 게이츠(Bill Gates)[21] 는 다른 사람들보다 훨씬 앞서 PC(개인용 컴퓨터)의 잠재성을 인식하고, 소프트웨어가 하드웨어만큼이나 중요한 사업으로 떠오를 것으로 예측하였다. 반도체칩의 개발로 컴퓨터의 성능이 무한하게 향상됨에 따라, 이 컴퓨터가 뛰어난 운영시스템과 응용프로그램만 있으면 얼마든지 가치를 창출하게 되리라는 것을 그는 미리서 예측하고 여기에 대비한 것이다.

중간관리자로서의 기업가 역할도 필요하다

이번에는 중간관리자의 역할과 관련해서 고찰해 보기로 하자. 최고경영자만이 기업가 자질을 가지고 있고 기업가적 기능을 하는 것은 아니

21) 윌리엄 빌 게이츠 3세(William Henry Gates Ⅲ : 1955~): 미국 워싱턴 주 시애틀 출신. 마이크로 소프트 회장이었으며 현재 명예회장으로 있다. 폴 앨런과 공동으로 회사를 창업하였다. 그의 자산은 560억 달러(2007년)로 세계 2위. 어릴 때부터 컴퓨터 프로그램을 만드는 것을 좋아했다. 하버드대학교에 입학하였으나 중퇴했다. 1970년대 중반에 폴 앨런과 함께 앨테어 8800에서 동작하는 Altair Basic 인터프리터를 고안했다. Altair는 최초로 상업적 성공을 거둔 개인용 컴퓨터로 평가된다. 그는 폴 앨런과 함께 새로운 Basic 버전을 개발하여 MS-DOS의 핵심적 프로그램 언어로 채택했다. 1990년 초 이래 마이크로 소프트는 컴퓨터 시장의 주도권을 획득하게 되었다. 1994에 멜린다 게이츠와 결혼하여 슬하에 3명의 자녀를 두고 있다.

다. 많은 중간관리자들도 이러한 기능을 하고 있다. 중간관리자들에게 이러한 기업가적 자질을 잘 개발하게 하고 조직을 위해 이 자질을 발휘하도록 관리하는 것이 기업 내부관리와 관련된 최고경영자의 과제다. 오늘날 조직과 인력관리를 잘해서 이를 달성하는 기업이 성공하는 기업이며, 여기서 실패하면 우량기업이 되기는 어려울 것이다.

중간관리자에게 기업가적 능력을 제고시키는 방안으로는 첫째, 기회포착에 대한 세심한 배려를 통해 성공의 기회를 놓치지 말 것과 둘째, 조직 내 의사소통이 원활하게 보장되도록 조직과 제도를 구축 할 것이며 셋째, 새로운 부서를 기존 부서에서 독립시켜 기존 부서의 보수성으로부터 해방시키는 것 등이 요구된다.

제4절 경영자의 전략적 의사결정[22)]

시장환경과 기업경쟁

기업은 기업의 산출물인 제품 · 서비스는 시장에서 경쟁하지 않으면 안 된다. 그리고 경쟁에서 이기지 못하면 매출은 발생하지 않는다. 소비자인 고객에게 어떻게 다가가서 판매할 것인가, 경쟁기업보다 소비자의

---

22) 石井 耕, 전게서. pp.41~46. 참조.

관심을 어떻게 더 이끌어낼 것인가, 소비자의 관심을 이끌어 내는 요인은 무엇인가, 바꾸어 말하면 어떻게 경쟁우위를 얻어낼 것인가, 등에 대한 기업의 경쟁전략이 중요한 과제가 되고 있다.

경영자가 이와 같은 경쟁전략의 과제를 해결하려면, 우선 시장환경에 대한 분석이 필요하다. 시장환경에는 좁은 의미의 시장환경과 넓은 의미의 시장환경을 모두 고려해야 한다. 우선 어떠한 경쟁기업이 존재하며 그들이 어떠한 경쟁전략을 계획 · 실행하고자 하는가, 또한 어떠한 소비자층이 있고 제품 · 서비스에 대한 구매기준은 무엇인가 등이 협의의 시장환경이다. 다음으로 제품 · 서비스 생산의 사회적 조건, 정부 · 지자체 등의 규제 등 정책적 조건, 제품개발의 기초가 되는 기술적 조건 등이 광의의 시장환경이다. 그리고 이와 같은 광의 및 협의의 시장조건들은 또한 항상 변화하고 있다. 기업은 이와 같은 시장환경의 변화에 대응해서 적응해 나가는 방향선택이 필수적이다.

경영자가 고려해야 할 경영전략의 의사결정에서는 다음과 같은 내용들이 고려되어야 한다. 경쟁전략의 기본적 수단에는 다음과 같이 진입장벽전략, niche 전략(시장틈새포착), 제품차별화전략 등 세 가지가 지적되고 있다.

진입장벽전략

진입장벽전략이란 시장의 외부로부터 새로이 경쟁기업이 진입하는 것을 막아내는 전략을 말한다. 잠재적인 진입자를 저지하기 위한 장벽을 어떻게 구축할 것인가 하는 문제다. 진입장벽에는 다시 다음과 같은 세 가지 방법이 지적된다.

가. 진입장벽으로서의 규제설정

진입장벽으로 강력한 것은 정부 · 지자체 등의 규제 등 정책적 조건이다. 예컨대 일본에서는 장기간 전력사업은 전국 10개 지역에 있어서 지역 독점사업으로 인정해 오고 있다. 이것은 어떤 외딴 섬이나 산간벽지까지도 필요한 전력을 공급해야 하는 의무와 더불어 인정돼 오고 있다. 공익성과 공공성의 이유에서 지역독점이나 진입규제가 인정되어 오고 있는데, 이러한 사례는 특히 비무역재의 경우에 많다.

나. 기술장벽의 구축

신규진입기업이 쉽게 개발하기 어려운 기술을 보유하는 것이 진입장벽이 된다. 특허에 의해서 타사의 신제품개발의 장벽을 설정하는 경우 또는 낮은 코스트의 생산기술이 장벽이 되는 경우도 있다.

예컨대 은염(銀鹽)을 사용하는 사진필름은 기술장벽이 높은 산업으로 알려져 있다. 세계필름시장은 일본 후지필름, 코니카필름, 미국 코닥필름, 유럽 아그파필름(Agfa color negative film)의 4개사의 과점상태가 오랫동안 계속되어 오고 있다. 여기서 특히 일본 후지필름의 경우는 일본시장에서의 시장점유율이 높기 때문에 수익률이 현저하게 높다.

그러나 이 분야에서도 디지털카메라의 등장으로 새로운 기술이 도입됨으로써 지금은 격렬한 기술개발 경쟁이 확대되어 가고 있다.

다. 초기투자의 크기에 의한 장벽 구축

상대기업이 새로이 진입하는 시점에 많은 초기투자가 필요한 상황인 경우, 그 신규진입기업의 리스크는 커지게 되며, 따라서 이것이 진입장벽이 될 수 있다. 예컨대 철강산업의 경우 새로이 진입하려면 고로(高爐)의 건설이 필수적인데 여기에는 일본의 경우 약 1000억엔(약 8,870억원)이 넘는 초기투자가 필요한 것으로 알려져 있다. 그렇기 때문에 장기간 철강수요가 성숙했던 일본에서 신규진입기업이 나타나지 못했던 것이라고 한다. 이와 같은 초기투자의 장벽은 그 밖에도 거액의 설비투자를 필요로 하는 반도체나 소재제조업 또는 철도 · 통신 등 서비스산업분야에서 많이 나타난다.

niche 전략(시장틈새포착)

니치(niche)라 함은 영어사전에서 보면 "벽면을 파내어 화병이나 조각품 또는 장식품을 놓도록 만든 곳, 즉 벽장 틈"(適所)의 뜻을 가지고 있다. 이 말이 경쟁전략의 용어로 전용되어 큰 시장들 사이의 틈새, 즉 작은 시장이란 뜻으로 쓰이게 되었다. 극히 소수의 특유한 니치를 가진 소비자를 대상으로 소량생산으로 대응하려 하는 전략이다. 바로 중소기업의 경쟁전략이 여기에 있다. 니치시장은 수없이 많다. 많은 중소기업들이 거기서 무언가 독점적 이익을 올리려 하고 있다. "숨겨진 큰 시장"이 바로 여기에 존재한다는 것이다. 예컨대 요즈음 활성화되고 있는 택배시장은 기업가정신을 발휘하면 얼마든지 발전할 소지가 있는 사업인 것이다.

제품차별화전략

경쟁전략의 근간(바탕)은 제품차별화전략이다. 진입장벽전략이 신규잠재진입자를 저지하고 니치전략이 작은 틈새시장에서 독점적 이익을 얻으려고 하는 데 대해서, 제품차별화전략은 큰 시장에서 이미 경쟁하고 있는 기업들과 어떻게 경쟁할 것인가에 초점을 두고 생각하지 않으면 안 된다. 그리하여 소비자의 많은 욕구를 차별화된 제품 · 서비스로 유도하는 것을 목적으로 한다.

제품 · 서비스를 차별화하는 데는 여러 가지 요소가 고려된다. 우선 가격이다. 동일한 제품 · 서비스를 어떻게 싼값으로 제공하느냐, 이것이 항시 계속되는 제품차별화의 기본적 테마다. 그러나 가격만이 소비자의 욕구는 아니다. 예컨대 고가의 제품이라도 소비자가 요구하는 제품 · 서비스가 있다. 그것은 제품의 성능, 디자인, 품질 등에 의한 소비자의 만족이다. 혹은 광고, 브랜드, 이미지 등에 의한 소비자에 대한 호소력이 중요시되는 경우도 있다. 다시 A/S, 지급조건, 기타 고객에 대한 편의가 소비자의 판단자료로 되는 경우도 있다. 확실히 제품 · 서비스의 차별화 요인은 다양하다. 이와 같이 제품 · 서비스에는 다음과 같은 두 가지의 차별화가 있다.

가. 신제품 · 신서비스에 의한 차별화

경쟁기업의 제품 · 서비스와 다른 별도의 새 것을 만들 것, 다만 따라 만들기 쉬운 경우는 수명이 짧다.

나. 비즈니스 시스템(혹은 비즈니스 모델)의 차별화

경영자원에 의한 사업구조에서 차별화를 한다. 차별화하기는 힘이 드나 일단 차별화한 후에는 장기에 걸쳐서 경쟁우위의 지속이 가능하다. 그러나 일반적으로 신제품 · 신서비스의 차별화만 가지고는 수명이 짧고 장기간의 경쟁우위를 지속할 수가 없다. 그래서 기업은 여기에 병행해서 비즈니스 시스템의 차별화를 도모해 나가야 한다.

전략적 경영계획의 수행 과정

기업의 전략적 경영계획 과정은 다음과 같은 7단계의 순서에 따라 진행된다.

- 목표설정
- 환경분석
- 기업의 강점과 약점분석
- 기업전략 수립
- 경쟁전략 수립
- 전략의 실천
- 전략의 평가

전략적 경영계획의 주요 분석내용

(1) 환경의 분석

앞서 고찰한 시장환경의 분석에 추가해서 일반적 정치 · 경제상황에 대한 분석과 해당 산업에 대한 분석 및 경쟁기업에 대한 분석에 관해서 계획을 수립하여야 한다.

산업의 분석

산업에 대한 분석에서는 산업의 구조와 기업의 행위 및 그 실적분석이 주된 내용이 된다. 산업구조는 구매자 및 판매자의 수와 규모의 분포, 진입장벽, 제품의 차별성, 비용구조, 수요의 가격탄력성 등이 주요 분석대상이 된다. 기업행위는 담합, 가격전략, 제품전략, 연구개발, 광고전략 등이 분석대상이다. 또한 실적분석은 산업이윤율, 생산증가율, 고용증가율, 기술진보 등이 분석대상이 된다. 그리고 이들 분석은 상호작용을 통해 각각 영향을 미친다.

경쟁기업에 대한 분석

산업 내 기업의 특성은 완전경쟁기업이 아닌 한 여러 가지로 다양하다. 산업분석에서는 산업의 일반적 특성만을 알 수 있을 뿐이며, 구체적 경쟁기업의 특성을 알기는 어렵다. 산업 내 기업들을 몇 가지 전략적 차원에서 관찰하면 유사한 성격을 가진 것끼리 묶을 수 있다. 어떤 요소가 전략적 차원인가는 산업에 따라 다른데, 대체로 광고, 연구개발 수준, 원가의 크기, 상품차별화의 정도, 상품의 폭 등을 들 수 있다. 전략적 차원에서 동일한 성격을 지니는 기업들을 전략그룹으로 분류한 후, 동일전략그룹에 속하는 기업 중에서 지역 및 소비자를 공유하는 기업을 가장 뚜렷한 경쟁기업으로 타깃을 삼는다.

(2) 기업의 강점과 약점 분석

경쟁상대기업과의 대응에서 어떤 전략을 택할 것인가를 결정하려면 먼저 자신의 능력을 정확히 파악해야 한다. 전략선택에서는 자신의 강점을 최대로 활용하고 약점이 큰 영향을 미치지 않도록 하는 경영전략의 수립이 필요하다. 경쟁력의 원천이 되는 강점은 해당산업과 그때의 시기에 따라 다르다. 따라서 자금력, 첨단기술 및 연구개발능력, 판매네트워크, 양질의 충성심 있는 종업원, 최신 공장설비 등은 기업의 강점이다.

기업사례[5]

C회장 10년 동안 발로 뛰며 글로벌 현장경영

1990년대만 해도 국내 기업에만 머물던 현대·기아차가 전 세계에서 400만대를 생산 판매하는 글로벌 기업으로 자리 잡고 있다. 현대·기아차가 불과 10년도 안 되는 짧은 기간에 세계적인 기업으로 성장한 배경에는 정몽구 현대·기아차 회장의 강력한 리더십이 있다.

정 회장은 98년 현대·기아차 대표이사 회장으로 취임한 이후 2000년 자동차 전문그룹을 출범시키고 품질 경영을 바탕으로 한 글로벌 경영에 시동을 걸었다.

정 회장은 우선 생산, 영업, 애프터서비스(AS) 등 부문별로 나뉘어 있던 품질관련 기능을 묶어 품질총괄본부를 발족시키고 매달 품질 및 연구개발, 생산담당 임원들을 모아 놓고 품질관련 회의를 주재했다. 시중에 팔리고 있는 차에 대한 문제점을 점검하는 것은 물론 개발 중인 차 실물을 회의 참석자들과 함께 만져보고 들여다보며 품질 개선방안을 하나하나 지시했다. 품질에 대한 정 회장의 집념은 생산라인을 중단시키기도 하고, 신차 출시 일정을 미루기도 했다. 품질에서 자신감을 찾은 정 회장은 글로벌 현장을 직접 챙겼다. 해마다 국내는 물론 해외 각 사업장을 방문해 임직원들을 격려하고 각 시장 상황을 점검하며 글로벌 경영을 전개했다.

정 회장은 중국 공장 건설을 결정하고 합작서를 체결한지 7개월 만에 양산을 시작할 정도로 의욕이 넘쳤다. 2005년에는 글로벌 업체들의 격전지인 미국에서 미국 소비자들이 원하는 차량을 생산해야 한다는 일념으로 미국 공장 건설을 진두지휘했다.

현대차는 정 회장의 리더십으로 2003년 연간 수출 100만대를 돌파한 데 이어 2004년에도 세계 최단기간 수출 누계 1000만대를 돌파해 명실상부 자타가 공인하는 글로벌 기업으로 자리 잡았다.

글로벌 기업으로서 현대차의 위상은 세계에서 가장 까다로운 미국 시장에서 2년 연속 JD파워 소비자 만족도 1위(2002년 단독·2003년 공동)에 이어 2004년에 신차 품질의 세계적 척도로 불리는 신차 품질평가(IQS)에서도 1위(Entry Midsize car 부문)를 차지함으로써 다시 한번 확인됐다. 2006년에도 포르쉐, 렉서스에 이어 3위를 차지하며 고급 브랜드를 제외한 일반 브랜드 순위에서 1위에 올라 전 세계에 현대차 품질에 대한 확신을 심어줬다.

신차 품질뿐만 아니라 내구 품질에서도 비약적인 상승을 기록했다. 미국 소비자 전문지 '컨슈머 리포트'가 최근 발표한 내구성 조사에서 현대차는 전년 대비 6계단 상승한 7위를 기록했다.

브랜드 가치에서도 놀랄 만한 성과를 이뤘다. 현대자동차는 세계적인 브랜드 평가기관인 인터브랜드가 비즈니스위크와 함께 선정하는 세계 100대 브랜드에 2년 연속 선정되며 세계적인 브랜드로 발돋움했다. 2005년에는 평가가치 35억 달러, 84위에서 2006년에는 9계단 상승하며 평가가치 41억 달러로 75위를 차지했다.

지난 8월에는 86년 엑셀 수출 이후 21년 만에 미국 누적판매 500만대를 돌파하며 전 세계 자동차업계를 놀라게 했다.

정 회장은 이제 '질적인 성장'을 강조하고 있다. 2005년 '고객을 위한 혁신'이라는 중장기 비전을 밝힌 후 올해는 '고객우선경영'을 선언했다. 브랜드나 감성품질 같이 고객이 진정으로 원하는 가치를 제공하고 연구개발, 생산, 판매, 정비 등 모든 경영활동에 고객을 최우선적으로 고려해 전 세계 고객들에게서 현대·기아차가 생산한 자동차 가치를 인정받을 수 있도록 해야 한다는 것이다.

현대·기아차는 고객우선경영을 통해 양적인 성장을 넘어서 고객들이 원하는 가치를 생산하는 진정한 글로벌 명품 업체로 도약한다는 전략이다.

※ 자료: 매일경제 2007. 12. 26.

07

CHAPTER

기업의 자본은 어떻게 구성되나?

제1절 기업의 소유지배구조와 경영성과는 어떤 관계가 있나?

기업의 소유와 투자의 주체는 누구인가?

자본주의사회에서 기업의 법적 소유권을 주주에게 부여하는 이유는 자본가의 독점이나 소수의 합의가 쉽다는 편의주의적 이유보다는 기업경영에 대한 각종 위험부담에 근거하는 당연한 귀결이라고 이해하여야 할 것이다.

기업경영에는 언제나 위험이 따르고 손실을 보는 결과로 끝나는 경우도 많이 있다. 손실을 보는 기간이 장기간 지속되면 기업은 유지될 수 없고 파산하게 된다. 경제적인 효율성을 중시하는 관점에서 볼 때, 어떤 기업구성원 집단에게 기업의 경영권을 주는 것이 좋을까에 대해서 고찰해 보자. 이 경우에 가장 확실한 방법은 기업이 파산할 때 가장 큰 손실을 보는 사람(또는 집단)에게 기업의 소유권과 경영권을 맡기는 것이 안전하다. 왜냐하면 손실을 입을 가능성이 가장 높은 집단은 자신이 입을 손실을 회피하기 위하여 필사적으로 기업의 경쟁력을 높이려 할 것이기 때문이다. 이것은 기업경영에 따른 위험부담이 주주에게 소유권을 인정하는 법리(法理)와 관련이 있다는 것을 시사한다.

일반적으로 말하면 기업이 파산하면 구성원은 누구나 얼마간의 불이익을 당한다. 경영자는 무능한 경영인으로 낙인찍혀 전문경영자로 활동하기 어렵게 될 것이며, 근로자도 새로운 직장을 구하기까지는 실업자로서 쓴맛을 보아야 할 것이다. 그러나 이들 집단보다도 더 큰 손실을 입는 집단은 기업에 자본을 투자한 주주다.

기업이 파산하면 주주가 투자한 자본의 대부분은 이미 현금으로 회수할 수 없는 고정자산(부실자산) 형태로 존재한다. 예컨대 철강회사의 공장설비는 철강공장이 가동을 멈춘다면 단순한 고철더미와 별 차이가 없게 된다.

따라서 주주는 기업이 파산하면 투자자본의 대부분을 잃게 되어 손실을 입는다. 심한 경우에는 투자자금을 전혀 회수할 수 없는 현상도 나타난다. 이는 다른 측면에서 분석할 수도 있다. 주주가 기업경영을 주도한다는 것은 이익에 따른 보상과 손실에 따른 책임을 주주 자신이 진다는 것을 의미한다. 이익만 생기는 기업의 경우에는 기업경영을 어느 계층이 주도하는가는 크게 중요하지 않을 것이다. 그러나 손실이 생기는 기업의 경우에는 그 손실에 따른 책임, 즉 손실을 감당하는 집단이 있어야 한다.

근로자나 일반 경영자와 달리 주주는 기업에 물적자본을 제공했기 때문에 이것이 손실시의 책임에 대한 보증(bonding)이 된다. 주가 하락이나 자본금 잠식으로 투자자금을 잃게 되는 경우, 이는 주주가 잘못된 경영에 대해 책임을 지는 행위로 간주할 수 있다. 그러나 종업원이나 경영자는 기업이 잘못되었을 때 발생하는 손실을 떠맡을 물적자산이 없다. 이들은 인적자본을 기업에 제공하고 있지만 자유민주주의사회에서 채권사들이 이들의 신체를 담보로 잡을 수는 없다.

만약 기업경영에서 의사결정이 잘못되어 손실이 발생했을 때 이를 책임질 담보자산이 없는 집단이 기업 의사를 결정한다면, 많은 문제가 야기될 수 있다. 신제품 개발과 같은 높은 위험이 따르는 혁신적 전략추구와 관련된 의사결정에는 특히 이러한 문제가 더욱 심각하다.

논리적으로 보면 손실을 감당할 주체가 아닌 집단이 의사결정을 할 때에는 위험이 따르는 결정은 피하고, 그러다 보니 혁신적 경영을 못하는 사례가 있을 수 있다. 주인 없는 기업의 이러한 폐단은 방만한 경영을 일삼는 공기업이나 신제품 개발이나 기술혁신이 거의 없는 사회주의 기업경영에서 잘 드러나고 있고, 또 우리는 이러한 현상을 우리 주변에서 자주 보고 있다.

소유지배구조의 성과분석에 관한 최근의 연구내용

소유경영자가 더 열심히 일한다는 가설은 최근 우리 학계에서도 여러 연구발표 혹은 세미나를 통해 긍정적인 주장이 나와 관심을 모으고 있다. 2006년 국회 심포지엄 및 한국경제연구원 세미나에서 '기업소유지배구조와 경영성과'에 관한 주제발표가 있었는데, 여기서 한국거래소와 코스닥에 등록된 자산 1000억원 이상 기업 중 제조업체들을 순환출자기업집단(지배주주출자집단)과 그렇지 않은 나머지 기업집단으로 양분해서 ROE(자기자본이익률) 및 ROA(총자산이익률), PER(price earning ratio : 주가수익률) 등 경영지표를 비교분석한 결과, 전자(지배주주출자집단)가 후자에 비해서 훨씬 성과 있는 것으로 나타났다고 발표했다(신현안 교수, 연세대, 2006. 9. 27., 국회 심포지움, 및 2006. 11. 9., 한국경제연구원 세미나).

이처럼 오너십을 가진 경영진이 한층 책임성을 가지고 더 열심히 일을 한 결과라고 판단할 수가 있는 것이다.

기업의 소유지배구조와 경영성과에 관한 또 다른 연구내용이 최근 발표된 바 있다. 즉, 외환위기 이후 국내기업들은 지배주주의 지분율이 높을수록 경영성과는 올라간 반면 그렇지 않은 경우 경영성과는 떨어졌다는 연구결과가 나왔다(조동근 교수, 명지대, 2007. 10. 25., 명지포럼, 동아일보, 2008. 4. 28. 자료). 이 세미나의 내용은 '기업의 소유 지배구조와 성과의 관계'에서 2001년부터 2005년까지 5년간 연속 한국거래소에 상장된 534개 기업들을 대상으로 전수조사를 벌인 결과, 지배주주의 지분율이 50% 전후가 될 때까지는 기업가치와 지배주주의 지분율은 동일한 방향(陽의 상관관계)으로 움직이고, 그 이후엔 반대방향으로 움직이는 '역(逆) U자' 형의 관계가 나타났다고 발표했다.

제2절 기업은 어떻게 자본을 조달하나?

기업이 사업을 영위하기 위해서는 많은 자본(자금)이 소요된다. 단기적으로는 생산요소비용(노임, 급여, 보너스, 원재료비, 세금 등)과 중장기적으로는 연구투자(R&D), 생산설비 증가(공장부지 확대, 기계설비 증설, 중장기 원자재 확보 등) 등 소요자본의 조달이 원활해야 한다. 이와 같이 필요한 기업자본을 조달하는 방법에는 크게 기업내부에서 조달하는 내부자금조달과 기업의 외부에서 조달하는 외부자금조달의 두 가지로 대별되지만, 더 구체적으로는 다시 여러 방법으로 세분된다.

외부자금조달은 은행 등의 금융기관에서 대출(차입)을 받는 간접금융 방식과 증권시장에서 증권을 직접 발행하여 불특정다수의 투자자들로부터 조달하는 직접금융방식으로 나누어지며, 증권발행은 회사채발행과 주식발행으로 양분된다. 한편 기업내부자금 조달방법은 회사의 유보이익(이월이익잉여금계정 등)에서 조달된다. 이들 기업자금 조달방법을 도시하면 [그림7-1](p.168)과 같으며 이를 항목별로 좀 더 상세히 고찰하면 다음과 같다.

(1) 은행차입

은행차입은 금융기관에서 차입하는 간접금융방법으로 거의 모든 기업들이 사용하는 보편적인 자본조달방법이다. 은행의 차입에도 여러 방법이 존재한다. 우선 단기 차입방식에는 당좌대월(1개월 이내에 일정 한도 내의 거래), 일반자금대출(단기운용자금), 상업어음할인(통상 90일, 어음 잔여기한 범위 내 액면), 무역금융(신용장에 근거한 90일 기준 이내의 수출입금융), 기업구매자금금융 등이 있다. 또한 중장기 차입방식에는 적금관계대출, 대출한도거래, 텀론(term loan, 1년 이상~3, 5년), 담보대출, 일반자금대출(기업시설자금대출, 3~7년) 등 다양하다. 차입금에 대해서는 이자불입 및 원금상환조건이 사전 약정되며, 소정기일 내에 상환이 안 되는 경우(이를 '지급불능상태〈default〉' 라 한다)에는 이 기업은 부도처리(不渡處理 : dishonoured) 된다.

(2) 회사채 발행

상장기업이 증권시장에서 회사채를 발행하여 소요자금을 조달하는 방법으로서 증권회사가 대행기관이 되어 회사채를 인수하여 기업에 자금을 먼저 제공하고, 증권회사는 이를 개인투자자나 기관투자자에게 매출(이를 分賣라 한다)함으로써 자금을 조달한다. 회사채를 발행하려면 그 기업이 일정조건을 충족하고 신용평가기관에서 일정수준(A 등급) 이상의 신용등급판정을 받아야 한다. 회사채는 주기적으로 이자지급이 발생하는데 이러한 이자지급이나 원금지급에 차질이 빚어지면 회사는 부실화된다.

(3) 주식발행(증자)

상장기업이 주식을 시장에서 추가로 발행하여(이를 증자라 함) 필요한 자금을 조달하는 방법으로 주식회사에서 흔히 이용할 수 있는 방법이다. 회사채와는 달리 이자지급이나 원금상환의 부담은 없으나, 배당금이나 주가상승을 통한 이익 전망이 있어야만 주식을 매입할 사람(주식투자자)이 나타날 것이다.

(4) 유보이익(내부유보)

기업의 이익개념은 기업의 영업활동으로 창출된 수익(revenue)에서 종업원에 대한 보수와 부채에 대한 이자지급 등 제반 비용을 차감한 잔액(residual)으로 정의되며, 기업의 소유주인 주주의 몫이다. 이러한 이익 가운데 주주에게 일정율의 배당금을 지급하고 나머지는 미래의 투자 등을 위해 기업 내부에 유보해 두는데 이를 유보이익 또는 차기이월이익 잉여금이라 말하며, 이 유보이익이 가장 손쉬운 기업의 자금조달 수단이 된다.

은행차입이나 회사채 발행에 의한 자금조달은 대출금융기관이나 회사채투자자에 대하여 회사가 채무를 갖게 되며 회사의 대차대조표에서 부채로 계상된다. 반면 내부유보이익은 기존 주주의 부(wealth)로 간주되며 주식발행에 따라 주식을 매입하는 자는 회사의 새로운 주주가 된다. 내부유보이익이나 주식발행에 의한 자본조달은 회사의 대차대조표 상에서 자본금으로 계상된다.

이와 같이 자본조달은 은행차입 및 채권발행 등 부채(debt)에 의한 타인자본조달과 주식발행 및 유보금 등 지분(equity)에 의한 자기자본조달로 양분된다. 자기자본은 부채와는 달리 원리금 상환의 부담은 없으나, 기업의 이익이나 재산에 대하여 잔여재산청구권을 행사하고 기업 위험을 최종적으로 부담하게 된다.

부채를 사용하는 것을 채무레버리지(financial leverage)라 일컫는데, 이 이유는 부채사용이 순수 자기자본사용의 경우보다 기업의 이익과 손실을 더 확대시키는, 다시 말해서 경기의 민감도(sensitivity)를 더 크게 확장시키는 효과가 있기 때문에 이렇게 부른다.

예를 들어 자기 돈 10억원을 들여 사업을 하면 연간 30%인 3억원이 남는 경우, 은행에서 10억원을 10%의 금리(이자율)로 추가로 빌려 총 20억의 사업(투자)을 하면 6억원이 남는다고 하자. 여기서 이자 1억원(10%)을 지급하고 나면 20억원 투자에서 5억원(자기 돈 3억+차입자금 이익 2억〈이익 3억원 - 차입이자 1억원〉)의 수익을 올리는 결과가 된다. 반면 투자수익률이 금리(이자율)보다 낮으면 이제는 거꾸로 손실이 발생한다.

이상의 자금조달방법들을 그림으로 요약 정리하면 [그림 7-1]과 같

[그림 7-1] 기업의 자금조달

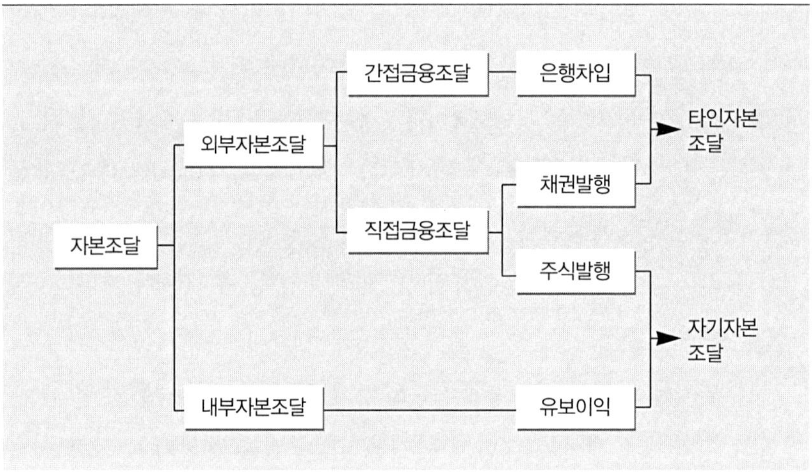

다. 최근의 추세는 자본시장이 발달할수록 은행차입 등의 간접금융보다는 증권시장에서 조달하는 직접금융을 선호하게 된다. 금융시장은 증권

화(securitization)의 현상이 심화되고 있는데 이는 기존의 자산을 증권의 형태로 전환함으로써 유동성을 부여하는 것을 뜻한다. 정기예금을 증권화한 양도성 CD(certificate of deposit) 등이 대표적인 예다. 한국 기업들의 외부자금조달형태를 살펴보면 주식발행에 의한 자금조달이 차지하는 비중은 점차 증가하고 있다. 나머지는 은행 또는 비은행금융기관으로부터의 차입, 회사채 및 기업어음의 발행, 해외차입, 기업신용 등 다양한 형태의 타인자본 조달이다. 개인부문의 자금공급도 꾸준히 증가하고 있다.

요즘은 회사채와 주식 이외에도 여러 종류의 다양한 금융상품이 파생금융상품(financial derivatives)의 형태로 새로이 개발됨에 따라 자본조달의 수단도 다양해지고 있다. 새로운 금융자산, 새로운 금융거래기법, 새로운 금융서비스 등을 의미하는 금융혁신(financial innovation)은 금융의 세계화(globalization), 자유화(liberalization), 또는 탈규제화(deregulation) 추세에 따라 전 세계적으로 확산되고 있으며 한국도 예외 없이 이러한 추세적 변화가 일어나고 있다. 새로운 금융상품인 파생상품과 그 특성에 관해서는 제13장에서 체계적으로 고찰하게 될 것이다.

제3절 기업은 자금조달방법에 따라 기업가치가 변하나?

기업의 다양한 자본조달방법 가운데 어떤 것이 가장 유리한가? 한 가지 방법이 절대적으로 유리한 위치를 차지하는 것이 아니라면, 자본조달 원천별로 어떻게 어떤 비율로 결합하는 것이 기업가치를 극대화 할 수 있는가?

이 물음에 대한 해답은 간단하지 않다. 우선 합리적 고찰을 전제로 하는 완전경쟁시장(perfect competitive market)[23]을 가정해 보자. 완전경쟁시장이란 추상적 개념으로 거래가 완전경쟁적으로 이루어지고, 모든 유용한 정보를 비용없이 얻을 수 있으며, 거래비용, 세금, 파산비용, 대리비용 등 제반 불완전성(inferfections)이 존재하지 않는 시장을 말한다.

완전경쟁시장에서는 기업이 자본조달을 어떻게 하든 간에, 즉 타인자본으로 조달하든 자기자본으로 조달하든 기업가치가 영향을 받지 않는다는 것이 이론적으로 증명되어 있다. 이를 '모딜리아니[24]-밀러[25] 정리'(Modigliani-Miller Theorem : 'MM 정리' 로 통칭)라 한다. 이를 구체적으로 설명하면 다음과 같다.

---

23) 완전경쟁시장(perfact competitive market): 시장형성에 아무런 제약조건이 존재하지 않는 상태의 시장을 가리키는 말로서 그 조건은;다수의 공급자(생산자/판매자)와 수요자(소비자/구매자)의 존재, 상품의 동질성 보장, 자유로운 생산요소의 이동, 자유로운 시장 진입과 퇴출, 완전한 시장정보의 공유 등 다섯 가지 상태를 모두 갖춘 경우의 이상적인 시장을 일컫는다.

24) 모딜리아니(Franco Modigliani, 1918~2003): 이탈리아 로마출신, 1939년 로마대학 졸업(법률학 전공) 후 바로 미국으로 이민 옴. 신사회연구학교에서 경제학 전공, 1944년에 경제학 박사 학위 받음. 1946년부터 일리노이대학 교수, 1960년 노스웨스턴대학교 교수를 역임. 1962년부터 MIT(매사추세츠 공과대학) 경제학과 교수를 역임하면서 J .R. Hicks 및 P. A. Samuelson 의 뒤를 이어 케인즈학파의 대표인물로 인정받음. 소비이론인 '라이프사이클가설' (생애주기가설) 및 현대재무이론의 시발점을 이룩한 '모딜리아니-밀러 정리' (MM정리) 발표로 실용경제이론의 선구적 연구공로로 인정되어 1985년 노벨경제학상을 받음. 저서로는 F. Modiglianl and M. Miller(공저), "The Cost of Capital, Corporate Finance and the Theory of Investment" , American Economic Review, 1958, 및 M. Miller and F. Modigliani(공저), "Corporate Income Taxes and the Cost of Capital: a correction", American Economic Review, 1963. 외 다수가 있음.

모딜리아니-밀러의 정리(Modigliani-Miller Theorem)

MM정리는 두 가지 상황에서 각각 정리가 도출된다. 첫째 정리는 기업이 자금을 조달할 때 자기자본과 타인자본의 크기를 어떻게 구성할 것인가 하는 문제에 관한 것이고, 둘째는 기업의 이익 가운데 배당과 내부유보의 구성을 어떻게 할 것인가 하는 문제에 관한 것이다. 이에 대한 해답을 정리하면 다음과 같다.

> 정리 1 : 기업이 자금 조달 시에 자기자본과 타인자본의 구성(비율)을 어떻게 하느냐 하는 것은 기업가치에 아무런 영향을 미치지 않는다.
>
> 정리 2 : 기업이 배당성향과 내부유보율을 얼마로 구성하는가 하는 것도 기업가치에 아무런 영향을 미치지 않는다.

---

25) 밀러(Merton Howard Miller, 1923~2000): 미국 메세추세츠 보스턴 출신. 2차 세계대전 중, 미 재무성 조세조사국 경제조사연구원으로 근무. 1952년 존스 홉킨스대학(Johns Hopkins University)에서 경제학박사 학위를 받음. 1958년 카네기 공과대학 산업행정대학원에서 F. 모딜리아니와 함께 연구발표한 논문(공저)인 "자본과 기업의 재무비용과 투자이론"("The Cost of Capital, Corporate Finance and the Theory of Investment)을 발표했는데(이를 MM정리라 일컫는다) 현대재무이론의 신기원을 일으킨 공로로 1990년 노벨경제학상을 받았음. 저서로는 M. Miller, "Merton Miller on Derivatives, New York, John Wiley & Sons, 1991. 및 "Financial Innovation and Market Volatility, Cambridge, MA, Blackwell Publishing, 1991. 외 다수가 있음.

첫 번째 정리는 자본시장이 완전할 경우, 기업이 차입금으로 투자를 하든 신주를 발행하여 조달한 자기자본으로 투자를 하든 기업의 가치는 변하지 않는다는 것을 의미한다(자기자본이든 타인자본이든 기업가치는 불변이라는 뜻).

두 번째 정리는 기업의 이익을 배당을 하든 아니면 내부유보를 하든 기업가치에 변함이 없다는 것을 뜻한다.

이 두 가지 정리 가운데 첫 번째 정리를 설명하기 위해 기업을 '아파트'에 비유하여 생각해 보자. 여기서 기업의 가치는 곧 아파트의 현재가치(시가)가 된다. 아파트를 구입할 때 전액 내 돈으로 사는 경우와 은행에서 일부 주택담보대출을 융자 받아 내 돈과 합쳐서 사는 경우를 비교하여 보자(사후 종부세와 양도세는 편의상 여기서 제외하기로 한다).

이 때 아파트의 크기(㎡의 크기, 평수의 크기)가 아파트 시세의 높고 낮음을 결정하는 것이지, 구입자금의 조달원천이 자기자금이냐, 타인자금(은행융자금)이냐는 전혀 관계가 없다는 것을 알 수 있다.

두 번째 정리는 신용카드 거래의 경우를 생각해 보자. 내가 이미 가지고 있는 카드사용적립금 포인트를 오늘 인출해서 당장 혜택을 모두 받거나(높은 배당성향 즉, 낮은 유보율), 또는 내일 혹은 장래의 필요한 시점에서 포인트를 찾아 혜택을 받거나(낮은 배당성향 즉, 높은 유보율), 내가 얻게 되는 혜택의 총합계에는 전혀 차이가 없고 변동도 없다는 것과 같은 논리다.

'MM정리'의 이론을 수학적 분석을 하면 다음[심층분석]의 내용과 같다.

심층분석

MM정리 도출 분석해설[26)]

기업이 자금을 조달하는 방법은 크게 내부자금(유보이익)조달과 외부자금(증자, 채권발행)조달로 양분된다.

우선 기업의 t 기의 이익(세금공제 후)을 E_t, 부채잔액을 B_t, 이자율을 i_t, 1주당 배당을 d_t, 주식수 N_t, 내부유보 R_t 라고 하자. 여기서 이 기업의 t 기의 이익처분을 수식으로 나타내면,

$$E_t = i_t B_t + d_t N_t + R_t \quad \cdots\cdots \quad 식(7\text{–}1)$$

여기서 이 기업에게 i_t 는 계약에 의해 정해져 있고, B_t 와 N_t 는 전기까지의 재무성책에 의해 이미 정해져 있기 때문에 선택할 수 있는 것은 d_t 와 R_t 이다. 이에 따라 자금조달방법의 두 가지를 각각 나누어 설명하고자 한다.

부채(외부자금)를 전혀 가지지 않는 경우:

어떤 기(期)(t)에도 $B_t = 0$ 이기 때문에 식(7–1)은 다음 식으로 바뀐다.

$$E_t = d_t N_t + R_t \quad \cdots\cdots \quad 식(7\text{–}2)$$

로 된다.

다른 한 편으로, 만약 I_t 만큼 투자하기 위해여 내부유보나 증자에 의해서 자금조달을 하는 경우,

$$I_t = R_t + [N_{t+1} - N_t]s_{t+1} \quad \cdots\cdots \quad 식(7\text{–}3)$$

을 도출할 수 있다. 다만, s_{t+1} 은 주가를 표시하고 증자할 경우에는 기말에 차기의 기초가격으로 신주를 발행하는 것으로 간주하기 때문에 $t+1$ 기의 주가가 된다.

여기서 투자자금을 조달하는데 내부유보(회사의 유보자금)에 의해서 조달하는 방법과 증자(타인의 주금불입 유치)를 통해서 조달하는 방법 가운데 어느 편이 기존 주주에게 유리한가에 대해서 고찰할 필요가 있다. 내부유보에 의해서 조달하면 식(7–1)에 의해서 배당이 줄어들게 되므로 주주에게는 소득감소가 뒤따른다. 이와 반대로 배당유지를 위해 증자를 통해 투자자금을 조

26) MM정리 도출 분석해설: 小田切宏之, 전게서, pp.89~94 참조.

달하면 식(7-2)에 의해서 차기($_{t+1}$期)이후의 주식수가 증가하여 현재 주주의 지분비율이 1 이하로 축소되어 이익청구권을 감소시키게 되고 그들의 배당수입의 현재가치를 감소시키는 것이 될 것이다. 그러므로 내부유보와 증자 중 어느 것이 바람직한가는 이들 두 가지 상반된 경로에서 초래되는 불이익의 균형점에 달려 있다고 볼 수 있다.
MM정리는 이들 두 가지 상반된 방법들이 서로 간에 정확히 상쇄되어 내부유보와 증자가 결국 아무런 유불리의 차이가 존재하지 않는다는 점을 분명하게 규명하고 있다.
이를 자세히 설명하면 다음과 같다.

우선 자본시장의 이자율을 i 라 하고, 이 값으로 시장에서 유동성제약 없이 무제한 대출 또는 차입이 가능하다고 하고, 또한 기업 간에 부도위험성(default risk)도 도산위험성도 없는 것으로 하자. 또 한편으로 주식거래나 은행융자에 이자 외에 다른 수수료가 없고, 법인세나 이자 · 배당세 등도 없는 것으로 하자.

이러한 경우 주식시장에서의 균형으로 이 기업의 주식에 오늘(초기) ($_t = 0$) 투자했을 때에 얻어진 수익률도 당연히 i와 같은 것이 될 것이다. 수익은 1주당 배당(d_0)과 주가상승에서 오는 자본이득(capital gain) ($s_1 - s_0$: 초기의 1주당 주가와 1기후의 1주당 주가와의 차액)으로 이루어지기 때문에,

$$i = \frac{d_0 + s_1 - s_0}{s_0} \quad \cdots\cdots\cdots\cdots\cdots\cdots \quad 식(7-4)$$

이 성립된다. 분모는 1주의 구입비용, 분자는 그 1주로부터 나오는 수익이다.
다음에는 분자 및 분모에 N_0(초기의 주식수) 를 곱해 식을 정리하고, 여기서 기업의 시장가치를 V_0 라 하면,

$$V_0 = s_0 N_0 = \frac{d_0 N_0 + s_1 N_0}{1 + i} \quad \cdots\cdots\cdots\cdots\cdots \quad 식(7-5)$$

을 얻게 된다. 기업의 시장가치, 즉 기업가치(V_0)는 주가총액(주가에 주식수를 곱한 것, 주식의 전체시장가치)에 부채총액을 더한 것으로 정의된다. 다만 지금은 부채가 없는 경우를 고려하고 있기 때문에 V_0 는 주가총액과 동일하며 식(7-5)가 성립된다.
이 식의 우변의 분자 제1항에 식(7-2)를 제2항에 식(7-3)을 각각 대입하면,
$s_1 N_1 = V_1$ 이라는 것에 유의 하여,

$$V_0 = \frac{E_0 - R_0 + R_0 + V_1 - I_0}{1 + i} = \frac{E_0 - I_0 + V_1}{1 + i} \quad \cdots\cdots\cdots \quad \text{식(7–6)}$$

을 얻게 된다.

여기서 우리는 기업이 이익의 얼마만큼을 배당으로 돌리고, 얼마만큼을 사내유보로 돌릴 것인가의 선택(이를 '배당정책' 이라고 함)은 기업가치(V_0)에 영향을 미치지 않는다는 사실을 알 수 있다.

식(7–6)은 V_1 에 대해서도 성립하기 때문에 이를 식(7–6)의 V_1 에 대입하고, 다시 반복해서 나가면,

$$V_0 = \frac{E_0 - I_0}{1 + i} + \frac{E_1 - I_1 + V_2}{(1 + i)^2}$$

$$= \frac{E_0 - I_0}{1 + i} + \frac{E_1 - I_1}{(1 + i)^2} + \cdots\cdots$$

$$= \sum_{t=0}^{\infty} \frac{E_t - I_t}{(1 + i)^{t+1}}$$

$$= \sum_{t=0}^{\infty} \beta^{t+1}(F_t - I_t) \quad \cdots\cdots\cdots\cdots\cdots\cdots\cdots\cdots\cdots \quad \text{식(7–7)}$$

로 된다.

$E_t - I_t$ 는 이익에서 투자비용을 차감한 것으로서 순현금흐름(net cash flow : *NCF*)라고 부른다. 식(7–7)은 기업가치(V_0)가 오늘부터 무한한 장래에 걸쳐있는 *NCF* 의 흐름을 i로 할인하여 얻어진 현재가치(*PV*: Present Value)와 같다는 것을 보여주고 있다. 다시 반복해서 말하면 그것은 배당정책에 의존하는 것이 아니다. 기업가치는 주주입장에서 보면, 그가 보유한 주식자산의 가치를 나타내는 것이므로 그것을 극대화하는 것이 주식의 자산가치를 최대화 하는 것이 된다. 식(7–7)이 보여주는 바와 같이 그것은 그 기업이 갖는 수익력(E_t)과 투자기회(I_t)에 의존하지만, 그 이익을 배당과 유보금에 어떻게 배분하느냐, 투자에 필요한 자금을 어떻게 조달하느냐에는 의존하지 않는다.

이것이 모딜리아니–밀러 정리의 첫 번째 명제다.

부채발행의 경우(내부유보를 도외시하는 경우):

여기에 2개의 회사가 있다고 하자. 한 쪽은 무부채기업(우첨자 U 로 표시한다)이며, 다른 한 쪽은 유부채기업(우첨자 L 로 표시한다)인데, 다만 두 회사가 이룩하는 이익(E_1^i, $i = U, L$)은 동일한 것으로 한다. 그렇게 하면서 이를 단순화하기 위하여 오늘의 기업가치 V_0^i 등을 다만 V^i 등으로 나타내어,

$$V^U = S^U,\ V^L = B^L + S^L \quad \cdots\cdots \quad \text{식(7-8)}$$

이 된다. 다만, $S^i = s^i N^i$, $i = U, L$ 은 주가총액, B^L 은 유부채기업의 부채총액이다.
투자가가 U 사의 주식 가운데서 α에 해당하는 비율을 매입했다고 한다면, 그 비용은 $\alpha S^U = \alpha V^U$ 가 될 것이며, 매기(每期)의 배당은 αE^U 가 될 것이다. 내부유보를 무시했기 때문에, 이자지급이 없다면 수익(E^i)이 모두 배당으로 지급되기 때문인 것이다.
다른 한 편으로 L 사의 주식과 부채의 어느 것에 대해서도 α 에 해당하는 비율을 매입하였다고 하자. 이 비용은 $\alpha S^L + \alpha B^L = \alpha V^L$ 이 된다. 부채에 대한 지급이자율은 i 이므로, 이 투자가의 보유부채로부터의 수익은 $\alpha i B^L$, 보유주식으로부터의 배당수입은 $\alpha(E^L - iB^L)$로 된다. 따라서 총수입합계는 αE^L 로 되고, $E^L = E^U$ 라는 전제에서 L 사에 투자해도, 또는 U 사에 투자해도 수익이 동일하다는 것을 알 수 있다. 그러므로 어떤 투자가도 투자비용이 낮은 쪽에 투자하게 되어 균형적으로 양자가 균등화하지 않으면 안 되게 된다. 즉, $E^U = E^L$ 이라면 $V^U = V^L$ 이 성립하지 않으면 안 된다.
결국 무부채기업도 유부채기업도 모두 그 수익력(E^i, $i = U, L$)이 동일한 한, 기업가치는 같은 것이 된다. 따라서 투자를 증자로 조달할 것인가, 부채로 조달할 것인가는 주주에게 어떠한 차이도 없다.
이상의 두 개의 명제에 의해서 우리는, 모딜리아니-밀러(MM)정리는 투자액이 주어지면, 그것을 증자에 의해서 자금조달을 하든가, 내부유보금에 의해서 자금조달을 하든가, 또는 부채발행에 의해서 하든가, 모두 주주에게는 차이가 없다는 것(무차별하다는 것)과, 또한 이익 가운데 어느 정도를 배당으로 지급하느냐에 대해서도 무차별하다는 것을 알 수 있다.
바꾸어 말하면 투자결정은 앞에서 본 바와 같이 그것이 갖는 수익의 흐름의 현재가치(PV)로만 판단하면 되고, 그에 따른 자금을 어떠한 방식으로 조달하느냐에 대해서는 전혀 의존할 필요가 없다는 것을 보여주고 있다.

'MM정리' 는 완전경쟁자본시장에서 기업 재무정책의 무차별성을 증

명하는 것으로 유명한 재무이론이다. 그러나 현실의 자본시장은 여기서 전제하는 것처럼 완전경쟁자본시장이 아니기 때문에, 이 정리에서 도출되는 결론이 바로 현실적 타당성을 지니는 것은 물론 아니다. 따라서 자본시장의 불완전성이 엄존하는 현실상황에서 기업이 재무구조를 어떻게 짜느냐 하는 논리의 출발점이 된다는 점에서 그 유용성과 의미가 있다.

자금조달에서 세금은 어떠한 영향을 주는가?

현실적으로 자금조달에는 세금이 존재하며 이 경우에 기업의 손익에 어떠한 영향을 주는지 검토해 보자. 이 세금은 크게 나누어 기업활동 결과 획득한 이윤에 대해서 기업이 내야 하는 법인세와 기업의 청구권자(채권자)에게 지급된 이자소득에 대해서 내야 하는 개인소득세 두 가지가 있다.

기업의 청구권자는 앞에서 본 바와 같이 크게 나누어 부채를 보유한 채권자와 주식을 보유한 주주 등 두 부류가 있다. 전자(채권자)는 발행시 정해진 금액을 정해진 기간에 기업으로부터 이자지급을 받으며, 후자(주주)는 기업의 실적에 따라 이사회가 정한 배당금을 해마다 일정하지 않은 금액을 기업으로부터 지급받는다. 그런데 세법상 기업이 채권자에게 지급하는 이자는 비용으로 인정되어 법인세 공제가 되지만, 주주에게 지급되는 배당금은 법인세 공제의 대상이 안 된다. 이러한 조세관행이 기업의 자금조달에 어떠한 영향을 미치는 것인가?

먼저 투자가의 관점에서 손익을 검토해 보자. 투자자가 회사채를 매입하여 기업에 자금공여를 한다면 기업이 지급하는 이자에 대하여 이자소득세를 납부하면 된다. 투자자가 기업의 주식을 매입함으로써 기업에 자금공여를 하게 되면 기업활동의 결과 이익에 대하여 일차로 기업이 법인세를 납부하고, 그 후 순이익에서 배당금이 지급되면, 2차로 주주가 배당소득세를 납부하게 되어 결과적으로 동일한 1개의 자금원천에 대해 2회에 걸쳐 이중으로 세금을 부담하는 셈이 된다. 그런데 만일 회사의 순이익이 배당으로 지급되지 않고 사내에 유보되어 주가상승으로 이어지면 투자자에게는 시세차익(매매차익)이 발생하게 된다. 한국의 경우 주식의 매매차익에 대해서는 과세하지 않고 있어 이 경우에는 이중과세가 발생하지 않는다.

어떤 소득이 투자자의 실질소득을 높이는데 가장 유리할 것인가는 조세의 구조 및 각종 소득에 대한 세율의 크기에 따라 달라질 것이다. 여기서 보는 바와 같이 기업의 관점에서는 일정한 자본에 대하여 같은 금액이 이자나 배당금으로 지급되어야 한다면 이를 손비(損費)로 인정받을 수 있는 이자로 지급하는 것이 유리하다. 그러므로 기업이익에 대한 법인세 부과는 주식에 의한 자금조달 보다는 부채에 의한 타인자본조달이 세제상 훨씬 유리하게 되어 있어, 기업의 차입금의존을 높이는 결과를 초래할 것이다.

기업의 회계처리에 이자를 손비 처리함으로써 법인세를 절약하게 되는 감세효과로 인해 타인자본을 쓰는 기업의 가치는 100% 자기자본인 기업에 비해서 감세효과의 시장가치만큼 높아진다. 현재 세계 각국의 추세는 형태의 차이는 있으나 자기자본비율을 규제함으로써 재무건전성을 확보하려 하며, 한국 역시 여러 가지 형태의 자기자본비율에 대한 규제를 두고 있다(예컨대 기업의 부채비율을 200% 이내로 규제하는 것 등).

이 밖에도 기업의 대리인비용과 파산비용도 기업가치에 영향을 미치는 것으로 설명되고 있다.

기업사례[6]

H 개발 중동건설현장에서 … 곤욕

1970년 중반 중동건설 붐이 일어났을 때, 이 현장에 삼환기업에 이어 두 번째로 일찍 뛰어든 해외건설업체가 있다. 오늘날 한진그룹의 방계기업인 H 개발이었다. 이 기업은 어렵사리 사우디 건설청으로부터 얀부고속도로건설공사(Yanbu highway construction project)를 수주하는데 성공했다. 이야기의 발단은 이때 회사 선발요원이 겪은 일화의 한 토막이다.

얀부항은 홍해(Red Sea)연안에 위치한 사우디 제2의 항구도시로 서해안을 남북으로 지나 육로로 지중해연안까지 이르는 중동지역 교통의 요지다. 이곳에서 사우디 북방 국경선에 위치한 타북(Tabuk)까지 이르는 당시 사우디 최장의 고속도로건설공사가 시작된 것이다.

하루는 선발대 요원들이 얀부 근처의 지형을 답사하고자 차를 몰고 도시 주변을 살피고 있었다. 고속도로건설은 기초원자재(모래와 작은 자갈 등) 확보가 공사비 절감의 기본요소인데 이곳의 지형은 낮은 구릉(丘陵)과 그 인근에 작은 돌로 형성된 언덕이 산재해 있어 이러한 원자재 확보에 매우 유리한 곳이었다. 차에 탄 사람은 두 사람. 그 중 선임자격인 한 사람은 필리핀 현장에서 며칠 전에 막 도착한 L계장이었고, 나머지 한 사람은 한국에서 바로 투입된 신참 기술요원 K계원이었다. 이들은 낯선 이슬람사회의 신기함에 도취된 채 차를 몰고 있었다. 그 당시 얀부시의 시가지는 아직 개발이 안 된 상태로 꾸불꾸불 길이 설계돼 있었고, 주변 마을 가운데는 커다란 우물이 있어 동내 마을 주민들이 물을 길으러 운집하는 그러한 상황이었다. 차가 막 시가지를 거의 빠져 나가려 하는 때에 갑자기 앞에 두 여인이 검은 히잡(Hijab, 검은 베일)으로 얼굴을 가리고서 물동이를 안아 들고 힐끗 힐끗 뒤돌아보면서 걸어가고 있는 게 아닌가! 두 청년은 순간적으로 동양적인 사고방식 속에서 자기들을 유혹한다는 착각에 젖어들고 말았다. 그래서 차를 최저 속도로 느리게 몰면서 그 여인들을 뒤쫓아 바짝 따라가고 있었는데 막상 최종적으로 다다른 곳은 바로 얀부경찰서였던 것이다.

회교도국가에서는 종교경찰이 가장 엄격한 통제권을 행사한다. 이들은 곧 종교경찰에 인계되어 바로 구속되었다. 이날 오후 H 개발 현장사무소장은 얀부종교경찰서에 소환되어 이들이 회사소속 직원임을 확인 받았고 이어서 두 청년들은 종교재판에 회부되었다. 죄목은 "위협하의 간통미수죄." 이는 바로 국외추방에 해당한다.

회사의 현지 주재이사가 찾아가 아무리 오해라고 외쳐도 전혀 수용되지 않았고 오히려 종교적 말썽이 커지면 현지공사계약을 몰수(계약해지)시키겠다는 으름장만 메아리칠 뿐이었다. 3개월 후 이들 피의자(?) 두 사람은 젯다(Jeddah) 공항에서 필리핀 마닐라행 항공기에 종교경찰 입회하에 강제이송 탑승되어 추방되고 말았다. (이 후 이 사건은 이들이 필리핀 현장에 전근 이동된 것으로 인사상 사무처리를 마무리하고 일단락 되었다). 이 사건은 해외진출기업들이 현지의 문화적 환경에 대한 사전지식 없이 종교적 계율이 곧 사회법이라는 이질성에 무관심했던 데서 발생한 하나의 사건으로서, 그 당시 중동 해외건설 현장의 교훈이 되는 일화로 현지 한국인에게 널리 회자되었다.

※ 자료: 저자 "주재원 업무일지"에서 요약 정리.

PART 03

기업의 조직

GLOBAL CORPORATE ECONOMY

08

CHAPTER

기업의 조직구조는 어떻게 되어 있나?

제1절 기업의 전통적 조직 유형

기업조직이란 무엇인가?

조직이란 기업의 목표를 달성하기 위해서 직무를 할당하는 구조를 말한다.

조직의 개념 속에는 그 조직구조를 형성하기 위하여 조직원들에게 직무를 할당하고 이러한 직무들이 집합하여 부서를 형성하는 조직화과정(organizing)을 포함한다. 여기서 조직화란 조직의 계획달성을 위하여 자원을 수집하고, 이를 할당하며, 업무를 구조화하는 기능을 말한다. 따라서 조직의 경영자는 어떤 업무를 해야 하며, 누가 그 일을 맡을 것이고, 누가 그 업무에 대한 의사결정을 할 것인가를 결정해 놓지 않으면 안 된다.

이를 위해서 기업의 조직은 효율적인 운영을 위해 권한과 책임관계가 명확하게 확립되어야 하고, 구성원들 간에 원활한 커뮤니케이션이 구축되어야 한다. 그뿐만 아니라 기업은 변화하는 환경에 효과적으로 대응할 수 있도록 조직되어야 한다. 최고경영자는 종업원으로 하여금 기업의 목표달성을 위해서 최선을 다하도록 통제해야 하며, 조직원이 조직목표를 이탈하여 개인적 이익을 추구하려는 도덕적 해이를 방지하면서 이들의 적극성을 살릴 수 있는 방안을 찾아야 한다. 이러한 일은 우선 효율적인 기업조직 구축에서 출발한다. 기업조직은 조직목표의 달성과 구성원의 자율성이 조화될 수 있도록 구축되어야 하는데, 이를 위한 전통적 기업조직 유형에는 기능별조직, 사업부제조직, 혼합형조직의 세 가지가 있다.

(1) 기능별조직(functional organization)

특징

기능별조직은 각 부서의 장이 부서운영에 관한 정보를 최고경영자에게 직접 보고하고, 최고경영자가 이를 종합 · 판단하여 각 부문의 역할을 조정한다. 결국 최고경영자가 전략적 의사결정과 일상적 기업운영의 제반 문제들을 동시에 관장하는 조직이다. 이 조직을 그림으로 나타내면 [그림 8-1]과 같다.

[그림 8-1] 기능별조직

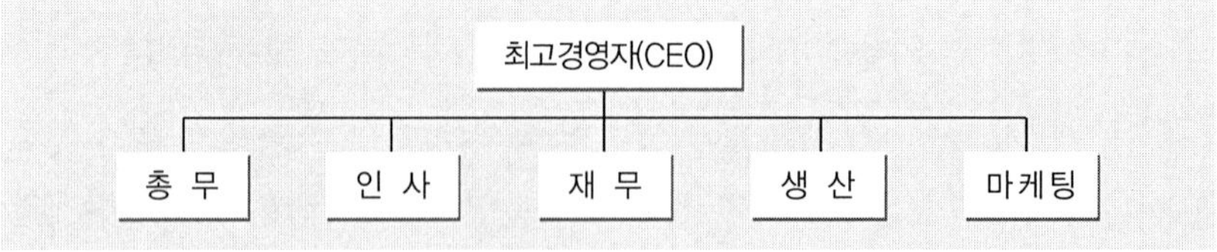

장점

기능별조직의 장점은 조직이 단순하여 신속히 의사결정을 할 수 있고 비용을 절감할 수 있다는 점에서 기업의 성장기에 유리하다. 또한 각 부문 담당자가 그 부문 전문가로서의 능력을 발휘할 수 있고, 더 나아가 기업 규모가 작을 때에는 최고경영자의 조정을 통하여 각 부문 간에 원활한 의사소통이 이루어질 수 있는 장점이 있다. 조직기구가 아직 작고 단순하며 초기의 단계에서 적합한 조직이다.

단점 및 문제점

기능별조직은 최고경영자가 일상적 운영에 사사건건 관여하는데서 문제의 소지가 많다. 그러나 기업규모가 커지고 생산물(제품)이 다양해지면 최고경영자가 조정업무에 많은 시간을 빼앗기게 되어 전략적 의사결정을 위한 준비가 소홀해진다. 조직이 커지고 업무가 다양해지면 통제에도 어려움이 생긴다. 최고경영자가 각 부서의 업무를 정확히 알지 못하면 부서를 효과적으로 통제하기도 어려워진다.

그뿐만 아니라 각 부서는 독립적인 원가계산 및 이윤계산 단위가 아니므로 그것이 효율적으로 운영되고 있는지 여부를 객관적 지표를 통해서 파악하기 어렵다.

만약 각 부서장이 부서의 인원과 예산을 늘려서 자신의 왕국을 건설하려 하거나, 회사 이익과 배치되는 개인적 이익추구 행동이 나타날 수도 있는데, 이러한 경우 효과적으로 대처하기가 어렵다. 나아가 부서장이 부서 운영에 관한 정보를 왜곡함으로써 최고경영자의 전략적 의사결정에 영향을 미칠 수도 있다. 한편으로 생산물(제품)의 종류가 늘어나면 원래 하나였던 부서가 늘어나게 된다. 예컨대 식품과 의약품을 동시에 생산하는 회사는 일반 소비자를 상대로 하는 식품부서와 병원이나 약국을 상대로 하는 약품부서로 분화되는데, 부서가 늘어나면 이들을 감독하기 위한 자리를 추가로 설치하게 된다. 그러면 결국 결재 단계가 증가하여 정보의 소통이 지연되고 의사소통에서 정보나 지시가 원래의 의도대로 전달되지 않는 현상이 발생한다.

(2) 사업부제조직(divisional organization)

특징

사업부제 조직은 전략적 의사결정을 하는 본사와 일상적 운영을 하는 사업부로 조직을 이원화(二元化)하는 형태다. 이 때 새로운 사업의 선택이나 이를 위한 자금조달 등 회사 전체의 발전방향과 관련한 전략적 사항이나 각 사업부간의 이해관계의 조정은 본사에서 담당한다. 이를 위해 본사에서는 기획실이나 비서실을 두고 임원과 소수의 전문가를 배치한다. 이 부서는 최고경영자의 장기계획수립 업무를 보좌하며, 각 사업부간의 업무조정과 사업부의 성과(실적)평가 및 감사업무를 담당한다. 이

[그림 8-2] 사업부제조직

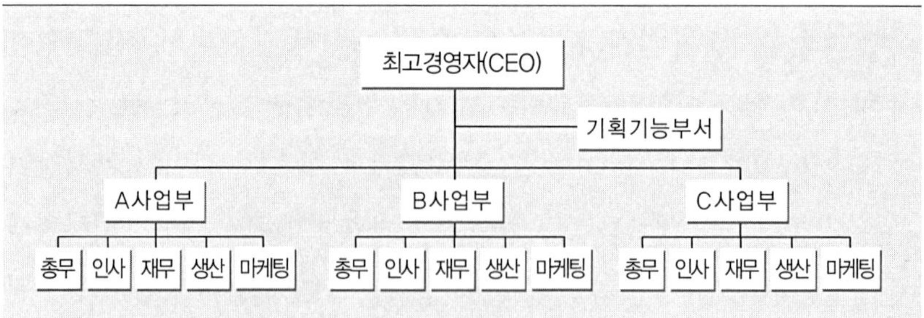

조직을 그림으로 나타내면 [그림 8-2]와 같다.

장점

이 조직에서는 각 사업부가 생산과 판매 등의 일상적 업무를 이양받아 수행한다. 사업부는 하나의 원가계산 및 이윤계산 단위로 운영되므로 상호간 및 다른 동종업체와 경영성과의 비교 · 평가가 용이하다. 사업영역에 맞춰서 회사 기구를 신축적으로 확대하거나 축소할 수 있다. 이 사업부제조직은 최고경영자가 일상적인 문제에서 벗어나 기업의 전략구상에 집중할 수 있는 동시에 각 사업부의 책임자는 이익률이나 성장률 등을 통하여 경영실적을 평가받기 때문에, 각 사업부를 하나의 독립된 기업처럼 효율적으로 운영하지 않을 수 없다. 따라서 이 조직구조가 잘 운영되면 대기업의 강점인 규모의 경제와 중소기업의 강점인 높은 기동성을 둘 다 함께 발휘할 수 있다.

사업부제조직은 시장의 광역화, 제품의 다양화, 업무분화의 심화에 따라 기능별 조직에 의한 관리가 어렵게 됨으로써 등장한 조직형태다.

단점 및 문제점

사업부제조직은 규모의 경제가 지속적으로 작용하여 기업규모가 확대된다면, 제품의 단가가 저렴해지고 각 산업에는 하나의 대기업만 존재하면 족하게 되는 상황이 올 것이다. 그러나 현실을 보면 봉제업, 식품공업 등의 경공업분야에는 많은 중소기업이 존재하여 나름대로 효율적으로 경영되고 있으며, 자동차나 철강, 조선, 석유화학 등 전형적인 중화학공업 분야에도 한 산업에 4~5개의 대기업이 과점상태를 이루고 있다.

중소기업이 발전하고 있고, 대기업이 있는 분야에서도 소수의 과점기업이 병존하고 있다는 것은 기업규모가 일정 규모 이상으로 커지면 규모의 경제를 상쇄하는 비효율이 나타난다는 것을 의미한다. 비효율이 나타나는 규모는 산업에 따라 다르다. 기업규모가 커질 때에 나타나는 가장 중대한 문제는 조직구성원을 기업의 목표에 일치하여 일하도록 관리하고, 각 하부조직의 업무가 중복되거나 서로 상반되는 목표를 추구하지 않도록 조정하는 업무의 어려움이다. 이런 어려움은 사업부제를 채택하더라도 완전히 극복되지는 않는다.

예컨대 본사의 연구개발부서와 판매부서 사이에 신제품의 디자인과 가격에 관해서 의견이 다를 수 있고, 이 때 최종결정권을 어느 부서가 행사하는가에 대한 조정이 필요한 것이다. 이처럼 사업부간 및 사업부와 본부 사이의 이해와 업무조정이 중요한 과제가 된다. 조직이 커질수록 업무의 조정이 어려워지고 구성원이 기업의 발전보다는 자신의 이익을 위해서 활동함으로써 자원낭비를 초래할 위험이 있다.

(3) 혼합형조직(mixed organization)

일반적으로 어떤 기업이 각 사업부 단위로 활동하는 것보다 공동으로 함께 하는 것이 결합효과(synergy effect)를 발휘하여 비용을 절감하는 경우가 있다. 이때에는 혼합형 조직을 채택하는 것이 유리하다. 예컨대 제품의 생산방식은 다르지만 판매방식이 같으면 판매활동은 기능별조직으로 두고, 생산은 제품별로 사업부제를 두는 것이다. 또 생산 · 판매방식은 다르지만 연구개발은 공동으로 해야 할 필요가 있을 때에는 연구개발만 기능별조직에서 담당하도록 하는 것이 그 예다.

독립적으로 해야 할 활동을 사업부에서 처리하고 공동으로 해야 할 활동은 기능별조직으로 두어, 최고경영자의 일상적 통제를 받도록 하는 것이다. 이 혼합형조직에서는 연구개발은 기능별조직에서 담당하고, 각 제품별 사업부는 생산과 판매를 담당한다. 이를 설명하면 [그림 8-3]에서 보는 바와 같다.

[그림 8-3] 혼합형조직

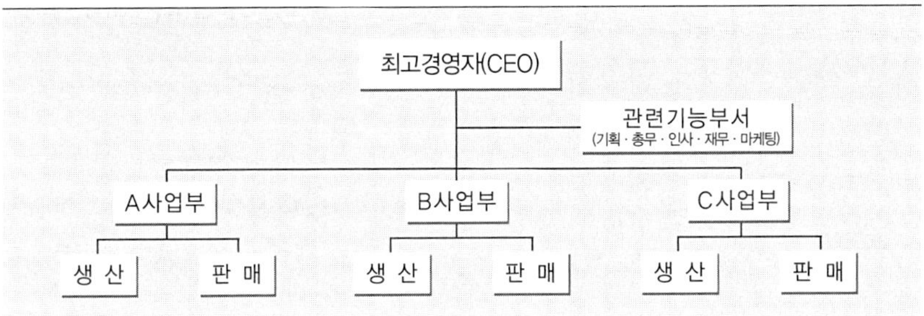

제2절 다국적기업의 조직 유형[27)]

다국적기업이란 무엇인가?

세계경제는 1950년대 후반부터 전통적 무역지향형 활동에서 벗어나

27) 다국적기업의 조직 : 김철, 다국적기업론, 법문사, 1996, pp.371~376 참조.

새롭게 투자 · 생산지향형의 활동으로 전환하게 되었다.

이와 같이 기업이 해외시장에 재화나 서비스를 수출하는 대신에 해외직접투자(FDI : foreign direct investment) 방식의 기업진출에 의해서 현지에서 생산활동을 하고 거기서 생산된 재화나 서비스를 그 현지 또는 제3국 시장에 판매하거나 또한 현지의 자원채취권을 획득하여 본국 또는 제3국으로의 수출을 하게 되었는데, 이처럼 투자 · 생산지향형 활동으로 점차 경영활동의 역점을 해외로 전환하면서 국제화현상을 추진하는 주역인 기업을 다국적기업(MNCs : Multinational Corportions)이라고 부른다.

다국적 기업활동은 국제경제관계에 중대한 영향을 미치게 되며 여러 가지 양적 · 질적 의의를 지니고 있다. 다국적기업은 거대한 경제력, 강력한 기술력, 범세계적 분업, 지역적 계층화, 집권화(centralization), 내부화(internalization), 초국경적 기업활동(무 국적성) 등 7가지의 특성을 가지고 있다. 이에 관해서는 제11장 제3절에서 상세히 고찰하게 될 것이다.

다국적기업의 조직 유형에는 어떠한 것이 있나?

다국적기업의 조직 유형은 다음의 6가지가 있는데, 기능, 지역, 제품, 자회사, 국제부, 매트릭스형(혼합형) 등 다양하게 구분된다. 이 유형은 조직통제요소 중에서 어느 것에 중심으로 두고 구축하느냐에 따라 나누어지는 것이다.

(1) 기능별조직(functional organization)

기능별조직은 최고경영층 아래에 기획, 총무, 인사, 재무, 연구개발, 생산, 마케팅 등 관리기능에 따라 부서가 나뉘어 있는 형태다. 이러한 조직은 다국적기업 제품의 종류가 다양하지 않고, 생산 또는 판매대상 지역의 범위가 넓지 않을 경우에 많이 이용하는 형태다. 기능별 조직에서는 생산, 마케팅, 재무 등이 관리기능별로 범세계적인 책임을 지며, 이들 기능부문은 각 스태프(staff : 참모계통)로부터 지원을 받는다. 이를 그림으로 설명하면 [그림 8-4]에서 보는 바와 같다.

[그림 8-4] 기능별조직

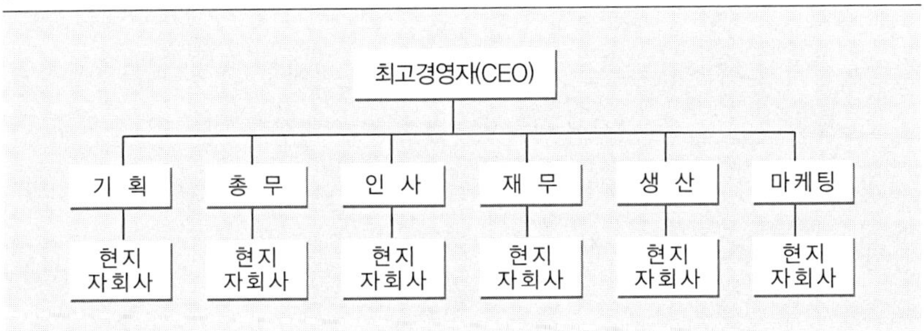

기능별조직은 다른 유형의 조직보다 내부기능의 집중화가 용이하게 형성되고 축적된 지식과 경험을 지역과 제품의 활동에 모두 적용시킬 수 있으며, 비교적 작은 규모의 기업을 통제하는 데 적합하고 부문 간의 마찰이 비교적 적다는 장점이 있다. 반면에 각 기능부서가 상호 유리한 방향으로 의사결정을 내리기 때문에 기업 전체의 이익에 피해를 줄 수 있고, 기능 전문가들이 각 생산라인에 대한 전문지식을 가지고 있어야 하기 때문에 생산라인이 복잡해지면 대응하기 어렵다는 단점이 있다. 다국적기업의 조직형태로 적용되는 사례가 별로 많지 않다.

(2) 지역별조직(regional organization)

지역별조직은 글로벌체제의 특성을 가지고 특정 지역별(대륙별)로 라인(line : 직계계통)책임자에게 기업활동의 책임을 위임하는 조직형태다. 이 조직형태는 생산, 마케팅, 재무, 인사 등 모든 기능이 지역단위별로 통합되어 있으며 각 지역별 사업부는 본사 스탭으로부터 각 기능에 대한 지원을 받는다. 지역별조직은 기업이 진출하고자 하는 지역이 다수이고, 시장간 특성의 차이가 뚜렷하여 표준화 된 관리체계가 이루어지기 어려울 때 활용된다. 이를 그림으로 설명하면 [그림 8-5]에서 보는 바와 같다. 지역별조직의 특징은 집행권한과 책임소재가 분명하고, 각 지역의 특성에 맞춰 제품을 적응시킬 수 있으므로 생산과 마케팅 활동의 조화가 원활하게 이루어진다는 장점이 있다. 반면에 개별 제품이나 기능, 기술에 대한 전문지식의 활용이 어렵고 경영활동이 기업 전체적인 총괄

[그림 8-5] 지역별조직

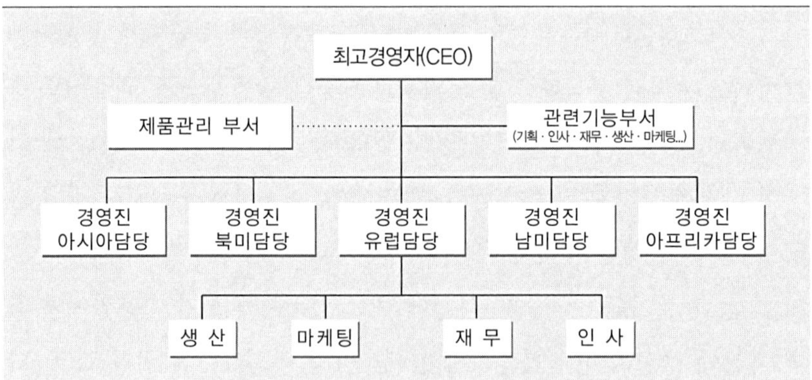

측면에 입각해서 이루어지는 것이 아니라 특정 지역의 입장에서만 이루어질 수 있다. 때문에 편향된 의사결정에서 오는 위험성이 존재한다는 것이 단점이다.

(3) 제품별조직(products organization)

제품별조직은 제품사업부가 글로벌 경영체제에서 해당 제품에 대한 세계 전체의 사업이익을 책임지는 형태다. 이 조직형태는 제품의 종류가 다양하고 제품상호 간의 특성 및 기술적 차이가 현격하게 커서 지역별 통합이 어려운 경우에 적용된다. 이를 그림으로 설명하면 [그림 8-6]에서 보는 바와 같다.

[그림 8-6] 제품별조직

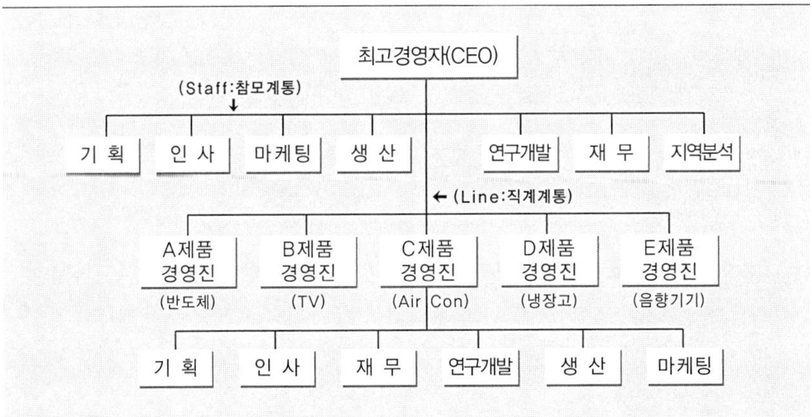

제품별조직은 당해 제품에 대한 의사결정권한이 제품부서별로 각각 분산됨으로써 각 부서의 책임자들이 독립적으로 의욕과 열의를 가지고

사업을 추진할 수 있으며, 그 제품의 제품수명주기(product life-cycle)에 따라 제품생산의 통제를 효율적으로 실행할 수 있다는 장점이 있다(제3장 제4절 참조). 그와 반면에 각 제품 부서가 자기 부서의 입장만을 고수하면서 배타적 자세를 지니게 될 가능성이 있으며, 한 국가 안에서의 생산시설에서 여러 제품을 생산할 경우 의사전달과 통제가 복잡해지고, 소비자에게 기업이미지를 일관성이 있게 심어 주기가 어렵다는 것이 단점이다.

(4) 자회사별조직(subsidiary company organization)

자회사별조직은 해외에 진출한 자회사가 본사의 직접적인 통제를 받는 형태다. 이 조직형태는 자회사가 광범위한 자율권을 가지며, 본사는 매우 중요한 사안에 대해서만 개입을 하게 된다. 자회사별조직 형태는 기업활동의 중심거점도시별로 많은 자회사를 거느리고 있는 다국적기

[그림 8-7] 자회사별조직

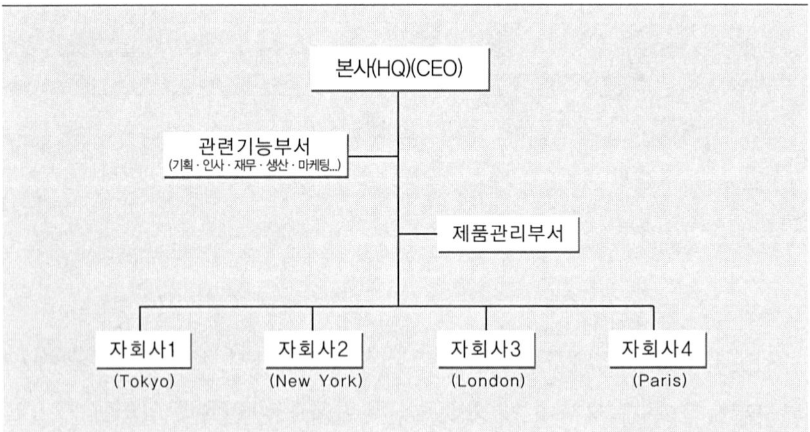

업이 자회사가 직면한 현지의 기업환경에 대해 독자적으로 민감하게 대응하고 시장의 수요에 신속하게 반응할 수 있는 기동성과 자율성이 부여되기 때문에 자회사의 장기 전략을 수립할 수 있는 장점이 있다. 그러나 이와 반면에 자회사에서 경영상의 문제가 발생했을 때 강력한 해결책 수립이 어렵다는 것이 단점이다. 이를 요약하면 [그림 8-7]과 같다.

(5) 국제사업부제조직(international division organization)

국제사업부제는 기업의 국제경영 비중이 커지고 취급제품이 다양해지면서 제품사업부와 같이 국제사업부가 하나의 독립된 전략사업 단위로 운용되는 조직형태다. 이를 그림으로 설명하면 [그림 8-8]에서 보는 바와 같다.

이 조직을 주도하는 부서는 국제사업부이며, 이러한 조직은 해외사업

[그림 8-8] 국제사업부제조직

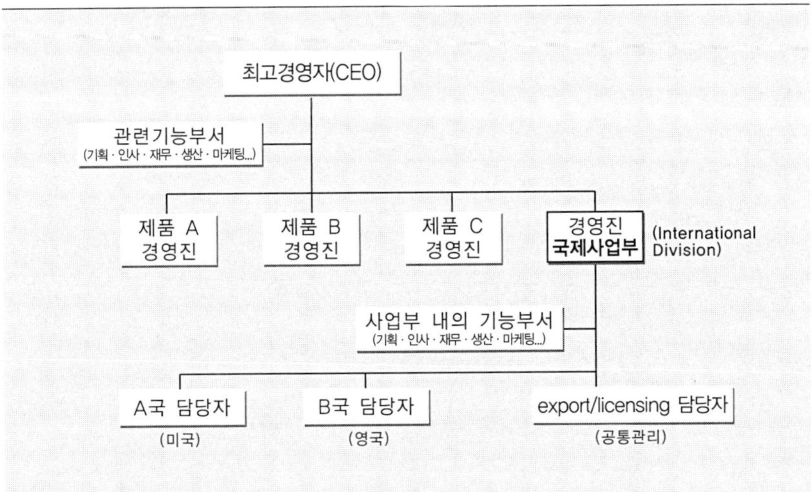

에 필요한 지식과 경험이 축적된 국제사업부에서 해외경영활동을 주도하고, 해외영업과 관련된 모든 중요한 정보를 조직 내로 흡수함으로써 전체 조직차원의 영업효율성을 높일 수 있다는 장점이 있다. 그러나 이와 반면에 국내사업부서와 국제사업부서에 대한 기업경영 계획의 일괄적인 적용이 어려우며, 해외업무의 중요성에 대한 인식의 차이로 본부 다른 부서와의 내부갈등 요인이 발생할 수 있다는 것이 단점이다.

(6) 매트릭스 조직(matrix organization, 혼합조직)

매트릭스 조직은 기능(function), 지역(region), 제품(products)의 세 가지 조직이 상호 결합된 다차원적 조직이며, 이 조직은 운용에 있어서 신축적이며 조정과 규모의 경제를 도모할 수 있으므로, 제품과 지역 두 부문

[그림 8-9] 매트릭스 조직(혼합조직)

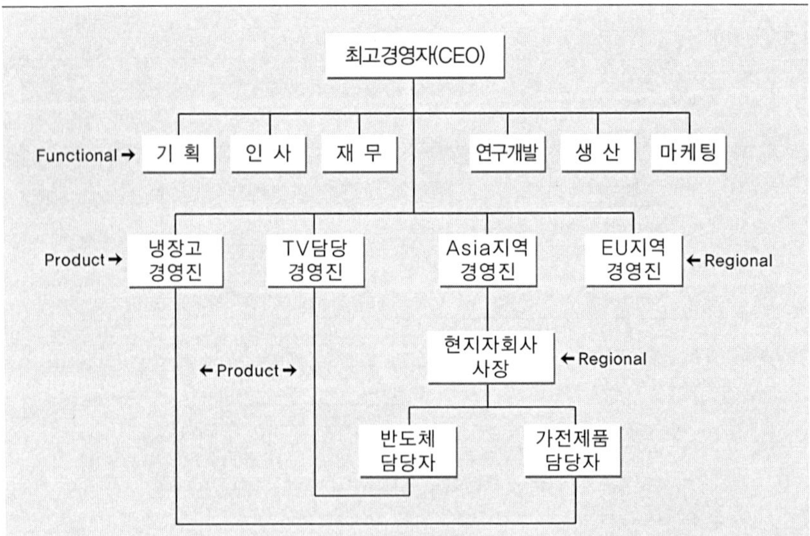

의 변화에 대해 민감하게 대처 해야 하는 글로벌 기업환경 속에서 다국적기업들이 많이 채택하는 조직형태다. 이를 그림으로 설명하면 [그림 8-9]에서 보는 바와 같다.

매트릭스 조직은 어느 한 조직단위에서 체크하지 못한 운용상의 문제점을 다른 조직단위에서 파악할 수 있기 때문에 상호견제(cross checking) 체제 하에서 업무상의 과실을 줄일 수 있으며 동시에 단위조직 간의 '견제와 균형'(check and balance)을 유지함으로써 기업의 효율적인 경영활동을 전개할 수 있다는 장점이 있다. 그러나 이와 반면에 그 운용 메커니즘 자체가 너무 복잡하고 조직단위 간 갈등이 심화될 수 있으며 신속한 업무추진이 지연되고, 의사결정이 어려워질 수 있는 단점이 존재한다.

제3절 기업의 성장과 통합은 어떻게 이루어지나?

기업의 성장은 내부적으로는 수직적 통합과 수평적 통합에 의해서, 그리고 외부적으로는 기업의 인수 · 합병에 의해서 이루어진다. 기업은 이를 통해 규모의 경제와 범위의 경제 효과를 누린다. 제3절에서는 규모의 확대와 통합의 경제성에 대해서 알아보기로 한다. 그리고 본격적인 기업의 M&A(인수 · 합병)에 대해서는 장을 달리해서 제10장에서 상세히 체계적으로 다루고자 한다.

규모의 경제

규모의 경제란 무엇인가?

기업이 생산규모를 확대시킴에 따라 그의 평균생산비가 체감함으로써 추가이익이 발생하는 현상을 규모의 경제(economies of scale)라고 말한다. 어떤 상품을 생산하는데 상당히 넓은 산출량 범위에서 규모의 경제가 나타난다면, 대규모의 기업일수록 비용상의 이점(경쟁력)이 커서 독점이 발생할 가능성이 커진다. 이러한 상황에서는 어떤 한 기업이 산출량을 대폭 늘려 생산단가를 낮출 수 있고, 이를 통해 다른 경쟁기업을 시장에서 몰아낼 수 있게 된다. 따라서 이러한 이유로 발생하는 독점의 경우에, 우리가 생각할 수 있는 모든 생산수준에서 규모의 경제가 요구되는 것은 아니고, 시장 전체의 수요를 충족시킬 수 있는 수준 정도까지만 규모의 경제가 존재하면 되는 것이다.

이와 같은 규모의 경제에서 기술적 요인이 독점화의 경향을 초래케 하는 경우를 자연독점이라고 하는데, 예를 들면 전기, 전화, 수도사업 등에서 이 같은 자연독점 현상이 나타날 수 있다.

일반적으로 주식회사는 대규모 자본조달이 용이하기 때문에 자본규모가 커지면 결국 생산원가의 절감, 정보수집의 용이, 시장지배력의 강화 등 규모의 경제의 이득을 누릴 수 있다. 즉, 규모의 경제를 실현하여 대규모 경영이 가능하다. 따라서 많은 기업가들은 기업의 성장에 힘을 쏟고 있다. 경제적인 관점에서 보면 기업의 성장은 시장점유율의 상승과 업계 내의 지위를 높이는 것이 되며 나아가 경쟁기업의 성장 및 신규기업의 시장진입을 차단하는 적극적 의미가 있다. 규모의 확대가 비용에도 긍정적인 영향을 미치면 제품단가가 하락하고 따라서 다른 기업과 경쟁하는 데도 유리하다. 이처럼 기업의 규모가 클수록 경제적 효율성이 증가하는 '규모의 경제' 현상이 나타나는 것이다. 규모의 경제가 나타나는 대표적인 산업으로 자동차산업을 들 수 있다.

기업의 통합(integration)

기업의 통합이란 무엇인가?

기업이 상품을 제조 생산하는 경우에 [그림 8-10]에서 보는 바와 같이, 원료의 채취 구매로부터 생산공정을 거쳐 완제품을 만들어 최종소

[그림 8-10] 기업생산의 수직계열과 수평계열(자동차생산 사례)

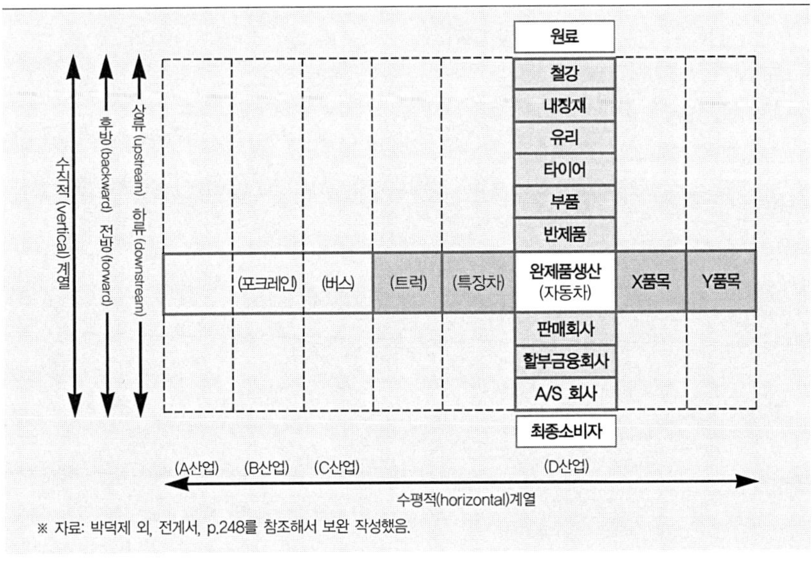

※ 자료: 박덕제 외, 전게서, p.248를 참조해서 보완 작성했음.

비자(고객)에게 판매까지의 계통을 수직계열이라 하고, 기업이 이 수직계열 가운데 2개 이상의 공정을 통합하는 것을 수직적통합(vertical integration)이라 하며, 또한 기업이 2개 이상의 다른 제품 혹은 다른 업종을 통합 · 다각화하는 것을 수평적통합(horizontal integration)이라 하고, 이 두 가지 형태, 즉 수직적통합과 수평적통합을 모두 합쳐서 기업의 통합(corporate integration)이라 부른다.

여기서 통합(統合)이라는 말은 여러 가지 공정상의 생산기업이 그 공정을 통합하는 것을 말한다. 특히 수평적 통합은 같은 업종 내에서 여러 가지 상이한 상품을 생산하는 것을 말한다. 승용차 메이커가 트럭 제조분야로 진출하거나, 우유 메이커가 식빵 제조분야로 진출하는 것과 같다. 한 업종이 다른 상품을 하나의 기업 내에서 생산하게 되면 그것은 다각화(diversification)라고 부른다.

수직적통합 중에서 원료에 가까운 공정, 즉 상류기능(upstream function)을 합치는 것을 후방통합(backward integration) 이라 하고, 고객(최

〈표 8-1〉 주요국 자동차부품업체 생산부품현황(1)

(매출액기준 상위 10개 부품사)

한국(회사명)	제조부품명	유럽(회사명)	제조부품명
만도	제동, 조향, 현가장치	Robert Bosch	Brake system, generator
위아	변속기, 차축, 조향장치	Continental (AG)	Electric brake system, -tires, interior modules
한라공조	공조시스템		
다이모스	seat, drive axle, 변속기	Valeo SA	Wiper, interior, security
S&T대우	suspension module, -airbag, motor	BASF Group	Coating, plastics
		Mahle	Piston system, cylinder
한일이화	door trim, seat, headrest	Autoliv	Airbag, seatbelt
동양기전	motor, 유압실린더,	Behr	Engine cooling, aircondition
두원공조	에어컨	Grupo Antolin	Overheadsystem, door&seat
화신	arm, subframe	Leoni (AG)	Cable, wiring system
S&T중공업	Axle, transmission		

주요국 자동차부품업체 생산부품현황(2)

(매출액기준 상위 10개 부품사)

일본(회사명)	제조부품명	북미(회사명)	제조부품명
Denso	엔진, 미션부품, 엔진제어, 공조	Magna Int'l	Interior, exterior, body
Yazaki	Wireharness, connector	JohnsonContr	Seat, interior, doorpanel
Toyota	Seat, floormats, doortrim,	TRW Auto	Steering, electr. safety
-Boushoku	-bumper, airbag, filter	Visteon Corp	Interior,lighting,climate-cont
JTEKT	Bearing, steering system	Arvinmentor	Exles,brakes,driveline,wheel
Matsushita	Audio-video equip,	BorgWarner	Engine-air, transmission.
-Elec	-navigation, sensor	Tenneco	Exhaust syst. electr.
NSK Ltd	Powersteering, transmission	Dupon Auto	Coating
Showa Corp	Differential, shockabsorber	Fed. Mogul	Piston, ring, cylinder liner
Keihin Corp	fuel control. syst. air-con.	Cummins	Diesel engine
NTN Corp	엔진, 조향, 각종bearing		
Tokai Rika	각종switch, seatbelt		

종소비자)에 가까운 공정, 즉 하류기능(downstream function)을 결합하면 전방통합(forward integration)이라 부른다. 수직계열의 자동차부품업체 현황을 보면, 〈표 8-1〉과 같다.

수직적 통합

수직적 통합은 왜 일어나는가?

기업이 하나의 완제품을 생산하는 과정은 매우 복잡하다. 특히 수많은 조립공정을 거쳐야 하는 자동차생산의 경우는 수직적 연결고리가 매우 다양하다. 따라서 원료자원이 처음 채굴되어 각 공정을 거치고 완제품을 만들어 최종소비자의 손에 인도되기까지 수많은 단계가 존재한다. 이를 그림으로 나타내면 [그림 8-11]과 같다.

[그림 8-11] 자동차생산공정과 수직계열 연결고리

원료채취(철광석 채석)

↓

선박수송

↓

철강생산

↓

1차 중간부품 생산
(금속부품, 프레스가공, 프라스틱부품)

↓

2차 중간부품 생산
(차체, 자동차부품)

↓

자동차조립

↓

(도장➡검사➡판매점수송➡**최종소비자**)

이와 같이 원료수집에서 생산공정과 조립공정을 거쳐 최종소비자에 이르는 전체 과정을 수직적계열(vertical line)이라 부른다. 자동차조립과정에는 이 밖에도 타이어, 전자부품, 유리, 각종 내장재 등 수직적 흐름이 생산공정에 추가된다.

기업은 이러한 수직적 연결고리 과정에서 2개 이상의 수직단계사업을 통합하여 운영하는 경우가 있는데 이것을 수직적통합(vertical integration)이라 함은 이미 앞에서 고찰한 바 있다. 여기서 상류(upstream)쪽과의 통합을 상류통합(upstream integration), 하류(downstream)쪽과의 통합을 하류통합(downstream integration)이라 부른다.

수직적통합의 장점으로는 거래비용(정보수집비, 업무조정비, 품질 및 납기보장비, 수송비)의 절감, 기술적 시너지 효과, 안정된 수요와 공급의 확보 등이 그 이유가 된다. 그뿐만 아니라 한 기업 내에서 원료나 부품의 생산 공정에 대한 작업을 직접 수행하면 각종 비용이 절감된다. 그리고 여러 공정에 걸친 기술정보를 상호교환하면 기술개발이 촉진될 수 있고, 신상품 개발능력이 한층 높아질 수 있다. 일시적인 경기변동기에도 부품 생산을 적절하게 조절하여 안정적인 부품 수급이 가능하게 된다.

그러나 수직적통합의 비용과 리스크도 간과해서는 안 된다. 즉, 불황기에 생산량을 줄이고자 하면 하류 단계뿐만 아니라 상류 단계의 생산설비마저 가동률을 낮추어야 하는 어려움에 봉착한다. 따라서 원료나 부품이 변동비에서 고정비로 전환하는 것과 똑같은 궁지에 몰리게 되고, 기업 전체적으로 부담이 과중해지는 것을 피할 수 없다. 또 앞에서 말한 사업의 안정성이 바로 함정이 되어 각 공정단계 간에 도덕적 해이(moral hazard)현상이 발생하여 품질개선이나 비용절감에 대한 동기가 상실된다. 즉, 상류 생산단계에서 일하는 사람의 입장에서 보면 어떻게 만들든 다음 단계에서 가져갈 것이라는 생각을 하게 되고, 하류단계에서 일하는 사람의 입장에서 보면, 같은 식구라는 안일하고 느슨한 마음을 갖기 쉽다.

수평적 통합

기업이 수평적통합이나 업종다각화 전략을 선택하는 경우에 기업이 흔히 내세우는 혜택(benefit)은 위험분산, 시너지(synergy) 효과 창출이다. 여기에는 비용(cost)도 발생하는데 조직의 비대화에 따르는 정보전달과 의사결정의 지연, 조직관리비의 증가 등이 그것이다. 그런데 업종다각화나 수평적통합은 몸집을 키운다는 그 자체만으로도 다소 위험한 전략이라고 할 수 있다. 더구나 위험분산을 위한 다각화는 경영초점의 분산으로 위험을 가중시키는 경향이 있고, 시너지효과는 관리비용의 증가를 상쇄하기 어렵다는 것이 일반적인 견해다. 그래서 수평적통합은 기초기술 혹은 기본골격(platform)이 같은 품목으로 제한하고, 개개 품목의 생산량은 최소경제규모(minimum efficient scale)를 넘어서는 경우에 한정시키는 것이 원칙이다. 실제로 다수의 세계적 기업들은 업종전문화, 품목단순화의 방향으로 전략을 수정해 오고 있다.

제4절 최근의 조직발전 추세

앞에서 우리는 기업조직의 통합 유형에 대해서 고찰하였다. 여기서 수직적통합이나 수평적통합은 별개의 기업들이 하나의 기업으로 단일화하는 개념이다. 여기서는 이 같은 화학적 융합이 아닌 특수한 형태의 '프랜차이즈' 에 대해서 고찰하고자 한다. 또 기업통합과는 반대로 대기업에서 분사(分社)하는 경우를 살펴보고자 한다. 프랜차이즈의 특징은 하나의 중심적 기업이, 서로 독립적으로 운영되는 다수 협력기업과 일정한 연대를 유지하면서 네트워크를 형성하는 업종이다.

(1) 프랜차이즈(franchise; 가맹점사업)

프랜차이즈의 개념은 무엇인가?

프랜차이즈(franchise: 가맹점사업)란 가맹본부(franchisor)가 가맹자(franchisee; 가맹점, 가맹사업자)에게 자기의 상호, 상표 등을 사용하여 제품 또는 서비스를 판매하거나 기타 영업을 할 수 있는 권리를 부여함과 동시에, 영업에 대한 일정한 지시 · 통제를 하는 한편, 선택적으로 그 영업에 대한 노하우(예: 조직, 교육, 영업, 관리, 점포개설 등)를 제공하거나 상품을 공급하고, 이에 대하여 프랜차이지(가맹점)는 프랜차이저(가맹본부)에게 그 대가로서 가맹비, 보증금, 또는 로열티나 제품대금 등을 지급하는 지속적인 계약을 체결하는 영업 형태를 말한다.

예를 들면 1980년대부터 우리나라에 들어와 있는 외국 프랜차이즈로는 패스트푸드업종에 맥도날드, 파파이스, 버거킹, 웬디스, 하디스, 스타벅스 등이 있고, KFC(켄터키 후라이드 치킨), 케니 로저스, 하겐다스, 코니 아일랜드 등이 있다. 현재 모두 70여 개의 프랜차이즈업종이 성업 중이다.

프랜차이즈의 특징은 무엇인가?

프랜차이즈 시스템에서 가장 두드러진 특징은 가맹본부와 가맹점이 상호 신뢰를 바탕으로 분업의 협력계약을 맺고, 가맹본부와 가맹점간에 명확한 기능분화와 상호협력을 통해 동일자본의 경영효과를 발휘할 수 있다는 것이다.

프랜차이즈 시스템의 특성은 가맹점이 가맹본부로부터 상표와 상호

등의 사용에 관한 권리를 획득하는 동시에 경영과 판매에 관한 기술적 방법을 가맹본부로부터 제공받는 데 있다. 따라서 가맹점은 사업수행에 필요한 자기자본을 직접 투자하고 가맹본부의 기술적 지도하에 사업을 수행한다 데는 특성이 있다.

프랜차이즈 시스템의 형태에는 어떤 것이 있나?

가맹본부는 가맹점과 프랜차이즈계약을 체결함으로써 비교적 소액투자와 최소 인력으로 단시일 내에 새로운 시장을 개척해 나갈 수 있으며, 가맹비 · 로열티라는 형식으로 확실한 수익을 기대할 수 있다. 한편 가맹점은 가맹본부에서 개발한 상품과 사업을 가맹본부의 지도하에 상대적으로 낮은 리스크 속에서 사업을 수행할 수 있다.

이와 같은 양 당사자들의 장점(메리트)들이 한층 더 큰 효과를 가지기 위해서는 프랜차이즈 시스템에 의해 체인 형태를 전개를 하는 것이 필요하다. 즉, 하나의 가맹본부와 다수의 가맹점이 계약함으로써 프랜차이즈 체인 형태가 된다. 따라서 프랜차이즈 시스템은 규모의 경제 이익도 얻을 수 있으며 이와 동시에 소비자에 대해서도 강력한 이미지를 구축할 수 있게 된다.

프랜차이즈 체인형태에는 다음의 세 가지가 있다.

레귤러 체인(regular chain: 직영점)

단일자본에 의한 체인 스토어를 말한다. 어떤 기업이 전부 자기자본으로 체인점을 설립하여 점포를 설치하는 것을 말한다. 회사형 체인 또는 직영점 체인이라고 부른다.

볼런터리 체인(voluntary chain: 자율체인)

'임의연쇄점' 이라고도 번역되는 바와 같이 독립자본의 다수 소매점이 모여서 자신이 가진 기능의 일부를 가맹본부에 위탁하는 형태다. 가맹본부가 도매업자라 할지라도 조직의 주체는 어디까지나 소매업이며 체인경영의 의사결정에 참가하는 등 소매업간에 횡적 연결이 중시된다.

프랜치이즈 체인(franchise chain)

조직의 형태는 볼런터리 체인에 흡사하여 가맹점본부와 가맹점이 모두 독립자본의 사업자이지만 운영의 주체는 가맹본부에 있으며, 가맹점은 체인경영의 의사결정에 적극적으로 참가하지 않는다. 또한 가맹점끼리의 횡적 관계보다는 가맹본부와 가맹점간에 종적 관계가 중시된다.

프랜차이즈의 장점은 프랜차이지에게는 이 같은 일정 제약 범위 내에서 자신의 사업을 영위하는 자영업자가 되며, 창업비나 점포의 운영비용을 줄일 수 있다는 데 있다. 그러나 단점 또는 문제점도 있다. 프랜차이저와 프랜차이지 사이에는 공동의 목표를 위하여 협력하는 것이 상례이지만, 양자 간에 이해가 배치될 때도 있다. 프랜차이지가 자금을 들여 시설을 설치하면 이는 매몰비용(sunk cost)이 되어 다른 용도로는 이용될 수 없다. 프랜차이지가 많은 자금을 들여서 투자한 이후에 프랜차이저가 인근에 다른 프랜차이지를 설치하거나 제품의 공급가격을 인상하면 프랜차이지는 매우 곤란하게 된다. 이처럼 우월적 지위에 있는 자(franchisor)가 그렇지 않은 거래선(franchisee)에게 불리한 계약을 강요할 수 있는 경우의 문제를 강탈문제(hold-up problem)라고 한다. 강탈문제가 생길 가능성이 있을 때에는 사전에 양자가 체인점의 시설 기준, 새로운 체인점의 설치 기준, 공급가격의 설정 기준 등에 관해서 자세한 세부 약관계약을 체결해 놓을 필요가 있다.

한편으로 프랜차이지는 자신의 단기적 이윤을 높이기 위해서 프랜차이저가 정한 기준에 미달하는 제품을 소비자에게 공급하거나 서비스의 질을 낮추면서 프랜차이저의 성가(聲價: 브랜드의 名聲, goodwill)를 이용해서 손쉽게 이익을 올리려는 무임승차자(free rider)의 성향을 보일 수도 있다. 이러한 부작용을 막기 위해서 프랜차이저는 프랜차이지의 운영이 원래의 기준에 따라서 이루어지고 있는가를 감시하고 그것이 지켜지지 않을 때는 제재를 가하기도 한다.

(2) 소사장제도와 분사(分社)

기업의 수직적 또는 수평적 통합과는 반대현상으로 소사장(小社長)제도와 분사(分社)제도가 일본에서 발달돼 있다.

먼저 소사장제도는 같은 작업장 내의 한 부서 또는 한 생산라인을 분리하여 납품업체로 하고, 그 부서장(職長이나 班長)을 납품업체의 사장으로 하는 내부하청제도(internal subcontracting)의 한 형태다. 소사장제도는 발주기업과의 독립 정도에 따라 전속소사장제와 독립소사장제의 두 가지로 구분된다.

전속소사장제

전속소사장제는 발주기업의 직장이나 반장이 원자재를 발주기업으로부터 공급받아 생산공정을 독립적으로 운영하고 생산한 제품(또는 부품)은 발주기업이 책임지고 구입하는 형태다. 즉, 소사장은 생산과 이에 필요한 인력관리를 담당하고, 주문과 판매 및 원자재 공급은 발주기업이 맡는 형태다. 이 때 공장설비 소유는 발주기업이 소유하는 형태와 소사장이 소유하는 형태로 구분할 수 있다. 이를 전속적으로 소사장제로 보는 이유는 소사장은 발주기업의 제품만을 생산하고, 발주기업은 소사장의 설비가 완전가동할 수 있도록 제품판매에 책임을 지고 있기 때문이다.

독립소사장제

독립소사장제는 회사 내의 부서가 분리 독립하는 경우로서 처음에는 전속소사장 형태로 출발하지만 시간이 지남에 따라 발주기업에 대한 의존도를 줄여 원래의 발주기업 이외의 거래처와도 거래하는 형태다. 이 경우에 공장설비는 소사장이 소유한다.

이와 같은 소사장제는 주로 중소기업에서 시행되고 있다. 중소기업이 근로자들의 잦은 이직과 불안정한 노사관계, 노동규율의 해이와 같은 어려움에 대처하는 방안으로 이를 도입하게 된 것이다. 처음 이 제도의 도입에 대해서는 노조의 반발, 근로자 고용불안 우려 등 부정적인 견해도 있었으나 이 제도를 도입한 많은 중소기업에서 노동이동 감소, 불량률 저하, 생산성 향상 등 좋은 성과를 올리고 있다는 사례가 많이 소개되고 있다.

이와 같이 소사장제도는 소사장에게 주인의식을 심어줌으로써 타율적 근로의식을 탈피할 수 있고, 소집단에 대한 자율성과 동기 부여가 강화되며, 10~15명 정도의 소그룹 단위로 철저한 인사관리가 가능하다는 점 등이 긍정적인 효과를 나타내고 있다. 한국에서는 최근의 사례로 MRO(Maintenance Repair and Operating)시스템이 등장 했는데, 회사의 비전략적 소모성 간접자재 등의 조달 목적으로 운영되고 있다.

한편으로 최근에 와서는 대기업이 조직을 축소하는 구조조정의 과정에서 경영자매수(Management Buyout: MBO)의 형태로 기업을 쪼개는 분사(分社)가 나타나고 있다. 분사의 한 사례를 다음의 일본의 경우에서 고찰하기로 한다.

기업사례[7]

분사(分社)의 사례탐구

기업이 확대됨에 따라 수익성이 떨어지고 대리인비용(agent cost)이 발생하는 등 경영관리상 '규모의 비경제' 가 발생한다. 전통적인 사업부제하에서 이 문제를 해결코자 하였다. 일본의 경우, 규모의 비경제를 푸는 방법으로 자회사를 만들어 사업활동의 어떤 부분을 자회사에 위임하는 방도를 찾았다. 이것을 '분사화' (分社化)전략이라 한다. 이 분사라는 용어에 해당하는 영어 표기는 적당한 단어를 찾기 힘드나, 대체로 스핀어프(spin-off; 미국의 경우) 또는 하이브어프(hive-off ; 일본의 경우)로 부르는 것이 알맞을 것으로 본다.

분사라는 말이 등장한 것은 멀리 에도시대(江戶時代)까지 거슬러 올라간다.

이 시기에는 대상가(大商家)의 분가(分家; 暖簾[28]分離)라는 관습이 있었다. 이 대가집에서 평생

28) 노렌(暖簾 : 난염, goodwill)이란 일본 상점 입구에 늘어뜨려져 있는 상호를 상징하는 무명천을 일컫는다. 일본 에도시대(江戶時代)의 오사카에서 시작된 풍경인데, 상점 입구에 들어서면 '노렌(暖簾 : 난염)이라고 부르는 무명천이 주렁주렁 걸려 있는데 이 천에는 그 가게의 상호가 그려져 있다. 가게뿐만 아니라 식당, 도소매점, 백화점 같은 곳, 또는 기업의 입구에도 노렌이 걸려 있는 모습이 보인다. 노렌은 신용과 자부심의 상징. 오사카 상인들은 "하늘이 두 쪽 나도 노렌은 지킨다"고 말한다. 자신이 만든 음식이나 상품에 대해서는 목숨을 걸고 품질을 지킨다는 뜻이다. 오사카에는 100년 넘은 이 같은 노렌의 점포가 500개가 넘는다고 한다.

동안 근무를 한 종업원에게는 이 상가(商家)의 명성의 상징인 옥호(屋號=商號)나 난렴(暖簾)의 사용을 허락하며, 때로는 자금지원도 해주면서 (경제적)독립을 시키는 제도다.
명치시대(明治時代) 이후로 와서 현대적 의미의 분사화(分社化)가 등장했는데, 기존 사업에서 어떤 부분을 따로 떼어 별도회사를 만들어 분사화하는 것이 성행하였다. 예컨대 미쓰이재벌(三井財閥)의 경우 명치(明治) 이래의 사업전개 방식은 분사화 전략의 역사였으며, 재벌 이외의 다른 기업들도 분사화가 성행하였다.
분사화에는 몇 개의 단계가 있다. 대개의 경우 최초는 사내 일부분이 법적으로 독립한 회사로 출발하는데, 모회사가 100%의 주식을 소유하고 거의 모든 사원들도 모회사로부터 인계받는다. 그러는 가운데 점차 자회사가 확장되어 감에 따라 자회사가 독자적으로 사원을 채용하게 되고 또한 자금수요가 커짐에 따라 모회사 이외 투사가로부터도 신주모집 또는 보유중인 모회사 주식의 매도에 의해서 자금을 조달하게 되었으며 주식시장에 상장하기에 이르렀다. 따라서 모회사의 당초의 출자비율도 50% 이하로 떨어지게 되었다. 경영자도 모회사 사람이 아니고 자회사에서 자체 승진하는 경우가 증가하게 되었다.
도요타자동차의 경우 이 회사는 당초 1937년에 도요타자동직기(豊田自動織機)의 자회사로 설립되었으나 지금은 업황이 역전되어, 그 연간매출액이 자회사인 도요타자동직기의 20배가 넘고 있다. 이 밖에도 히타찌제작소(日立製作所)는 일본광업(日本鑛業)에서 부사화했고, 후지쓰(富士通)는 후지전기(富士電機)에서 분사화 했는데 모두 각각 모회사의 업황을 크게 상회하고 있다.

※ 자료: 小田切宏之, 전게서, pp.267~269에서 발췌 요약.

기업사례[8]

지식기업 퀄컴의 성공 스토리

퀄컴(Qualcomm)은 우리에게 낯설지 않은 기업이다.

우리나라 휴대전화에 사용되는 CDMA(코드분할다중접속)방식의 원천기술을 퀄컴이 갖고 있어서 국내 기업이 휴대전화를 팔 때마다 거액의 로열티를 줘야한다는 보도에 익숙한 한국인들에게는 물론 전 세계 상당수 국가에서 퀄컴은 얄미운 '세금 징수' 형 기업이다.

1985년 엔지니어 7명이 모여 샌디에이고에서 시작한 무명기업이 불과 10년 만에 전 세계 휴대전화 시장을 선도하는 핵심 기업으로, 창업 20년만에는 연매출이 60억 달러, 영업이익률이 60%가 넘는 초일류 기업으로 성장한 비결은 무엇일까.

무선통신 분야 엔지니어 겸 컨설턴트인 데이브 목이 쓴 '퀄컴이야기'(굿모닝북스 펴냄)는 퀄컴의 성공스토리가 우연이 아니라 많은 사람들의 땀과 열정에서 비롯됐다고 주장한다.

저자가 지적한 퀄컴의 성공요인은 크게 세 가지다. 첨단 지식으로 무장한 전문가 집단으로 구성됐고, 지적재산권 비즈니스라는 독특한 사업모델을 만들어냈으며, 기존 업계의 질서를 허물어뜨리는 와해성 혁신전략을 추진했다는 점이다.

퀄컴의 뿌리는 MIT 출신으로 미국 항공우주국(NASA)과 샌디에이고 캘리포니아 주립대(UCSD) 교수로 있던 어윈 제이콥스가 1968년 설립한 통신기술 컨설팅기업 링카비트다. 1980년 링카비트가 M/A-COM과 합병한 뒤 제이콥스가 소극적인 신제품 개발전략을 참지 못하고 1985년 사직한 뒤 옛 동료 6명과 함께 창업한 기업이 퀄컴이다.

퀄컴의 실패는 말 그대로 성공의 어머니가 됐다. 1989년 미국 통신산업협회(TIA)는 퀄컴의 경쟁기술인 TDMA(시분할다중접속)방식을 표준으로 선택했고, 유럽도 TDMA를 기반으로 한 GSM(유럽이동통신)표준을 결정했다.

퀄컴은 이런 불리한 상황에도 CDMA의 기술적 우위를 끈질기게 설득하고 CDMA 구현기술을 꾸준히 개발한 끝에 1993년 북미지역 표준으로 인정받는다.

퀄컴은 CDMA를 빨리 확산시키기 위해 휴대전화와 네트워크 설비 제조에 직접 뛰어들기도 했지만 실패했다. 하지만 퀄컴은 재빨리 지적재산권 라이선스 사업과 CDMA 반도체 칩 생산에 주력해 제2의 활로를 찾았다. 책에는 퀄컴과 한국기업의 로열티 분쟁, 중국에 CDMA 방식을 채택하게 하는 과정 등 구체적인 사례도 실렸다.

※ 자료: 매일경제 2007. 12. 26.

09 CHAPTER

기업의 고용구조는 어떠한가?

제1절 기업의 고용관계의 특성

고용계약의 특성

기업의 고용계약은 고용주체인 회사와 피고용자인 근로자의 두 당사자 간에 이루어지는 법적인 관계적계약(relational contract)이다. 기업의 근로조건과 환경은 매우 광범위하기 때문에 계약조항에 일일이 이들 조건을 나열할 수는 없다. 따라서 고용계약은 포괄성을 지니고 있다.

고용계약의 내용은 일반적으로 매우 간략하게 되어 있다. 고용계약에서 고용주가 근로자에게 요구하는 업무내용과 근로조건은 구체적으로 명시되는 일은 거의 없다. 장기계약을 체결할 때도 임금, 승진, 기타 주요사항들은 물론 작업조건에 대해서도 언급이 없는 것이 관행화되어 있다. 이와 같은 관행적 조치는 근본적으로 거래비용 관리에 그 목적을 두고 있다.

예컨대 작업장의 돌발사태 발생(홍수, 화재, 기타 재해) 시에 야기되는 모든 피해관리를 일일이 규정화 하려면 단순계약의 경우보다 거래비용이 크게 높아질 것이며, 고용주는 비용을 줄일 수 있도록 근로자가 주어진 여건에서 일하기를 원할 것이다. 왜냐하면 고용시장은 수요자시장(buyer' s market)이기 때문이다.

이와 같은 현실에서 완벽하고 상세한 내용의 고용계약을 체결하는 것이 어려운 이유는 미래에 대한 예측불가능성, 또 미래의 상황예측을 한다 하더라도 구체적인 사항을 명시하여 두 당사자 간에 합의를 도출하기가 매우 힘든다는 점에 있다. 따라서 고용계약은 포괄적인 조건과 목표만을 규정하고 예측 못한 사태 발생 시의 의사결정방식만을 규정하고 있는 것이다. 그리고 보다 더 구채적인 근로자 행동지침과 업무지침은 각 소속부처별로 짜여져 있는 부내업무지침(업무매뉴얼) 및 내규에 상세히 규정화되어 있다.

고용계약의 주요 내용

경영자의 명령권

고용계약에서 계약내용이 포괄적인 경우, 계약서나 법률에 명시되어 있지 않은 사항에 대해서는 필요시 경영자가 명령할 수 있는 권한을 보유하는 것이 필요하다.

경영자명령권의 구체적 내용은 계약조건이 불명확하더라도 경영자가 주도권을 행사하여 당시 상황에 적합하게 합리적으로 일이 이행되도록 지시하는 것을 말한다.

만약 이 같은 명령권이 존재하지 않는다면, 계약서에 명시되어 있지 않은 사항에 대해서는 새롭게 상황이 발생할 때 마다 당사자 간에 교섭하고 합의가 이루어져야만 일처리가 진행될 것인데, 그렇게 되면 거래비용이 더욱 상승되어 기업의 효율성이 떨어지게 될 것이다. 그런데 여기서 상황발생시 명령권을 당초에 근로자대표가 가지지 않고 경영자(대표이사, 사장)가 가지는 이유는 무엇인가? 그 이유는 첫째, 경영자가 주주의 대리인으로서 명령권을 행사하는 것이 경영의 효율성을 제고하는 데 유리하다는 것이다. 둘째, 근로자에 비해 더 많은 경영정보를 가진 경영자가 명령권을 행사하는 것이 당사자 모두에게 유익한 동시에 거래위험을 감소시킬 수 있기 때문이다.

고용계약의 자체이행력

고용계약서에는 포괄적 내용만 정해 있기 때문에 만약 경영자가 근로자에게 불리한 방향으로 계약집행을 한다면 어떻게 하나? 이 물음에 대한 답변은 '계약의 자체이행력'의 기능이 있기 때문에 자동적으로 조절된다고 보는 것이다. 즉, 기업은 영속기업(going concern)이며, 근로자의 직업선택의 자유권이 보장되는 한, 장기적으로는 노사 간에 '힘의 균형'이 발효되는 요인이 된다. 만약 경영자가 주주 이익만을 추구해서 약속을 이행하지 않거나 근로자들이 승복할 수 없는 근로조건을 강요하는 등 악덕고용주로 알려지면, 그 기업은 유능한 근로자를 구할 수 없게 될 것이고, 아직 재직 중인 근로자들까지도 타기업으로 옮겨 가고 말 것이다. 다시 말해서 기업이 영속기업이라고 전제할 때, 경영자는 기업의 명성

(goodwill)을 유지 · 제고하는데 노력하지 않으면 안 될 것이다. 이와 같은 이유로 경영자는 구체적인 작업지시나 인사정책 시행과정에서 근로자에게 일방적으로 불리한 사례가 발생하지 않게 하는 요인이 된다.

기업이 명성을 유지함으로써 기업 자체에 이득이 발생한다는 것이다. 명성 있는 회사는 사원채용시 유능한 사원들이 줄지어 지원할 것이고, 다른 유관 거래처와의 거래에 있어서도 거래비용을 절감할 수 있는 유리한 입장에 설 수 있다. 기업의 구성원 모두가 이와 같은 분위기 속에서 열심히 활동을 할 때 이익이 제고되고 회사의 주가도 상승하여 기업명성은 점차 더 올라가고 근로자들의 자긍심 또한 더욱 높아지며, 근로의욕과 성과가 맞물려 함께 우수기업 대열에 오르게 될 것이다.

이와 같이 기업의 장기적 존속 속에서 경영자와 근로자가 함께 일하면서 기업특성에 익숙해진다면, 고용계약의 세부사항들이 자세하지 않아도 큰 문제가 없으며, 또한 노사 간에 상호작용에 의해서 자동적으로 세부사항을 합리적으로 조절하고 이끌어 가는 자체강제이행력을 발휘하게 되는 것이다.

고용계약의 집단적 교섭과 집단적 계약

고용계약서의 마지막 특징은 집단적 교섭과 집단적 계약이 이루어진다는 것이다. 유사한 근로조건을 가진 사업장의 근로자가 집단을 형성하여 개별고용주 또는 고용주단체와 근로조건에 관해 협상하고 계약을 체결하는 것이다. 이와 같은 것을 각각 단체교섭 및 단체협약이라 한다.

그리하여 이러한 계약을 둘러싸고 근로집단과 고용주집단(또는 고용주) 사이에 형성되는 관계를 노사관계라고 부른다.

이 같은 단체교섭과 단체협약은 노동조합운동의 산물이다. 이러한 것들은 집단적 교섭과 집단적 계약으로 인해서, 개별적으로 교섭하고 계약할 때와 비교해서 사회적 거래비용을 절감할 수 있다는 데에 그 의의가 있다. 그러나 노사관계가 대립적인 경우에는 오히려 집단적 교섭이 거래비용을 높일 수가 있다. 그러므로 일부 선진국에서는 노조의 단체교섭 조건을 엄격히 제한하는 사례도 있다(예컨대 근로자의 일정비율 이상의 찬성 하에서만 인정하는 경우다).

제2절 기업의 인적자원 관리

인적자원 관리란 무엇인가?

기업의 자원 특히 인적자원은 기업조직의 위계서열에 따라 상하 개념으로 배분되며, 고위직은 저위직보다 더 많은 권한을 가지게 되며, 하급자는 상급자가 승인해준 범위 내의 자원으로 일을 하게 된다. 상급 위계서열에 있는 자는 구성원 모두에게 기업의 목표를 이해시키고 창의성을 발휘하여 자발적으로 그 목표달성을 위해 노력하도록 해야 한다. 그래서 각 구성원들이 각자 목표를 무난히 달성함으로써 기업 전체목표가 달성되고 기업의 발전을 가져올 수 있게 된다. 따라서 기업은 상급자와 하급자의 관계를 설정하고 권한이 적절하게 배분되도록 인사관리를 하여야 한다.

인적자원관리(human resource management)라 함은 원래의 인사관리(personnel management)와 바꾸어진 용어로서, 이는 조직의 인적 자원을 관리하는 경우의 한 과정이라고 말할 수 있다. 인사관리에 관한 정의는 '적절한 작업환경 속에서 구성원들이 각기 지닌 능력과 잠재력을 최대한으로 활용케 하여 기업의 목적달성에 최대한 기여하도록 하는 동시에, 종업원들이 직무에 만족하도록 하고 개인적으로도 만족을 얻을 수 있도록 지도하고 지원하는 기능 또는 활동' 이다.

인적자원 관리의 요소

기업의 인적관리의 요소는 기업조직의 목표달성을 위해 필요한 지식과 기술을 가진 인적자원을 확보하고 유지하는데 소요되는 8가지요소-인적자원계획, 모집 · 선발, 오리엔테이션, 교육 · 훈련 · 개발, 업적평가, 보상관리, 종업원 · 노사관리, 전보 · 이직관리 등으로 요약할 수 있다. 이하 차례로 이를 간단히 요약해서 설명하고자 한다(어윤소 외, 기업과 경영, 2007 pp.313~316 참조).

인적자원계획

기업조직에서 기업 내의 적정소요인원수, 필요자격요건, 기술자격의 종류 등 중장기적 인적자원수급계획(human resource planning)을 수립하는 일을 말한다.

모집 · 선발

기업이 필요한 지식과 기술을 소지한 사람들을 채용하는 것을 모집(recuitment)이라 하고, 조직목적에 합당한 응모자들을 시험, 면접 등을 통해서 뽑는 과정을 선발(selection)이라 한다.

오리엔테이션

선발된 신규 입사예정 종업원들에게 신입사원연수교육을 통해서 기업정책, 업무매뉴얼 및 기본업무요령 등을 소개 숙지토록 함으로써 업무현장에 바로 투입할 수 있는 준비를 하는 과정을 오리엔테이션(orientation)이라고 한다.

교육 · 훈련 · 개발

신입사원들에게 한층 더 효율적인 개인, 집단, 전체조직이 되도록 팀워크와 조직력을 고취시키고 이를 지원하기 위해 설계된 프로그램을 훈련 · 개발(T&D : training and development)이라 한다. 사원훈련의 방식에는 OJT(on the job training)와 Off JT(off the job training)의 두 가지가 있다. OJT 방식은 일하면서 훈련교육을 받도록 하는 방식이다. 현장교육이기 때문에 실습을 겸해서 숙련도를 높이고 또 순환교육으로 기능향상을 심화시킬 수 있다. 이에 반해서 Off JT 방식은 일을 떠나서 일정기간 한 장소에서 집합교육을 실시하는 것인데 특정 테마에 대해서 교육의 집중도를 높이게 되는 특성이 있다. 여기에는 집합교육, 통학교육, 통신교육 등이 있다. 관리직(과장, 차장급)교육에 주로 활용되고 있다.

업적평가

개개 구성원의 일정기간의 근무업적을 상위자가 일정 기간마다 평가하여 이를 직계라인(line)에 따라 보고함으로써 해당 직원의 인사(전보, 승진)에 반영토록 하는 내부 관리제도를 업적평가(performance evaluation)라 한다. 종전에는 인사고과(人事考課)라고 하여 직원의 능력, 집무, 업적을 제1단계 직속상사(과장), 제2단계 상사(부장), 제3단계(인사부장이 조정) 등 단계별로 상위자가 실시 진행하여 완성하는 제도로 정착하였다. 평가방법은 다양하며, 경우에 따라서는 역평가(하급자가 상급자를 평가)제도를 도입하는 사례도 있다.

보상관리

조직목표 달성에 대한 기여도에 따라 종업원이 받게 되는 보상(compensation)을 말한다. 여기에는 금전적 소득 이외에 의료보험혜택, 작업환경 개선, 특별휴가 등 비금전적인 대가도 포함된다.

종업원 · 노사관리

종업원의 개인적 고충해결, 보건관리, 안전작업관리 및 기타 환경개선 등을 최적관리 함으로써 노동의 효율성을 도모하고, 또 종업원들이 노동조합을 결성하여 합법적인 테두리 안에서 협상할 수 있는 제도를 마련하고, 이런 노사관계(labor relations)를 협력적으로 이끌어 감으로써 조직의 효율성을 극대화 하게 된다.

전보 · 이직관리

승진, 전보, 이직 등 자리를 떠나게 되는 것을 말한다. 승진(promotion)과 전보(transfer)는 종업원의 직무와 지위가 공식적으로 변환되는 것을 말한다. 승진은 수직적 인사이며, 전보는 수평적 인사라고 한다.

이직은 고용관계의 영구적 단절을 말한다. 사직, 퇴직, 해고 등이 이에 해당한다. 사직은 자기 의사에 의해서 회사를 떠나는 것을 말한다. 또 퇴직은 정년에 따라 회사를 그만두는 것을 말하며, 해고는 회사 쪽에서 종업원과의 고용관계를 해제 · 단절하는 것을 말한다.

제3절 일본식 인사관리의 특성

일본의 주요 인사관리 관행

한국에서는 취업지망생이 일자리를 얻어서 출근하게 되면, 그 사람은 '취직' 이 됐다라고 말한다. 그러나 일본에서는 '취업' 이라는 말이 일반화 되어 있다. 일정한 일자리를 얻었다는 의미의 취직(就職)이라는 말은 안 쓴다. 그 대신 '어떤 기업에 들어간다' (취사〈就社〉의 뜻)는 의미가 내포된 취업(就業)이라는 말을 쓴다. 입사는 특정 기업의 종업원이 되었다는 것을 의미하며, 특종 직업에 종사하는 것을 뜻하는 것이 아니다. 따라서 정규 종업원의 경우는 기업간 이동을 전제로 하는 직업별 노동시장 요소는 약하고, 내부노동시장이 발달된 상태다. 입사하게 되는 회사는 근로계약당사자관계를 초월해서 그 내부구성을 포괄하는 공동체 성격, 즉 기업공동체의 성격을 가지게 된다.

신입사원 모집에 있어서도 기업 스스로가 학교를 통해서 모집하는 사례가 대부분이며, 이 과정에서 직업소개기관이나 노동조합의 역할은 미미하다. 또 중간에 경력자를 대거 채용하는 경우는 없다. 따라서 한 번 입사한다는 것은 마치 가정과 대학으로부터 회사공동체로 처음 들어오는 중요한 의미를 가지며, 이를 기념하는 의식으로 입학식과 유사한 '입사식'(入社式)이 거창하게 거행되는 것이 상례다. 종업원 채용은 처음부터 특종 직무에 종사할 것을 전제로 채용하는 것이 아니라, 일반적 능력과 장래 적응가능성을 기준으로 해서 채용이 결정되고 또 신입사원 훈련 후에 그렇게 일반 직위에 배치된다. 다시 말해서 신입사원 채용 기준은 지원자의 일반적 능력과 기업공동체 구성원으로서의 적격성이 바로 채용을 결정하는 기준이 된다.

서유럽의 기업과는 달리 일반적 능력이 중시되는 것은 기업의 필요에 따라 부서배치를 달리 했을 때의 적응능력을 중시하기 때문이다. 그리고 채용심사 시에도 출신학교와 학업성적을 통해서 지원자의 일반적 능력과 장래 적응가능성을 예측하는 것이다. 한국에서도 경제개발연대인 1960년대의 주요 금융기관의 채용방식도 일본의 사례와 유사하게 진행되었다.

일단 채용이 되면 그 이후부터는 그 종업원은 그 조직의 구성원으로서

'의무의 무한정성' 을 받아들인다. 서유럽의 고용계약의 규범으로서 중시되는 '한정적, 정량적인 의무' 와는 대조적으로, 일본기업에서는 직무의 질에 있어서나 작업량에 있어서 종업원의 의무는 무한정이다. 이것은 기업의 필요에 따라 부서간의 신축적 인력배치, 긴 노동시간(서유럽 보다 10~30% 더 장시간)을 아무 이의 없이 받아들이고 있는 관행에서 엿 볼 수 있다.

종신고용의 관행

일본의 근로자는 다른 나라에 비하여 회사로부터 고용관계가 단절되는 경우가 적고, 자발적으로 다른 회사로 옮겨 가는 예도 드물다. 이와 같은 특징적 현상을 서유럽 학자들은 종신고용(life-long employment)라고 부른다. 종신고용이라 하지만 처음부터 고용계약이 종신고용을 명문화하고 있는 것은 아니다. 일본 근로기준법에서는 원칙적으로 5년을 초과하는 고용계약을 금지하고 있으며, 대부분 고용계약은 고용기간을 명시하지 않고 있는 실정이다.

일본의 근로자들은 일정기간이 지나면 다른 부서로 이동되고, 다른 일을 맡을 것을 예상하면서 1인 다기능화를 지향한다. 또한 회사는 경기변동기에 이들을 자회사나 협력업체 파견, 강제휴가 등 여러 형태의 조정과정을 적용하면서 정규 종업원의 강제해고라는 극단적 조치를 회피 억제하면서 불황기의 경기조절과 맥락을 같이하는 지혜를 발휘하는 것이다.

내부승진과 순환근무

일본 기업의 승진제도는 철저한 연공서열제(年功序列制)로 운영된다. 즉, 모든 승진은 입사연도의 서열순으로 이루어진다는 뜻이다. 따라서 고용기간의 장단에 따라 하는 일의 내용이 달리지고, 회사 내의 책임과 위계서열도 근속에 따라서 상승하면서 승진이 행하여진다. 업무단위는 계(係)→과(課)→부(部)로 올라가면서 기업조직을 단위로 하여 협업에 의한 분업이 이루어지고, 승진체계도 일반사원에서 계장, 과장, 부장까지 승진하는 동안, 장기간에 걸쳐, 직계상사(直系上司)들로부터 능력과 업적에 대한 무한평가(無限評價)과정을 거치면서 경쟁해야 한다.

승진자 선발기준으로는 근속연수, 능력이 탁월하다고 인정되는 경우의 특진(特進), 업무실적, 협업시스템기여(인간관계) 등 다양한 회사 지침에 따라 적용된다.

중간관리자 중에서 누가 상급관리자로 선발되며, 또 상급관리자 가운데 누구를 최고경영자로 발탁하느냐 등에 관해서는 일반승진 요건 이외에, 엄격하고 치열한 내부평가, 조직구성원들 간의 암묵적 합의가 중요한 관건이 된다.

상위급 관리자로 승진하는 경우의 평가기준으로는 당사자의 업무능력 외에, 부서내 조직장악력(리더십), 업무발전추진력, 부서집단의 생산력 향상전망, 조직충성도 등 종합적인 평가를 고려해서 선발된다. 또 경우에 따라서는 상위급 승진대상자 예비서열부가 편성돼 있어 일정 기간마다 담당임원이 수정보완을 거쳐 사장에게 사전 보고되고 있다.

종합평가에 의해 승진대상자가 되려면 다양한 업무경험을 쌓아야 하기 때문에 회사는 경우에 따라서, 중간관리자(차과장급)에 대해서 회사 전체업무를 파악시키기 위해 입사 후 10~20년간 2~3년 마다 한 번씩 부서이동을 시켜 다양한 업무를 맡도록 배려한다. 특히, 이 가운데 자질이 우수하다고 판단되는 소수 관리자에 대해서는 회사 핵심업무를 경험할 수 있도록 계획적으로 부서이동(transfer)을 시킨다. 이와 같은 순환근무(부서이동)를 통해 종업원들은 여러 가지 업무를 경험하면서 다양한 상황에 적응할 수 있는 다기능 조직구성원으로 성장한다. 종업원은 이러한 순환근무를 통해 환경변화에 대한 대응력을 기르게 되고 성취감을 체험케 되어 본인 자신은 물론 기업 전체의 생산성이 향상되는 것이다.

고용조정(restructuring)의 실제

일본 기업의 종신고용제 운영은 경기변동이 단기로 끝나는 경우는 모르지만 의외로 장기화되는 경우는 계속 그대로만 갈 수는 없는 것이다. 따라서 이에 대한 일본 기업들이 대응하는 제도와 관행을 고찰하고자 한다(박덕제 외, 전게서, pp.223 참조).

일본의 노동관계법은 기업이 정리해고 요건을 다음과 같이 규정하고 있다.

① 긴박한 경영상의 필요

② 해고 회피를 위한 노력

③ 합리적 기준에 의한 해고자 선정

④ 해고회피방법 및 해고자선정기준과 관련하여 근로자 대표와 성실한 협의

이와같이 까다로운 기준을 충족하는 절차를 밟도록 규제하고 있다. 이뿐만 아니라 일본 여론들도 정리해고에 대해 매우 부정적인 태도를 보이기 때문에 기업의 입지는 매우 좁다. 이러한 이유로 일본 기업들은 정식직원(本工)의 이익을 최후까지 보호하기 위해 노력한다.

고용을 줄이기 이전에 잔업의 삭감, 일시적 휴가, 휴일 증가 등 여러가지 방법을 통한 노동시간 조정이 이루어지고, 이에 부족한 경우에는 인원조정에 들어가게 된다. 일차적으로 결원을 충원하지 않는 방안, 중도 채용을 삭감하는 방안, 다음으로 정규 종업원이 아닌(따라서 조합원이 아닌) 임시직과 시간제근로자를 계약해지 하거나 삭감하는 방안이 채택된다. 그리고 최후의 방안으로 이용되는 것이 정규 직원을 대상으로 하는 인원조정이다. 여기에는 기업내 또는 계열기업간 수급조정도 포함된다. 이는 인원과잉부문에서 인원부족부문으로 항구적으로 이동시키는 내용이다.

이 밖에도 사내실업의 경우인데, 사내실업이라 함은 불경기로 소관업무가 축소돼 놀고 있는 유휴인력을 말한다. 장기적인 불황기에는 이들 사내 실업인원을 스스로 사직하게끔 회사에서 밀어붙이는 방식이다. 예컨대 업무상 실수에 대한 신랄한 비판, 정례회의 참석대상에서 제외, 책상 위의 전화기 제거, 동료들의 점심동행 배제, 회식과 비공식 모임 통지 제외 등 유형무형으로 회사의 압력이 가중되어 스스로 자퇴하지 않을 수 없도록 하는 방법이 있다.

이와 같은 일본의 고용제도의 장점은 종신고용의 대상인 조직구성원들 간에 강력한 공동체의식이 형성되고 이를 기반으로 원활한 정보공유와 민주적 의사결정이 가능하게 된다. 상하 양방향의 의사소통과 정보전달체계가 암묵적으로 기능함으로써 기업의 효율성을 높이게 된다.

그러나 연공서열을 중시하는 일본의 승진제도는 이에 대한 부작용과 단점도 간과할 수 없다. 기업구조가 피라밋형으로 잘 유지되는 호황기에는 별 문제 없으나 불황기 또는 저성장기의 회사형편이 어려운 시기에는 장기고용과 근속누진식 임금상승은 기업에 너무나 큰 부담이 된다. 또 순환근무와 연공서열제는 유능한 전문가 양성과 외부영입이나 자체발탁을 저해하고 평범한 인력만을 보유하게 되어 기업의 자생력과 혁신을 가로 막는다. 이러한 문제점을 타개하기 위해 최근에 와서는 일본에서도 능력별 승진, 연봉제 채택, 고령 근속자의 조정, 유능한 전문가 발탁 등 새로운 추세의 인사관행이 늘어나고 있다.

기업사례[9]

GE는 사원이 공동으로 정책을 결정한다

GE(General Electric)는 세계 500대 기업 가운데 연속 11위를 기록하고 있는 대기업이다. 연간 매출액(2006년 중)이 1,683억 달러, 연간 이익이 208억 2,900만 달러, 종업원 수가 31만 9천명에 이르고 있다. 이처럼 방대한 세계기업이 살벌한 국제 경쟁 속에서 오늘날 이와 같은 위치에 오르게 된 이유는 무엇인가? 그리고 수년 연속 당당히 동업계에서 선두의 자리를 지킬 수 있었던 비결은 무엇일까? 이 이면에는 GE의 독특한 경영관리법이 숨어 있다.

1981년 잭 웰치(John Francis Jack Welch, Jr. 1935~)가 회장직을 물려받았을 당시, 회사에는 회사에 관리자는 많지만 리더가 너무나 부족하다는 것을 깨달았다. 그는 종업원들이 자기의 일에 대해서는 사장보다 더 잘 알고 있기 때문에 매니저들이 쓸데없이 간섭해서는 안 된다고 생각했다. 그래서 그는 '공동의사결정과 공동행동'이라는 관리 기법을 도입했다. 그리고 이것을 회사의 경영문화로 토착화 시켰다. 이 새로운 제도를 실시하면서부터 평소에 서로 교류할 기회가 없었던 직원들과 중간관리자들 간에 정책 결정에 참여할 수 있는 기회가 마련된 것이다.

잭 웰치의 격려와 지지 속에서 '전 직원공동결정제도'는 순조롭게 진행되었고 이를 통해 직원들과 중간관리자들도 정책 결정 토론회에 참여할 수 있게 되었다. 이처럼 계급을 구분하지 않는 토론회에서 직원들은 자신의 견해를 솔직하게 밝히고 서로의 경험을 공유하였다. 이를 통해 불합리하다고 생각되는 부분이나 제도에 대해서 개선했으면 하는 의사를 반영하기도 했다. 공동의사결정과 공동행동을 위한 전직원공동결정제도를 위해 회사에서는 장기적으로 컨벤션센터나 호텔에서 심포지엄을 개최하고 관리자들과 직원 간에 정책결정을 하게 되었던 것이다.
이 같은 심포지엄에 참석했던 경험이 있는 한 매니저는 "비록 30분 밖에 안 되는 시간이지만 무척 긴장되어 식은땀이 흐를 지경이었습니다. 108가지나 되는 제안에 대해 'YES' 혹은 'NO'로 신속하게 답변해야 했습니다. 조금이라도 얼버무릴 수는 없었죠." 그 결과 8개의 제안을 제외하고는 모두 통과되었다. 통과된 100개의 제안은 신속하게 반영되었다. 이를 통해 GE는 일 년 동안 20여만 달러를 아낄 수 있었다.
잭 웰치의 '전직원공동결정' 제도는 회사의 권력이 지나치게 한 곳에 집중되는 폐단을 방지하고 모든 직원들이 자신이 회사의 주인임을 인식하게 되면서 진심으로 회사의 발전을 위해 각자가 최선의 노력을 하게 되었다. 직원들은 그들의 지혜를 모으면 회사는 더욱더 빨리 발전한다는 것을 체험하게 된 것이다.
잭 웰치는 1981년부터 2001년까지 20년간 GE의 CEO를 역임하면서 그의 독특한 리더십을 실천에 옮겼던 인물로 알려져 있다. 그는 리더십 필수요소로 4E, 즉 Energy(활동과 변화를 추구하는 '활력'), Energize(신념을 가지고 일할 수 있는 '동기부여'), Edge(Yes와 No를 바로 할 수 있는 날카로운 '결단력'), Execute(일을 실행할 수 있는 능력인 '실행력')를 지적하고 있다. 그는 GE 재직기간 동안에 GE의 기업가치를 140억 달러에서 4,600억 달러까지 증가시켰고 그가 보여준 혁신경영전략과 그의 리더십은 세계의 가장 존경받는 CEO로 이름이 나 있다.

※ 자료: 삼성경제연구소, 야후/비즈니스경제지식, '잭 웰치의 리더십 필수 요소'에서 발췌 요약, 2007. 9. 16.

PART 04

기업의 확장과 재무관리

10장 기업의 M&A(인수·합병) • 11장 글로벌시대의 기업의 국제화
12장 기업의 재무관리 • 13장 기업관련 신금융상품

GLOBAL CORPORATE ECONOMY

10
CHAPTER

기업의 M&A (인수·합병)

제1절 M&A의 의의와 동기

M&A란 무엇인가?

우리 기업들이 글로벌산업의 역할을 수행하면서 세계적 기업들과 경쟁하고 있는 가운데 최근 국내외에서 기업간 인수 · 합병(M&A : mergers and acquisitions)을 통해 규모의 경제를 실현하려는 사례가 늘어나고 있다. 특히 외국의 단기투자자본에 의한 적대적 M&A 시도는 날로 현실화되어 우리에게 다가오고 이에 대한 심도있는 검토와 정책적인 대응이 시급한 과제로 떠오르고 있다.

이론적으로 기업의 경영권은 주주총회에서 다수결원칙에 의하여 이전될 수가 있다. 특정 기업의 경영권을 장악하고자 하는 개인이나 기업은 주식의 유통시장에서 주식을 매입하여 51%의 지분을 확보만하면 경영권을 장악할 수가 있다. 이처럼 주식의 매입에 의하여 경영권이 이전되는 것을 기업의 '인수 및 합병' 이라 한다. 그리고 이러한 거래가 이루어지는 시장을 M&A시장 또는 기업지배권시장이라고도 한다.

일반적으로 기업은 경영자원의 제약을 극복하고 여기서 탈피하기 위하여 내부의 경영자원을 통합하는 방법을 모색하게 된다. 따라서 내부의 경영자원에 내포돼 있는 리스크나 사업부문간의 경영자원의 시너지 효과를 활용하는 수가 있다. 이것을 내부성장이라고 말한다. 이에 대해서 외부의 경영자원을 통합하는 방법을 외부성장이라고 말한다. 내부성장의 경우는 능력을 축적하는데 시간이 걸리지만, 외부성장은 기존의 능력을 가진 경영자원에 자금을 투입함으로써 '시간을 사는 방법' 이라고 말할 수 있다. 외부성장에는 조직을 통합하는 M&A와 조직은 유지한 채 경영자원을 통합하는 전략적 제휴의 두 가지 방법이 있다.[29)]

M&A나 전략적 제휴는 다각화(多角化)로서 뿐만 아니라 경쟁전략으로서도 매우 중요하다. 경쟁전략으로는 수평적M&A(전략적제휴)와 수직적 M&A가 있다. M&A에 대해서 좀 더 심층적 고찰을 하고자 한다.

수평적M&A는 동일 시장에서 경쟁하고 있는 동종 산업의 기업이 합병하는 것을 말하며, 시장점유율이 올라가게 된다.

수직적M&A는 기업 내에는 없는 기본적 기능과 과정을 외부와의 합병에 의해서 통합하는 것을 말한다. M&A에 의한 다각화(diversification)는 신규사업에 다각화하는 경우, 이미 참여하고 있는 타기업을 합병하는 것이다. 이에 따라 내부에 경영자원을 가지지 않고서도 다각화하는

29) 小田切宏之, 전게서, pp.56.

것이 가능하게 된다.

M&A에 있어서 그 진행방향에 따라 우호적인 방향과 적대적인 방향의 두 가지가 있다. 우호적인 진행방향은 기업이 상호간에 협의를 한 결과에 따라 행하여지는 M&A다. 주요 대주주 · 경영자가 합의한 후에 M&A가 진행된다. 상호간에 보완적인 역할을 다하는 경우 우호적 진행방향에 따라 합병이 용이하게 성립될 수 있다. 한편, 협의에 의해 합의하기가 어려운 경우 한쪽 기업이 다른 쪽 기업을 적대적으로 합병하는 것도 가능한 방법이다. 이를 적대적매수(hostile takeover) 또는 적대적 M&A라고 부르고 있다.

M&A는 왜 일어나는가? - 인수·합병의 동기

그러면 M&A는 왜 일어나는가? 인수 · 합병의 동기는 다음과 같다.

첫째로 규모의 경제를 살릴 수 있다. 동종 분야인 경우, 두 회사가 합병함으로써 생산규모가 확대되고 평균생산비용이 낮아지기 때문에 생산효율을 높일 수 있다.

둘째로 원청과 하청관계의 합병인 경우에는 수직적통합에 의하여 원자재 구입을 원활하게 하거나 판매망을 확대할 수 있다.

셋째로 한 기업은 이익을 많이 올리고 다른 기업이 적자를 시현한 경우 두 기업의 합병으로 조세 부담을 줄일 수 있다.

넷째는 한 기업의 성장이 한계에 이르고 잉여현금보유가 많을 때 이를 타기업 인수에 이용할 수 있다.

다섯째 오늘날 많이 이용되는 합병 · 매수의 동기는 현 경영진의 비효율 내지 비능률 제거일 것이다. 회사의 수익성도 좋고 성장전망도 밝으나 현 경영진의 비능률로 기업의 가치가 하락한 기업이 기업지배권시장에서 주 인수대상기업이 된다.

제2절 적대적 매수(hostile takeover)

적대적 M&A란 무엇인가?

인수 · 합병 가운데 특히 논의의 대상이 되는 것은 현 경영진의 의사에 반하여 기업탈취자(raider)들에 의하여 강제적으로 기업의 경영권이 이전되는 경우인데 이것을 적대적 매수(hostile takeover) 또는 적대적 M&A라고 한다.

완전자본시장의 가정하에서는 기업의 소유와 경영이 분리될 수 있다. 그러나 현실적으로는 소유와 경영의 분리로 인하여 대리인문제(principal and agent)가 발생한다. 즉 소유주경영자에 비하여 전문경영인은 비용절감의 정도가 낮고 오로지 단기적 이익만을 챙기면서 더 열심히 회사를 위하여 헌신하지 않음으로써 주주와 경영자 사이에 갈등이 생길 수 있고 이로 인하여 대리인비용이 발생한다. 대리인비용문제라 함은 주주가 경영자의 비효율적인 경영실태 및 비리를 캐기 위해 필요한 정보수집 및 관리를 위해 지출하는 비용을 말한다. 대리인문제가 심각한 기업일수록 기업탈취자의 인수대상이 되기가 쉽다.

적대적 M&A의 공격 방법

기업탈취자들은 주식유통시장에서 이런 대상기업의 주식을 매입하거나 의결권을 모아 경영권을 탈취한다.

구체적으로 말한다면 첫째, 의결권을 대리 위임받아 행동(회사지배권행사)에 옮기는 위임장경쟁(proxy fight)제도가 있고, 둘째, 직접 주주들에게 공시하고 주식을 매입하여 실행에 옮기는 공개매수(tender offer)제도가 있다. 또 셋째, 시장매집(market sweep)과 같이 장내시장에서 비공개적으로 목표주식을 매집하는 방법도 있다. 이 때, 주식을 매입하기 위해서 필요한 자금을 조달할 목적으로 채권을 발행하는 경우가 있는데 이를 정크본드(junk bond)라 부른다. 기업인수 자체의 성공 여부도 불확실하고 인수 후에 기업의 비능률이 제거되어 기업을 성공시키는 것도 불확실하기 때문에 정크본드를 '고위험 · 고수익(high risk and high yield)채권' 이라 한다.

기업지배권시장에서는 당장 현금을 가지고 주식을 매집하는 경우는 드물고, 자기자본보다는 대개 부채를 이용하여 다른 기업을 인수할 자금을 조달하는 경우가 많으며 이러한 형태를 차입매수(leveraged buyout ; LBO)라 한다. 적대적 M&A의 전략별 공격기법들을 비교하면 〈표10-1〉과 같다.

〈표 10-1〉 적대적 M&A의 전략별 공격기법 비교

구분	공개매수	시장매집	위임장대결
특징	정해진 기간 일정 주식수를 일정한 가격으로 취득할 수 있는 법적 제도	주식시장을 통해 은밀하게 목표주식을 매수하여 보유지분을 늘려가는 전략	목표기업의 주요 주주 또는 일반주주에 대한 설득 및 권유를 통해 의결권행사의 위임을 받아 주주총회결의에 강력한 영향력을 행사하는 전략
장점	• 단기간에 원하는 지분율확보 가능 • 매수자금 예측가능 • 매수의 불투명성 및 일반투자자 이익배려	• 은밀한 진행 가능 • 주식시세에 따라 탄력적매수 가능 • 저가매집 가능	• 상대적으로 소규모매수자금 • 공개적 여론 조성
단점	• 선전포고효과 • 실패에따른이미지실추 • 상대적으로고가매수	• 장기간소요 • 정보누출에 따른 주가 급등 • 위법성시비위험	• 엄격한 법적절차 • 목표기업의 확실한 내부정보 필요 • 불완전한 경영권 확보

이 밖에 적대적 M&A의 공격방법으로 곰의 포옹(bear hug), 토요일 밤의 기습(Saturday night special), 블랙메일(black mail), 흑기사(black knight), 턴어라운드(turn around), 파킹(parking) 등이 있다. 이들 방법은 완전한 것이라기보다는 하나의 부수적 방법이 되는 것이 일반적이다.

곰의 포옹은 매수자가 매수를 목표로 삼은 기업의 이사들에게 급작스럽게 매수를 제의하는 편지를 보내고 빠르게 의사를 결정할 것을 요구하는 공개매수전략이다. 매수자는 목표한 기업의 이사들이 매수를 반대할 수 없도록 매수가격과 조건 등을 제시하기 때문에 만약 이사들이 매수를 반대할 경우 주주들의 저항에 부딪히게 된다.

토요일밤의 기습방법이란 1960년대 미국에서 성행한 방식인데, 공격자가 토요일 저녁 황금시간대에 TV를 통해 공개매수를 선언하여 매수기간을 최소로 단축시킴으로써 상대기업에 방어시간을 허용하지 않는 방법이다. 그러나 1968년 윌리엄스법(Williams Act) 제정 공포로 이는 어렵게 되었다.

블랙메일은 공격자가 대상기업의 주식을 대량 매입 후 지배주주와 경영진을 위협하여 자기측이 M&A를 포기하는 대가로 기 매입주식을 고가로 되사줄 것을 요구하는 전략이다.

흑기사는 공격측이 매입자금 조달책으로 자신에게 우호적인 제3자의 자금력을 끌어들이는 전략이다. 또 턴어라운드는 기업내재가치가 있는 경영미숙의 대상기업을 인수한 후 경영이 호전되면 고가로 주식을 되팔아서 차익을 챙기는 전략이며, 파킹은 시장매집의 경우, 은밀한 매집 강화를 위해 비밀유지(공개의무비율 면제)의 방법으로, 매집주식을 주식브로커(또는 거래증권사)에게 맡겨놓는 것을 말한다.

제3절 적대적 M&A공격에 대한 경영자의 대응

기업탈취자(raider)로부터 기업인수의 위협이 강해질 때 기존 경영진은 그대로 앉아 당하지만은 않고 적극적으로 대응하는 경우가 많다. 이들의 대응수단을 몇 가지 살펴보자.

(1) 일반적 방어방안

독약계획(poison pill right plan)[30)]

독약계획은 적대적 M&A 시도에 대비하는 가장 강력한 방어전략의 하나로서 공격을 받는 기업측이 독약(poison pill)이라고 할 수 있는 증권(신주인수권 등 특수한 권리가 부여된 증권: 신주인수선택권부 주식)을 보통주주에게 배정하고, 이 증권소지자는 그 후 공격기업측에서 공개매수가 시도되거나 일정 비율(%) 이상 매집하는 등 특정상황이 발생되면, 일정 기간 내에 그에게 부여된 권리를 행사할 수 있게 된다. 이 때 행사하는 권리에는 M&A 후 매수기업의 주식을 극히 낮은 가격으로 인수할 수 있는 권리와 매수기업이 일정비율(예 25%) 이상 대상기업 주식을 매집하면 그 기업 주식을 할인가격으로 인수할 수 있는 권리(이 경우, 매수기업이 보유하는 권리는 무효화됨)를 행사할 수 있다. 따라서 매수기업은 이들 권리가 행사되면 커다란 손실을 입게 되기 때문에 매수대상기업의 경영권 획득이 매우 어렵게 된다. 미국 기업의 경우 독약계획은 이사회 의결을 거쳐 채택된다.

황금낙하산(golden parachute) 전략

기업이 적대적 M&A로 매수되어 경영자가 해임될 경우를 대비하여 거액의 퇴직금 또는 일정 기간의 보수를 보장하는 고용계약을 회사와 사

---

30) 포이즌 필(poison pill): 포이즌 필은 인수 · 합병(M&A)으로 인해 임기 전에 물러나는 임원에게 거액의 퇴직금을 지급하도록 하는 조항을 회사정관에 미리 삽입해 적대적 M&A를 방어하는 장치가 된다. 인수기업이 독약을 삼킨다는 의미에서 '포이즌 필' 이라고 한다.

전에 체결해 둠으로써 기업사냥꾼의 M&A 코스트를 높이게 되고 따라서 효과적인 방어책이 될 수 있다. 또한 해임되는 경우에 일정기간 보수, 보너스, 스톡옵션 등을 보장하며 M&A 이후에도 그 계약이 승계되도록 하는 것을 황금낙하산 전략이라 한다.

한편 주석낙하산(tin parachute) 전략은 경영자가 아닌 일반 직원에게 일시에 다액의 누진적 퇴직금을 지급하도록 규정하여 매수기업의 매수의욕을 떨어뜨리는 전략을 말한다.

백기사(white knight) 전략

M&A 공격을 받는 기업이 기업탈취자에게 기업을 인수당하는 것보다 차라리 주변의 친지 등 우호세력에게 낮은 가격으로 지분을 양도하여 경영권을 넘기는 것이 낫다고 판단해서 실행하는 경우, 이들 인수자를 백기사라 한다. 이들은 공격자를 제압해서 매수대상기업을 인수하든가 또는 적대세력의 공격을 차단해주는 역할을 한다.

기업사례[10]

마쓰시다 '독약조항' 도입

마쓰시다(松下)전기가 일본 대기업 중에서는 처음으로 적대적 인수합병(M&A)에 대비, 신주예약권을 활용한 독약조항(포이즌 필)을 도입키로 했다고 12일 니혼게이자이(日本經濟)신문이 보도했다.

마쓰시다는 6월말 열릴 주주총회에서 「포이즌 필(poison pill)」도입을 정식으로 결정할 계획이다. 마쓰시다가 검토 중인 방안은 적대적 M&A세력이 주식공개매수(TOB: Take Over Bid) 등을 통해 발행주식의 20% 이상을 매집할 경우 그 적대적 M&A세력 이외의 주주에게 미리 정한 가격으로 신주를 매입할 수 있는 권리를 주는 방식이다.

※ 자료: 日本經濟新聞, 東京, 2005. 4. 12.

그린메일전략(green mail)

그린메일(green mail)은 독약계획법(poison pill)보다는 완화된 방법으로서 기업탈취자(raider)를 직접 만나 그가 매입하고 있는 가격보다 훨씬 높은 가격으로 그가 보유하고 있는 주식을 재매입하여 경영권을 확보하는 방법이다.

팩맨방어전략(Pac-man defense)

기업사냥꾼이 회사인 경우에 인수대상기업의 경영자가 사냥꾼회사를 인수하겠다고 역으로 공격하여 사냥꾼으로 하여금 자발적으로 인수의사를 포기하게 하는 전략이다. 팩맨방어전략(Pac-man defense)은 시간과 자금의 여유가 있고 매수회사를 인수할 능력이 있는 기업이 취할 수 있는 전략이다.

왕관보석(crown jewel) 매각

기업사냥꾼 측에서 볼 때, 대상기업의 자산가치 및 사업전망의 핵심적 매력분문(자회사), 즉 왕관보석(crown jewel)과 같은 부문을, 공격받는 기업이 사전에 제3우호세력에게 주주총회 승인절차 없이 매각 처분함으로써 공격기업의 매수의욕을 떨어뜨리는 전략이다.

여기서 왕관보석은 투자가치가 있는 부동산, 공장, 영업권, 특허기술권 등이 포함된다(corporate suicie 전략도 스스로 매력적 핵심분문을 매각 처분한다는 점에서 비슷한 개념이다).

(2) 적대적 M&A 방어를 위한 그 밖의 방안

적대적 M&A 방어를 위한 그 밖의 전략과 기법 가운데 몇 가지를 간략하게 소개하면 다음과 같은 방법들이 있다.

가. 일반적 방어전략

대주주 지분율 제고와 자기자본 확충

이는 적대적 M&A에 대항할 수 있는 확실한 방안으로서 주가가 낮은 경우 소액으로도 높은 지분율을 확보할 수 있다.

우호적 집단에 의한 주식 취득

이는 대주주의 경영권 방어에 동참할 수 있는 회사, 우리사주조합, 임직원, 거래처와 채권자 등이 주식을 취득하도록 하는 것이다.

주식매입선택권 부여

일정한 요건을 갖춘 기업의 임직원에게 주주총회의 특별결의를 통해 주식매입선택권을 부여하는 것을 정관(charter)에 규정한다.

소액주주의 관리와 주식의 액면분할

이는 소액주주들이 대주주에게 우호적 집단이 될 수 있도록 경영실적을 향상시켜 고배당을 실시하고 고주가를 형성하도록 한다. 이렇게 하여 주식을 액면분할한 뒤 유동주식수를 많게 하여 소액투자자의 접근을 용이하게 해주는 방안이다.

주식의 양도제한을 복잡하게 하는 방법

이는 주식의 양도제한 조항을 현행 이사회의 승인절차 등을 통해서 보다 어렵게 하는 방법이다.

나. 제도적 방어기법

지분확보

적대적 M&A에 대한 방어에 있어 대주주의 안정적 지분확보는 최우선적이다. 따라서 지분율이 10% 미만인 기업은 조속히 지분율을 10% 이상 확보해야 한다. 대주주지분 외에 투자자관리 등을 통해 일반주주 및 기관투자가를 우호적 지분으로 확보하고 우리사주, 종업원에 대한 주식매입선택권(stock option) 부여, 전환사채(CB) 및 신주인수권부사채(BW) 발행으로 잠정적 지분을 확보해야 한다.

정관변경

적대적 M&A가 시작되기 이전에 정관(charter)을 정비하여 적대적 M&A를 어렵게 하는 것도 적절한 대응방안이 된다. 정관변경을 통한 대표적 방안으로는 시차임기제(staggered election)가 있는데, 임원의 임기(term)시기를 상이하게 하고, 정관에 임원수를 정해 놓아 M&A세력들이 경영권 확보를 위해 임원을 한꺼번에 교체 또는 변동시키지 못하도록 하는 방법이 있다. 이 외에도 퇴직금 누진규정, 차등의결권제, 초다수결의제(supermajority voting) 신주의 제3자 배정 등의 조항을 정관에 포함시킴으로써 적대적 M&A를 어렵게 하는 방법이 있다.

주가감시체체구축

해당기업의 주가 및 거래량을 감시할 수 있는 체계를 기업 내에 구축 · 상설하여야 한다. 이를 통해 특별한 이유 없이 거래량이 증가하거나, 주가가 지속적으로 상승하는 경우 주식의 이동사항을 면밀히 조사해야 한다. 일반적으로 적대적 M&A를 시도하는 측은 사전에 충분한 준비를 하는데 반해, 방어기업은 이에 대응할 시간적 여유가 없다. 그러나 주가감시체제를 구축한 기업의 경우 M&A 동향을 조기에 발견하여 이에 미리 대응할 시간적 여유를 가질 수 있어 적대적 M&A에 효율적으로 대처할 수 있다.

주력기업 자본구조 변경

그룹의 지주회사 역할을 하는 주력기업이 M&A를 당하는 경우 타 계열사의 경영권도 연쇄적으로 넘어갈 확률이 높다. 따라서 주력기업인 계열사가 보유하고 있는 타 계열사의 주식지분율을 낮추는 방안을 강구해야 한다. 이와 더불어 지주회사의 역할을 하는 대표 주력기업인 계열사를 상장폐지하거나, 비상장회사를 계열사에 대한 지주회사로 만들어 적대적 M&A로부터 안전하게 보호해야 한다. 또 계열사의 지분을 안정적으로 상시 관리하는 방안을 강구 · 수립해야 할 것이다.

제4절 글로벌 M&A의 거래 동향[31)]

최근 금융시장 조사기관인 톰슨파이낸셜(Thomson Financial)의 조사에 의하면 2007년 1월에서 9월까지 현재, 전 세계 M&A 거래액은 1조 8,000억 달러로 지난해 같은 기간(2006년 1월-9월)의 1조3,000억 달러를 38.5%나 크게 증가한 것으로 나타났다. 이를 주요 지역별로 보면 미국이 30.9%, 유럽이 67.7%, 기타지역이 34.6% 증가하여 유럽지역 거래액 증가가 크게 두드러진 것으로 나타났다.

이 같은 M&A시장의 활성화는 다른 한편으로 이 거래를 담당하는 투자은행들의 수수료수입을 크게 증대시키고 있다. 각 금융기관별 M&A 중개건수와 이에 따른 수수료 수입을 순위별로 보면 〈표10-2〉와 같다.

향후 이와 같은 전세계 M&A 거래의 활성화로 거액의 수수료수입을 올릴 수 있게 된 투자은행들의 실적개선이 기대되고 있다. 앞의 〈표10-2〉에서 보는 바와 같이 2007년 9월 현재 M&A 수수료수입에서는 Goldman Sachs가 총 232건의 M&A 중개로 9.61억 달러의 수입을 올려 1위를 차지하고 있으며, 2위는 7.93억 달러의 Morgan Stanley, 3위는 7.38억 달러의 Citigroup이 차지하고 있다.

---

31) 삼성경제연구소, "글로벌 산업재편과 글로벌 선도기업의 M&A 특징", 연구보고서, 2007. 9. 4. Ⅳ, Ⅴ, 및 부록, pp.40-63. 참조.

〈표 10-2〉 전세계 금융기관 M&A 수수료수입 순위

순위	금융기관 이름	총수수료수입(억 달러)	중개건수
1	Goldman Sachs	9.61	232
2	Morgan Stanley	7.93	210
3	Citigroup	7.38	201
4	JP Morgan	6.74	214
5	CSFB	5.14	160
6	UBS	4.95	182
7	Merrill Lynch	4.49	145
8	Deutsche Bank	3.95	141
9	Lazard	3.28	131

※ 자료: Financial Times, 2005. 9. 26.

한편 M&A 거래 증가로 인해 기업들의 금융차입 수요가 늘어나면서 2007년 1월부터 9월까지 현재 전세계 신디케이트론 규모는 전년 동기(2006년 1월-9월) 대비 20.4% 증가한 2조 2,340억 달러를 기록하였다.

〈표 10-3〉 M&A 관련 채권발행 주간사 순위

2005년 순위	2004년 순위	금융기관 이름	발행액(억 달러)
1	1	Citigroup	3,440
2	3	Deutsche Bank	2,743
3	2	JP Morgan	2,352
4	6	Morga Stanley	2,085

※ 자료: Financial Times, 2005. 9. 26.

주요 지역별로는 유럽지역의 신디케이트론 규모가 8,380억 달러로 전년 대비 46.3% 증가하였으며, 미국은 6% 증가한 1조310억 달러를 기록하였다. 특히 미국의 3대 금융기관인 JP Morgan Chase, Citigroup, Bank of America 등 3대 기관의 합계시장점유율은 38.5%를 차지했다.

채권발행부문에서는 〈표 10-3〉에서 보는 바와 같이 Citigroup이 3,440억 달러로 지난해에 이어 1위를 고수했고, 그 다음은 Deutsche Bank, JP Morgan 등의 순위로 나타났다.

전문가들은 M&A 사이클이 아직 초기단계에 있어, 향후 상당기간 M&A 거래액 증가세가 지속되어 투자은행들의 실적향상이 전망된다고 보고 있다.

제5절 글로벌 M&A의 특징과 사례[32)]

글로벌 M&A의 특징

국가간 장벽이 낮아지면서 기업간 경쟁의 범위가 글로벌시장으로 확산되자 일부 산업에서는 기업들이 거의 완전경쟁에 가까운 무한경쟁으로 몰입되고 있다. 이에 대한 대응방안으로 기업들은 제품력을 제고시켜 상품시장에서 우월적 지위를 확보하고자 총력을 기울이고 있다. 그러나 선도기업들은 글로벌시장에서도 과점적 지위를 일찍부터 장악함으로써 일정한 마진과 R&D 여력을 확보해 두려는 해법을 택하고 있다. 즉, 선도기업은 시장논리보다는 산업논리로 무한경쟁에 대응하고 있으

32) 삼성경제연구소, 전게서. pp.67~93. 참조.

며, 과점체제로 산업을 재편해 가는 도구로 M&A를 활용하고 있다.

지금 글로벌 산업환경은 과점체제를 국가수준에서 글로벌수준으로 확장시키고 있다. 여기서 선도기업의 입장에서, 한 산업이나 업종이 글로벌화되기 시작했다는 말은 곧 비어있는 글로벌과점기업의 자리가 새롭게 생겼음을 의미한다. 이 자리를 어느 기업, 어느 국가가 먼저 차지하느냐는 상품시장의 경쟁뿐만 아니라 M&A를 통한 요소시장에서의 경쟁으로 결정된다고 그들은 믿고 있다. 이러한 글로벌시장에서의 경쟁논리의 변화는 상품시장 경쟁에만 익숙한 한국기업에게 맹점이 있음을 말해준다(삼성경제, 전게서, p. i).

최근 한 연구자료에 의하면 업계순위가 빠르게 상승한 글로벌선도기업(18개 샘플기업)의 영향을 분석한 결과, M&A 샘플기업들은 수익률이 상승하고 외형적인 과점화만 추구하지 않으며, 내실도 다지고 있음 확인했다. 또 그들은 M&A 실행과정에서 먼저 구체적인 성장로드맵을 마련한 뒤 이를 실행하는 과정에서 M&A를 계획적으로 실행하였고, 규모확장형 M&A 이후에는 시너지형 M&A를 연계적으로 단행하여 내실을 다졌으며, M&A 노하우를 충분히 습득하고 나서야 비로소 거대 국제 M&A를 단행하는 등 신중한 행보를 보였다. 또한 한국기업이 국제 M&A에 거부감을 갖는 것은 문화적 배경에도 원인이 있지만 글로벌사업모델이 없거나 M&A 테크닉이 부족한 때문이다.

이와 같은 글로벌 M&A 과점화는 일시적인 현상이 아니며 한국의 기업에게는 위협인 동시에 기회이기도 하다. 한국 정부는 국내기업이 주도하는 국제M&A가 활성화할 수 있도록 제도를 정비하고 특히 금융서비스산업의 글로벌화에 박차를 가해야 할 시점에 와 있다.

글로벌 M&A의 특징별 사례

앞의 연구자료에 의하면 글로벌선도기업(샘플기업)들은 M&A 실행과정에서 먼저 구체적인 성장로드맵을 마련한 뒤 이를 실행하는 과정에서 M&A를 계획적으로 실행하였고, 규모확장형 M&A 이후에는 시너지형 M&A를 연계적으로 단행하여 내실을 다졌으며, M&A 노하우를 충분히 습득하고 나서야 비로소 거대 국제 M&A를 단행하는 등 신중한 행보를 보였다. 다음은 이들 샘플기업의 M&A 특징별로 구체적인 사례를 정리한 내용의 일부다.

(1) 구체적인 성장 로드맵을 마련한 경우

글로벌 사업모델 전략

글로벌화를 통해 수익을 창출할 수 있는 명확한 사업 모델이 존재했기 때문에 내실있는 M&A 전개를 할 수 있었다(예: 미탈, 세멕스, 네슬레, 인베브, LVMH, 보다폰, 테스코, 에어프랑스).

① 미탈(Mittal Steel)

- 세계 500대 기업 가운데 208위(2005년 기준), 매출액 281억 달러의 네덜란드 기업으로서 세계 3위의 철강회사다.
- 중고 제철소 인수 노하우를 가지고 M&A를 지속함으로써 분절이

된 시장통합에 성공했다[ISG(2004), Aecelor(2006)].

- 본래 철강시장은 세계 각국 모두 철강사를 보유하고 있어 시장점유율이 분산되어 있는 분절화시장이다.
- 미탈은 중고제철소를 인수하여 빠르게 고도화시키는 M&A노하우를 바탕으로 글로벌시장에서 M&A를 자신있게 전개하면서 글로벌 통합을 지속하고 전후방 산업과의 협상력을 강화하였다.
- 2004년 미국의 ISG를 인수하면서 조강능력 6,300만톤의 대형철강사로 등장했고, 2006년에 세계 2위의 철강업체인 프랑스의 아르셀로(Arcelor)를 인수하면서 연간 조강생산량 1억톤을 최초로 돌파했다.

② 세멕스(Cemex)

- 세계 500대 기업 가운데 451위(2005년 기준), 매출액 149억 달러의 맥시코 기업으로서 세계 4위의 건축자재회사다.
- 시멘트는 전형적인 사양산업이지만 세멕스는 1987년 이미 위성통신시스템(CEMEXnet)을 도입하고 1994년 위성위치확인시스템을 통한 전자동 최적배송시스템을 구축하는 등 최첨단 시스템으로 무장하였다.
- 2001년에 온라인구매시스템을 구축하고, 2003년에는 증가하는 국제거래를 위해 글로벌 구매 및 소싱시스템 구축을 완료하였다.
- 경영시스템을 표준화하고 이를 모든 피인수기업에게 적용하면서 시장을 통합하였다. 즉, 1996년 콜럼비아의 Cementos Diamante와 Samper를 잇달아 인수하며 세계적 시멘트 기업으로 부상한데 이

어, 2000년 미국의 Southdown, 2005년에는 영국의 RMC를 인수하며 글로벌 통합을 지속하고 있다.

③ 에어프랑스-KLM 그룹(Air France-KLM Group)

- 세계 500대 기업 가운데 228위(2005년 기준), 매출액 261억 달러의 프랑스 기업으로서 세계 1위의 항공회사다.
- 항공산업에서 항공항로를 확충한다는 것은 매우 어려운 일이기 때문에 M&A를 통한 항로확보가 가장 현실적인 대안이라는 것을 확신하였으며, 충분한 글로벌 항로가 확보되어야만 단거리 저가경쟁에서 탈피하고 수익성을 확보할 수 있음을 간파하였다.
- 에어프랑스는 EU 내 항공산업 자유화와 경쟁 심화에 대응하기 위해 네덜란드의 거대 항공사인 KLM과 국제 M&A를 시도했으며 에어프랑스와 KLM은 공동구매와 거대 영업망 확충을 통한 시너지 효과로 매출 및 수익이 모두 급상승하였다(2005년 매출 261억 달러 순이익 11억 달러를 기록하였다).
- 노선통합을 통해 거대 항공노선 네트워크를 구축하여 현재 주요 항공사들이 직면한 저가항공사와의 경쟁을 비껴가며 우위를 점할 수 있게 되었다. 여기서 장거리 국제노선 운항이 현재 에어프랑스-KLM매출의 80%를 차지하고 있다.
- 강력한 2개의 공항 허브(프랑스 파리의 샤를드골 공항과 네덜란드 암스텔담의 스키폴 공항)를 바탕으로 고객에게 경쟁력 있는 서비스를 제공할 수 있게 되었다.

④ 테스코(Tesco)

- 세계 500대 기업 가운데 59위(2005년 기준), 매출액 711억 달러의 영국 기업으로서 세계 1위의 식품업체(food & drug stores)다.
- 테스코는 up-stream에서는 글로벌소싱을 통해 원가를 절감하는 동시에, down-stream에서는 현지화(localization)를 통해 현지 소비자들을 만족시키는 최초의 '글로칼리제이션'(glocalization)의 사업모델을 선도하면서 이를 통해 성장성과 수익성을 동시에 이룩할 수 있게 되었다.
- 단순히 세계시장에서 규모확장으로 매출순위를 높이거나 해외시장에서 물류공세를 통한 시장확대를 시도하는 것이 아니고, downstream의 철저한 현지화를 통해 실질적이며 지속가능한 수익성을 추구하는 것이었다. 즉, 태국의 Lotus를 인수한 후 토착상호인 'Lotus'를 그대로 사용하고 매장 계산대 앞에 태국 지방특산물을 진열하는 전략을 채택하였다.

신산업 진출전략

새로운 성장엔진에 대한 명확한 비전을 바탕으로 성장 로드맵이 있었기 때문에 내실 있는 M&A를 전개할 수 있었다(예: 지멘스, 도시바, Munich Re).

① 지멘스(Siemens)

- 세계 500대 기업 가운데 22위(2005년 기준), 매출액 1,001억 달러의 독일 기업으로서 세계 1위의 전자업체다.

• 지멘스는 중전기, IT에서 물, 의료기기로 사업을 강화하였다[US Filter(2004), CTI(2005)].

• 지멘스는 향후 미래환경을 노령화(→헬스케어), 인구증가(사막화→물산업), 도시화(→교통제어시스템) 등으로 상정하고, 각 환경에 맞는 미래 비전을 제시하면서 사업을 현실화하기 위해 노력을 기울이고 있다. 예컨대, 헬스케어, 물, 교통제어시스템 등이 대표적인 미래산업으로 추진되고 있다.

• 물 산업에서는 2004년, US필터를 인수하여 미국의 물 산업에 진입했고, 동 사업 내 경쟁자인 미국의 GE를 견제한데 이어, 중국(CNC), 이태리(Sermagiotto) 등 신시장에서도 관련사업체를 인수하였다.

• 지멘스의 전통적인 기계 · 전기부문에 관한 노하우를 바탕으로 진단기기 분야를 육성하기 위해 상당한 규모의 M&A를 단행하였다(예컨대, CTI를 2005년에, DPC를 2006년에, Bayer의 진단부분을 2006년에 각각 인수하였다).

② 도시바(Toshiba)

• 세계 500대 기업 가운데 87위(2005년 기준), 매출액 560억 달러의 일본 기업으로서 세계 7위의 전자업체다.

• 도시바는 가전 · IT중심에서 인프라산업(발전설비 포함)을 확충하는 전략을 추진하고 있다.

• 원유가격이 급등하고 화석(化石)연료의 환경오염이 심해지면서 새로운 친환경에너지의 해결책으로 원전기술이 다시 대두되기 시작함에 따라 이에 부응하는 전략을 추구하고 있다. 또한 지구온난화의 급진

전과 그 피해가 핵발전소 자체의 위험과 피해를 더 능가할 가능성이 야기됨에 따라, 이에 대한 대응책으로 급부상하고 있다.

• 이와 같이 원전수요 증가에 힘입어 도시바는 2006년에 세계 1위의 원자력발전업체인 영국의 Westinghouse를 인수하면서 원전사업의 최강자로 부상하였다.

산업환경과 경쟁기업에 대응하기 위한 전략

경쟁자의 전략을 따라 하는 대응방안으로 중요도는 높지 않으나 많은 기업들이 M&A를 하는 계기로 작용하고 있다(예: Norsk Hydro, E.ON, EADS, HP, Sanofi-Aventis, BNP, 디즈니).

① E.ON

• 세계 500대 기업 가운데 64위(2005년 기준), 매출액 663억 달러의 독일 기업으로서 세계 1위의 에너지업체다.

• 에너지산업의 과점화에 대응하는 추세에 발맞추어, E.ON은 국가간 에너지 경쟁 격화, 전기 · 가스 간 통합(교차연료 : cross-fuel) 등의 산업환경의 변화에 대응하였다. 즉, 독일의 거대복합기업이었던 VEBA와 VIAG가 2000년 합병하여 E.ON을 만들고, 지속적인 M&A전략을 통해 2003년 Ruhrgas사와 M&A를 성사시켰다. 이리하여 E.ON은 모든 역량을 에너지산업으로 집중하는 대신, 독일 및 유럽에서 과점력을 확보하며 에너지산업 내에서 단연 1위로 급부상하였다.

② Norsk Hydro

- 세계 500대 기업 가운데 222위(2005년 기준), 매출액 270억 달러의 노르웨이 기업으로서 세계 5위의 금속산업(Aluminium)업체다.
- Norsk Hydro는 알루미늄산업의 과점화 환경에 대응해서 2001년 독일의 E.ON사의 금속산업(알루미늄)부분인 VAW Aluminium을 인수하면서 유럽 최대의 알루미늄생산기업으로 성장했다.
- 세계의 알루미늄산업은 1990년대 후반부터 업계재편이 진행되어 미국의 Alcoa, 캐나다의 Alcan의 2강 과점체체를 형성하고 있었는데, 최근에 이르러서는 알루미늄 정제, 알루미늄 지금(地金)제련 등 수익성이 높은 upstream 부분에서부터 알루미늄 압연, 알루미늄 소재제품 등의 downstream을 아우르는 수직통합형(vertical integration) 구조를 확보하려는 추세에 있다. 여기에 대응해서 알루미늄 압축(extrusion)의 대표기업이었던 Norsk Hydro는 알루미늄 압연(rolling)에서 세계적 우위의 위치를 점하던 VAW를 인수함으로써 제품의 라인업을 강화하고 해당부문에서 규모를 확대할 수 있다.
- 현재 세계 알루미늄산업은 Alcoa, Alcan, Norsk Hydro의 3강 과점체제로 전개되고 있다.

③ 디즈니(Walt Disney)

- 세계 500대 기업 가운데 180위(2005년 기준), 매출액 319억 달러의 미국 기업으로서 세계 2위의 엔터테인먼트업체다.
- 1996년 미국통신법이 개정됨에 따라 통신가세, 미디어의 진입장벽 등 다양한 부분에서 규제가 완화되고 이와 함께 디지털화도 급진전

되면서 컨텐츠뿐만 아니라 컨텐츠 배급 플렛폼의 중요성이 확대되었고, 이에 따라 방송네트워크, 영화, 케이블 기업 간에 통합필요성이 증대되었다. 이와 같이 새로운 미디어 자산을 통합 · 확보하지 않을 경우 심리적인 부담을 가지게 되고, 추후 컨텐츠 배급이 어려워질 가능성이 존재하게 되는 것이다.

- 디즈니는 이와 같은 산업환경에 대응하면서, 새로운 도약을 위해 1996년 그 동안 제휴관계에 있던 ABC를 인수한 이래 Fox Family Channel, USweekly, 픽사르 등을 연이어 인수하면서 종합미디어 기업으로 도약하고 있다.

(2) M&A를 위한 사전준비와 노하우 습득 축적의 경우

먼저 M&A 노하우, 글로벌경영 노하우를 충분히 익히고 거대 해외 M&A를 전개하여 성공한 사례를 고찰하고자 한다(예: 미탈, 세멕스, 네슬레, 인베브, BNP, HP, 테스코, Munich Re).

① 세멕스(Cemex)

- 세계 500대 기업 가운데 451위(2005년 기준), 매출액 149억 달러의 맥시코 기업으로서 세계 4위의 건축자재회사다.
- 동질문화권 기업을 인수한 후, 인근 이질문화권의 대규모 M&A를 실행한 사례다. 즉, 세멕스는 국내(남미)→라틴문화권→구미문화권으로 과점지역을 확장하였다.
- 시멕스는 국내에서 과점화를 이룩한 후, 스페인, 과테말라 등 비슷한 문화적 맥락을 가진 주변 국가에서 국제M&A를 전개하여 과점

화를 이룩하였다. 즉, 1989년 멕시코 2위 시멘트기업인 Cementos Tolteca를 인수하면서 국내에서의 과점적 지위를 확보하고, 1992년 스페인 Chleio 시멘트업체인 Valenciana de Cementos와 Sanson을 인수했으며, 이어서 도미니카, 콜롬비아 등 라틴권에서 M&A를 실행한 후, 2000년 이후에는 미국 Southdown을 인수하여 북미 거점을 확보하면서 이질문화권으로 M&A를 확장하고 있다.

② 테스코(Tesco)

- 세계 500대 기업 가운데 59위(2005년 기준), 매출액 711억 달러의 영국 기업으로서 세계 1위의 식품업체(food & drug stores)다.
- 테스코는 서유럽 → 동유럽 → 아시아 → 미국 등으로 과점지역을 확장하고 있다. 즉, 유럽에서 시작하여 아시아를 거쳐 현재 미국시장까지 점진적으로 유통망을 확대하여 전체매출의 해외시장 비중을 상승시키고 있다.

1997년까지 → 유럽 주변국 및 동유럽 국가로 진출

1998년 → 아시아에 본격 진출(태국 식료품 유통업체 Lotus 인수)

1999년 → 한국 진출(삼성 테스코 홈플러스 인수)

2001년 → 미국 진출(GloceryWorks 지분 인수)

(3) M&A 후속투자에 의한 내실구축의 경우

대규모 M&A 이후 부족한 부분이나 기술력을 보유한 기업을 인수하여 사업구조를 공고히 하고 기존 M&A의 내실을 기하는 경우다(예: 보다폰, 미탈, Nestle, HP).

① 보다폰(Vodafone)

- 세계 500대 기업 가운데 66위(2005년 기준), 매출액 653억 달러의 영국 기업으로서 세계 4위의 통신업체다.
- 통신산업 콘텐츠 및 보완기술을 흡수한 사례인데, 보다폰은 처음 수평적 M&A를 통해 가입자 풀을 확대하여 규모의 경제를 실현한 후, 내실 있는 비즈니스 포트폴리오 구축을 위해 수직적 M&A를 실행하였다. 즉, 1999년 이전에는 해외로 진출하여 가입자 풀을 확대하여 수입원을 확대함으로써 브랜드파워를 확보하고, 1999~2001년에는 해외사업자와의 초대형 M&A를 통해 단기간에 글로벌 선두주자로 부상하고 자리를 확고히 하였다. 또한 2002년 이후에는 유럽의 중소형 GSM 사업자와의 수직적 M&A 및 무선 인터넷사업 강화에 초점을 맞추어 내실있는 비즈니스 포트폴리오를 구축하는데 성공하였다.

  현재는 비방디 유니버설로부터 '비자비'의 지분 50%를 매입하여 자사 신하의 글로벌 콘텐츠 서비스, '보다폰 라이브'로 통합, 모바일 인터넷 포탈을 대폭 강화하고 세계시장 확산에 주력하고 있다.

이 밖에도 HP는 소프트웨어 역량 강화를 위한 M&A를 지속하고 있고(Compaq, 2001), 미탈은 진출지역 내 입지강화 및 보완기술 흡수를 위한 M&A를 계속하고 있다(ISG 2004, Arcelor 2006). 또한 네슬레(Nestle)는 1990년에 Source Pirrier Water 인수, 1998년에 San Pellegrino(이태리)인수, 2002년 Saint Spring(러시아)인수, 2003년 허치슨 왐포아의 생수사업 Powwow(덴마크, 프랑스, 영국) 인수 및 2003년 러시아 최대 생수

배달업체 Clear Water 인수 등으로 진출지역 내 수직계열화를 도모하고 있다.

(4) 내부 M&A팀 구성으로 피인수기업과의 교류지속의 경우

미탈 같은 경우는 사내 M&A조직을 활성화하여 지속적으로 신속한 의사결정 기구 역할을 하고 있다. 지멘스는 뮌헨 본사 내에 Corporate Finance Merger & Acquisition 부서가 설치돼 있고, 홍콩, 베이징에 지부가 있어 글로벌 M&A거래를 효율적으로 관리한다. HP도 이사회 산하에 Acquisition Committee를 두고 있다.

① 인베브(Inbev)

- 세계 500대 기업 가운데 472위(2005년 기준), 매출액 144억 달러의 벨지움 기업으로서 세계 4위의 음료산업체다. 이 회사는 Ambev를 인수 후 공동경영체제를 유지하고 있다. 2004년 세계 4위 맥주업체인 인터브루가 세계 5위 맥주업체인 브라질의 Ambev를 인수하여 동업계에서 세계 2위로 급부상하였다. 합병을 주도했던 인터브루는 암베브와 통합하여 인베브(Inbev)를 공동경영함으로써 시너지효과를 확보하였다.

기업사례 [11]

기업사냥꾼이 노린다…대주주지분율 낮고 자산가치 큰 기업 비상

- ☑ 외국인 지분율 높지만 대주주 지분 낮은 기업
- ☑ 보유자산 가치가 주가에 반영되지 않은 기업
- ☑ 주가가 현저히 저평가된 기업
- ☑ 보유 현금이 많거나 현금흐름이 좋은 기업
- ☑ 청산가치가 현재 기업가치보다 높은 기업
- ☑ 영업비용이 지나치게 높은 기업
- ☑ 경영진의 능력이 부족한 기업

SK가 소버린의 공격에서 벗어난 지 6개월여 만에 KT&G가 국제 기업사냥꾼의 공략 대상이 되면서 국내 다른 기업들까지 바짝 긴장하고 있다.

두산, 포스코, KT, 현대산업개발 등 대주주 지분율에 비해 결코 무시하기 어려운 외국인 지분율을 가진 기업이 많다는 점에서 사태의 심각성을 더해주고 있다. 특히 외국 자본의 공격 위협에도 불구하고 이를 대비한 적대적 인수 · 합병(M&A) 방어 대책이 없어 해당 기업들이 대책 마련에 부심하고 있다.
타임워너와 KT&G를 공격하고 있는 칼 아이칸, GM을 공격한 커크 커코리언, 일본 섬유회사 소토를 공개 매수했던 스틸파트너스 등은 월가의 막대한 자금력과 인적 네트워크를 활용해 먹잇감이 된 기업들에 파상공세를 퍼붓고 있다.
칼 아이칸은 7일 타임워너 주주들과 분석가들을 모아놓고 "타임워너는 AOL, 엔터테인먼트, 출판, 케이블 등 4개 회사로 분할하고 200억 달러 규모 자사주를 매입해야 한다"며 "기업 분할 계획이 실행되면 현재 주당 18.50달러에 불과한 타임워너의 주식 가치는 주당 23.30~26.57달러에 달할 것"이라고 주장했다. 칼 아이칸은 KT&G 공격에서 이미 3명의 사외이사를 추천하며 집중투표제를 통해 관철시키겠다고 벼르고 있다.
또 KT&G의 2대주주인 프랭클린 뮤추얼과 연대할 움직임을 보이며 KT&G를 초긴장 상태로 몰아넣고 있다. 이런 자본들은 돈이 된다 싶은 '먹잇감'을 찾으면 순식간에 합종연횡하고 있다. 이들이 조달하거나 운용하는 자금은 국내 재벌 기업들이 활용할 수 있는 규모를 초월한다.
또 조달비용 등 차입 조건도 국내 기업보다 훨씬 유리하다.
기업사냥꾼의 먹잇감으로 찍히는 기업은 주로 경영상 약점이 있거나 대주주 보유 지분이 취약하다.
W투자증권 IB담당 C 상무는 "기업 경영에 투명성이 부족하거나 경영능력이 약한 기업 가운데 대주주 지분이 취약한 반면 외국인 지분율이 높은 기업이 주요 공격 대상이 될 수 있다"고 설명했다.
경영 투명성이나 양호한 지배구조를 갖췄더라도 국내 기업들은 안심할 수 없다. KT&G 사례처럼 부동산 등 보유 자산이나 우량 자회사를 보유하고 있는 기업도 주요 공격 대상이 될 수 있다.

D증권 P 전무는 "현재 국내 기업 가운데서도 실제 기업 가치보다 저평가된 기업이 상당수 있다"며 "특히 보유 자산 가치가 큰 지주회사격 회사들이 지배구조가 취약할 경우 기업사냥꾼들의 주요 공격 대상이 될 수 있다"고 말했다.
기업사냥꾼들의 공격이 파상공세로 나오면서 이를 방어하는 기업들의 비용부담이 늘고 있다. 타임워너 측은 당장 투자은행인 골드만삭스, 베어스턴스 등과 연합전선을 구축하며 아이칸 측 공격에 맞서고 있다.
KT&G도 자사주 300만달러를 매입하기로 한 데 이어 9일 기업설명회를 열고 대책을 내놓을 예정이다. KT도 외국인 주주 들을 의식해 자사주 500만주를 매입해 소각하기로 결의했다.

※ 자료: 매일경제신문, 2006. 2. 8.

11
CHAPTER

글로벌시대의 기업의 국제화

제1절 기업국제화의 개념과 이론적 고찰

1. 기업국제화란 무엇인가?

기업의 국제화란 기업이 처음 단계의 국내 기업활동에서 탈피하여 그 활동범위를 해외로 넓혀 국제기업활동을 수행하는 것을 말한다. 이를 위해 기업이 보유한 기업 특유의 우위요소(기술, 경영노하우, 자본, 노동 등)를 해외로 이전시켜 국제시장을 내부화하고, 기업의 국제경쟁력을 제고시키며, 나아가 범세계적인 경영활동을 수행할 기반을 마련해야 한다. 이와 같이 기업국제화라 함은 기업이 해외에서 생산과 판매를 적극적으로 수행함으로써 기업의 성장과 이윤 획득이라는 기업의 목표를 실현하

33) 김철, 다국적기업론, 법문사, 1996, pp.49~50. 참조.

는 점진적 · 단계적 과정이라고 정의할 수 있다.[33)]

따라서 기업국제화의 특징은 다음의 5가지로 요약된다.

① 기업 특유의 우위요소를 해외로 이전시킨다(경영 노하우, 기술, 전략, 제품 등의 요소).

② 경영관리가 국제적으로 이루어진다(기업국제화전략이 각국 환경에 따라 다르게 수립됨).

③ 기업국제화과정에서 시장의 결함과 불완전성에 대응하기 위하여 시장내부화를 진행시킨다(산업특성, 외부시장구조, 지리적 거리, 문화적 차이, 정치 · 경제 · 법률적 요소, 기술적 · R&D · 마케팅, 경영능력 등 여러 요소에 대응).

④ 기업국제화 진전시 현지(피 투자국)에 대한 기업 입지강화를 위해 현지시장의 적극적 개척을 시도한다.

⑤ 기업의 국제화는 점진적 · 단계적으로 이루어진다.

이와 같이 기업국제화과정을 거친 후, 그 다음 단계가 다국적기업으로 진입하는 본격적인 단계가 되는 것이다.

2. 기업국제화이론의 고찰[34)]

일반적으로 기업의 국제화에 관한 이론은 두 가지로 나눈다. 하나는 기

34) 김철, 전게서, pp.50~56. 참조.

업활동의 국제화 이론이고, 다른 하나는 기업경영관리의 국제화이론이다.

기업활동의 국제화에 관한 이론은 대부분 국제화 단계를 설명함으로써 이론의 정립을 꾀하고 있는데 이들의 공통된 바탕은 대부분의 기업들이 국내시장활동 → 수출활동 → 해외직접투자 · 라이센싱 · 프렌차이징 등의 방법으로 국제화를 이루어 나간다는 것이다. 한편, 기업경영관리에 관한 이론들은 기업경영활동 영역의 확장에 따른 국내시장중심경영 → 국내시장 및 수출시장 중심경영 → 범세계적 기업경영과 같은 경영기법 · 방식 및 전략의 확장변화에 초점을 맞추고 있다.

(1) 기업의 국제화단계론

기업국제화 단계는 학자들에 따라서 보는 시각이 비슷하다. 다만 학자들이 단계를 어떻게 세분화하는가에 따라 기업국제화단계가 나누어지게 된다. 이들 단계는 대부분의 기업들이 수출 → 현지판매 → 해외직접투자의 단계를 거치면서 기업이 확장되어 가는 과정을 분석하게 되며 이 과정에서 기업의 행태에 따라 단계가 나뉜다.

3단계설

콜데(E. J. Kolde)[35]는 기업의 국제화 단계를 수출단계에서 현지판매 및 저장시설의 확대에서 해외직접투자에 의한 현지생산으로 단순화하여 설명하였다. 이러한 콜데(Kolde)의 국제화이론은 기업이 초기의 국내생산의 잉여를 해외에 수출함으로써 규모의 경제를 달성하고 이를 기반으

35) Kolde, E. J.: International Business Enterprise, Prentice Hall, 1968.

로 해외진출을 수행하는 기업의 확장과정을 단순화하여 설명한다.

4단계설

딤자(W. A. Dymza)는 기업의 국제사업활동을 중심으로 기업의 국제화 과정을 4단계로 구분하고 있다.[36] 제1단계는 기업의 경영관리방침이나 제품계열을 약간 변경하여 수출입활동에 주력하는 수출입활동 단계다. 제2단계는 기업의 경영방침과 경영전략을 약간 변경하여 외국기업과 라이센싱 계약을 체결하는 기술적 노하우(know-how)의 이전단계다. 제3단계는 국내중심형 해외생산단계다. 이 단계에는 해외생산 · 조립공장의 설립에서부터 해외일괄생산 · 제조공장의 설립까지 모두 포함되나, 다만 국제기업의 주요 의사결정은 아직 국내활동을 중심으로 이루어진다. 제4단계는 최종단계로서 다국적기업단계인데, 이 단계는 국제기업의 해외직접투자가 상당한 정도로 이루어져 총자산 중에서 해외자산이 차지하는 비중이 상당히 많아질 뿐만 아니라, 국제사업활동으로 얻어지는 이익이 기업전체 이익의 상당 부분을 차지하게 되는 본격적인 국제기업단계다. 이 단계에 이르면 국제기업의 생산 · 판매 · 재무 등과 관련된 모든 국제경영관리계획의 집행 및 통제가 범세계적 차원에서 통합된다.

점진적 단계론

데이비드슨(W. H. Davidson)[37]은 기업국제화의 결정요인으로 제품 및 시장의 특성, 시장진출의 순서와 시기 등을 열거하면서 기업의 국제화 과정은 초기의 수출에서 기업의 발전과 더불어 기업확장의 내적 요구에 의해 현지판매소, 해외직접투자 등을 통해 기업의 활동영역을 점차 넓혀가게 되는데 이러한 기업의 확대는 한꺼번에 이루어지는 것이 아니라 위의 단계를 점진적으로 밟아 나가는 것으로 설명하고 있다.

기업진화론

챈들러(Alfred D. Chandler)[38]는 역사적 관점에서 규모의 경제(economics of scale), 범위의 경제(economies of scope), 생산자원의 가격과 가용성에서의 차이 등으로 기업이 한 지방에서 전국적으로, 나아가서는 세계로 뻗어나가며 이를 통한 기업의 성장에 대해 설명하였다. 기업국제화의 이유는 그밖에도 성장기회의 활용, 국내시장 포화, 신기술 활용 등 여러 가지를 들 수 있다. 이런 관점은 기업이 규모가 커지고 사업범위가 지역적으로 확대됨에 따라서 국제화가 자연스럽게 이루어진다는 기업 진화론적인 설명이다.

(2) 기업경영관리의 국제화

로빈슨(R. D. Robinson)[39]은 기업의 해외활동 및 세계적 자원배분 정도, 소유국가, 기업경영관리의 특성 등을 기준으로 기업의 국제화과정을 5

36) Dymza, W. A. : Multinational Business Strategy, McGraw Hill, 1972.

37) Davidson, W. H. : "The Location of Foreign Direct Investment Activity: Country Characteristics and Experience Effect", Journal of International Business Studies, Fall 1980, pp.9-16.

38) Alfred, D. Chandler, Jr. : "The Evolution of the Modern Global Corporation", Competition in Global Industries (ed.), Michael E. Porter, Boston, Harvard Business School Press, 1986, pp.405-448.

39) Robinson, R. D.: "Beyond the Multinational Corporation", Impublished Manuscript, 1973, p.27.

단계로 구분하였다. 그는 각 단계별 국제기업의 명칭을 다르게 부여하였다. 즉, 기업은 국가기업(national firm) → 국제기업(international firm) → 다국적기업(multinational firm) → 초국적기업(transnational firm) → 초국가기업(supernational firm)의 과정으로 발전하면서 국제화를 이루어 나간다는 것이다. 로빈슨의 기업국제화과정에 대한 설명은 다음의 〈표 11-1〉에 요약되어 있다.

〈표 11-1〉 로빈슨의 기업국제화 과정

단계	명 칭	해외사업내용	해외사업의 비교	소 유	기업경영관리의 주체
1	국가기업	상품수출 및 기술제휴	국내산업의 일환	본사국	본사국 모기업
2	국제기업	상품수출 및 현지생산판매	상호의존성과 독립성이 공존	본사국	본사국 모기업
3	다국적기업	상품수출 및 현지생산판매	국내 · 외 동등화	다수국	본사국 모기업
4	초국적기업	상품수출 및 현지생산판매	국내 · 외 일체화	다수국	다수국
5	초국가기업	상품수출 및 현지생산판매	국내 · 외 일체화	국제기구	국제기구

※ 자료: Robinson, R. E., "Beyond the Multinational Corporation", 1973.

다국적기업들은 위의 과정에 따라 상품수출 및 현지 생산판매활동을 하고 해외사업에 대한 국내 · 외 동등화를 꾀하며 기업은 다수국에 의해 소유되지만 기업경영관리의 주체는 본사국의 모기업이다. 본사국 모기업의 역할은 주로 R&D 활동, 경영 노하우 제공, 세계 기업의 정보 제공, 세계를 대상으로 한 전략의 수립 등이다.

한편 팅(W. Ting)은 제품개발전략을 중심으로 신흥공업국 기업의 국제화과정을 모방기 · 개량기 · 선도기의 3단계로 구분하였다. 그의 연구에 의하면 신흥공업국의 기업들은 선진국에서 개발된 제품과 기술을 모방하고 이를 신흥공업국 여건에 적합하도록 개량하여 자국 내에서 경쟁우위를 얻고 이를 기반으로 새로운 시장을 개척해 나간다는 것이다. 이러한 과정에서 신흥공업국 기업의 국제화가 이루어지는데, 기업의 국제화가 진전될수록 마케팅기능과 연구개발의 기능이 중요한 역할을 하게 된다. 다음의 〈표 11-2〉은 팅(W. Ting)이 연구한 신흥공업국 기업의 국제화경로를 보여주고 있다.

〈표 11-2〉 팅(W. Ting)의 기업국제화 경로

의사결정요소	모방기	개량기	선도기
마케팅	낮음	중간	높음
디자인/설계	높음	높음	높음
생산	높음	높음	높음
구매	높음	중간	높음
생산자관리	높음	높음	높음

※ 자료: Ting, W., "The Production Development Process in MIC Multinationals", Columbia Journal of World Business, 1982.

기 업 사 례 [12]

다국적기업의 현지 문화적환경과 '비음성언어'

글로벌기업활동을 하는 다국적기업은 현지활동에서 이질적인 문화적 환경에 의해 많은 영향을 받는다. 문화환경의 구성요소로는 학자에 따라 다소 차이는 있으나 대체로 언어, 종교, 미학(미적감각), 사회제도, 가치관, 물질문명 등 6가지로 분류되고 있다. 이 가운데서 상대방과의 의사소통에 있어 제1관문인 언어(language)는 이루 말할 필요 없이 중요하다. 일반적으로 언어에는 말로써 표현되는 음성언어(verbal language)와 손짓, 몸짓, 신호, 시간 등의 비음성언어(nonverbal language)가 있다.

음성언어에 있어서 현재 인간이 사용하는 언어가 1개국에서 1개가 사용되는 것이 보통이나, 국가에 따라서는 2개 이상의 언어가 동시에 사용되기도 한다. 언어가 다르면 문화권이 다르다는 논리를 우리가 받아들인다면, 한 나라 안에서 여러 가지 언어가 사용된다는 것은 그 나라에는 여러 개의 문화가 공존하고 있다는 증거가 된다(예컨대, 인도에서는 방언이 203개에 달하며, 문맹률이 높기 때문에 상호간의 커뮤니케이션에 어려움이 많으며, 광고를 비롯한 상업적 커뮤니케이션도 문자가 아닌 소, 말, 새 등의 심벌로써 소통할 수밖에 없는 실정이다).

이에 비해서 음성언어의 어려움을 극복하기 위한 수단으로, 사람들은 묵시적 언어(silent language)를 형성하는 일련의 '비음성적인 단서'(비음성언어)에 의해서도 메시지를 교환하게 된다. 예를 들어 색상(colors)은 문화적 경험에 근거한 의미를 상상으로 나타나게 한다. 대체로 서양에서는 흑색이 죽음과 관련된 색상이며, 동양에서는 흰색이, 그리고 라틴 아메리카에서는 자주색이 죽음의 의미를 담고 있다. 따라서 이들 색상은 상표나 로고에 절대 사용돼서는 안 된다.

한편, 사람들 간에 대화를 할 때의 거리(distance)도 묵시적 언어를 나타내는 한 요소가 된다. 적절한 거리에 대한 감각은 학습되는 것이며 사회에 따라서 차이가 난다. 예컨대, 미국에서는 사업상 대화를 할 때의 관습적인 거리는 5피트(1.5m)에서 8피트(2.4m) 가량되며, 개인적인 일인 경우의 거리는 18인치(45cm)에서 3피트(91cm) 정도가 된다. 거리가 관습적인 것보다 가깝거나 멀 경우에 사람들은 불안함을 느끼게 된다. 예를 들어 라틴아메리카에서 사업상의 대화를 하는 미국인 경영자는 라틴 아메리카의 관리가 익숙해 있는 근접한 대화 거리를 피하기 위해서 계속 뒷걸음질을 치게 된다.

시간에 대한 인식(perception of time)도 비음성언어적인 단서 가운데 하나다. 미국에서 사람들은 보통 사업상의 약속일 경우 정해진 시간보다 약간 일찍 도착한다. 남의 집에 저녁초대를 받았을 경우에는 손님들은 몇 분 늦거나 정시에 도착하며, 칵테일 파티일 경우에는 약간 더 늦게 도착한다. 이러한 시간엄수(punctuality)의 개념은 종족이나 나라에 따라서 차이가 난다. 예를 들어 라틴 아메리카에서 미국인 경영자는 라틴 아메리카의 경영자가 약속시간을 지키지 않을 경우, 이를 실례되는 것으로 생각할 것이다. 하지만 라틴 아메리카 경영자도 역시, 만일 미국인 경영자가 저녁초대 시간에 정확히 도착하였다면, 똑같이 이를 실례되는 일이라고 생각할 수 있을 것이다. 중동아랍국가에서는 "인 샤알라"(if god wishes)라고 말하면서 알라신에 의해서 시간이 정해지는 것으로 이해한다.

개인의 지위와 관련된 단서도 인식하기 어려울 수 있다. 권위의 단서로 사물에 많이 의존하는 경향이 있는 미국인 경영자는 나무책상과 카페트가 깔린 커다란 사무실이 없는 외국 파트너의 중요성을 낮춰 생각할 수 있는 경우가 있다. 외국인 경영자도 역시 스스로 문을 열거나 커피를 타는 미국인 경영자에 대해서 똑같이 반응할 수 있다.

몸짓언어(body language)나 동작(kinesics; 사람들이 걷거나, 만지거나 신체를 움직이는 방식) 또한 국가에 따라서 차이가 난다. 세계적으로 공통된 의미를 갖고 있는 동작은 거의 없다. 예를 들어서 그리스, 터키, 불가리아인의 'yes'는 미국과 유럽의 여타 국가에서는 부정적인 몸짓인 고개를 좌우로 흔드는 것이다. 어떤 경우에는 한 가지 동작이 여러 가지 의미를 가질 수도 있다. 엄지와 검지손가락을 합쳐서 'O'자를 만드는 것은 미국에서는 'Okay'를, 일본에서는 '돈'을, 그리고 투니지아에서는 '나는 당신을 죽이겠다'는 의미를 나타낸다. 또 루마니아에서는 섹스를 의미한다. 이처럼 세계 각국의 복잡하고 다양한 언어구조는 국제경영활동을 어렵게 하는 커다란 제약요인이 되고 있다. 그러므로 커뮤니케이션에 고도로 의존하는 국제경영자는 현지 고객과 같은 언어를 사용하지 않을 경우, 큰 성공을 거두기는 어렵게 된다. 따라서 다국적기업의 경영자는 현지국의 언어에 능통해야 하며, 나아가 그 언어의 내면에 존재하는 고유의 문화까지도 이해할 수 있어야 한다. 또 국제경영자는 음성언어뿐만 아니라 진출국의 관습적인 비음성 언어에 대한 충분한 이해를 해야만 성공적인 국제경영활동을 수행할 수 있을 것이다.

※ 자료: 이요섭, 국제경제와 다국적기업, 2004, pp.67~70. 참조.

제2절 기업국제화의 결정요인과 중요성[40)]

앞에서 고찰한 기업국제화이론 가운데, 단계설에 의할 경우 기업국제화의 결정요인은 모든 단계에 공통적으로 영향을 미치는 종합적 결정요인(공통적 결정요인)과 기업활동의 각 단계에 따라 결정요인을 분석하는 단계별 결정요인으로 나누어 볼 수 있다.

(1) 종합적 결정요인(공통적 결정요인)

기업국제화 과정에 대한 단계설정이 학자에 따라 다르듯이 종합적 결정요인(공통적 결정요인)에 대한 학자들의 견해도 상이하다. 그러나 어느 학자이든지 자신이 중점적으로 주장하는 요인 이외의 다른 요인들이 기업국제화에 영향을 미치지 않는다고 생각지는 않고, 다만 어떤 요인이

40) 김철, 전게서, pp.57~59. 참조.

더 결정적인 영향을 미치는가를 논의한다는 점에 주의해야 한다. 즉, 기업의 국제화는 하나의 요인에 의해 지배받는 것이 아니라 여러 요인들의 복합적인 작용에 의해 이루어진다는 것이다.

기업국제화에 대한 학자들의 논점을 열거해 보면, 기업조직의 연륜과 능력, 사회 · 문화 · 심리적 거리감과 현지시장규모 요인에 의한 현지생산법인의 설립, 제품 및 시장특성요인에 의한 영향, 기업의 성장의지, 기업내부능력 및 기존시장에 대한 위협 등의 요인에 의한 국제화, 무역장벽의 회피를 통한 기업목적의 달성을 위한 국제화 등이 있다.

(2) 단계별 결정요인

카뷔스길(S. T. Cavusgil)과 네빈(J. R. Nevin)[41]에 의하면 유럽 · 미국 등 선진국 기업의 국제화과정을 5단계로 나누어 각 단계별 국제화의 결정요인을 제시하고 있다. 이들의 주장에 의하면 기업국제화의 주된 결정요인은 기업의 국제화 정도에 따라 단계별로 다르기 때문에, 각 개별단계에서의 공통적인 최적결정변수는 존재하지 않는다. 기업국제화의 단계별 이행의 주된 결정요인은 당해 기업이 위치해 있는 국제화 단계에서 개별기업의 능력과 경험에 따라 달라진다. 이들이 주장한 기업국제화의 각 단계별 주요 결정요인은 〈표 11-3〉에 요약되어 있다.

---

41) Cavusgil, S. T. and Nevin, J. R., "Internal Determinants of Export Marketing Behavior: An Empirical Investigation, Journal of Marketing Research, Vol. 18, February 1981. pp.114-119.

〈표 11-3〉 기업국제화의 단계별 결정요인

구 분	단 계 명	단계별 내용	단계별 결정요인
1단계	국내마케팅단계	국내시장에서의 영업활동에 국한	• 제품의 성격(부피 · 전문성 등) · 현재 영업활동의 성격 • 해외시장정보의 부족
2단계	수출이전단계	다양한 자극으로 수출에 관심을 갖기 시작하는 단계→타당성조사	• 외부로부터의 자극 • 내부로부터의 자극 • 기업의 우위요소 • 경영자의 적극적인 자세
3단계	시험적 진출단계	제한적인 수출개시 (대부분 간접수출을 통한 단기적인 이익추구)	• 국제마케팅활동에 대한 경영자의 태도 • 심리적 거리감(psychic distance)
4단계	적극적 진출단계	국제마케팅활동에 적극적으로 참여 유형: 신시장개척 수출물량증대 직접수출	• 수출활동의 결과로서 얻은 경험적 지식에 의한 수출에 대한 기대 • 소요자원의 확보가능성 • 경영자의 태도
5단계	국제기업단계	기업보유자원을 국내와 해외로 나누어서 배분 (marketing mix와 관련)	• marketing mix 관리능력→제품 · 유통채널 · 가격 · 금융능력 • 장애요인의 극복능력→수출기회의 파악, 경험획득, 수출활동의 유지 및 확대

※ 자료: Cavusgil, S. T. and Nevin, J. R., "Internal Determinants of Export Marketing Behavior: An Empirical Investigation", Journal of Marketing Research, Vol. 18, February 1981.

(3) 기업국제화와 그 중요성

폭스바겐(Volkswagen) 자동차, 소니(Sony) 텔레비젼, 미쉐린(Michelin) 타이어, 구찌(Gucci) 핸드백, 바바리(Burburry' s) 레인코트 그리고 론진(Longines) 시계나, 오메가(Omega) 시계 등을 구입한다고 할 때, 이것을 미국 소비자의 입장에서 본다면 분명히 외국산 제품을 사는 것이 된다.

그러나 이러한 상품들은 실제로 미국이 아닌 외국에서 생산된 제품을 수입상이 수입하여 미국 소비자들이 이를 구입 · 사용할 수 있는 수많은 상품들 중에서 단지 극소수 품목을 나열한 것에 지나지 않는다. 만약 OEM 방식[42]의 수입품이라면 사정은 더욱 혼란스러울 것이다.

우리는 때때로 우리가 소비하고 있는 상당수의 제품들 또는 그 제품들의 일부 부품이 외국에서 생산된 것임을 알지 못하는 경우가 있다. 예를 들면 미국 소비자 편에서 볼 때, 미국산 의복은 수입옷감으로 만들고 미국상표가 붙은 많은 신발은 외국에서 제조되었고, 미국 소비자들이 마시는 커피나 즐겨 먹는 바나나 등도 외국에서 수입된 것들이다. 이와 같이 다국적기업과 국제자본이동에 의해서 해외에서 이루어지는 다양한 기업생산활동 등도 모두 국제경제의 현상 속에서 상호관련을 가지고 있다.

제3절 다국적기업과 해외직접투자

(1) 다국적기업의 개념

다국적기업(multinational corporations)이란 "두 개 이상의 국가에서 생산

42) OEM 방식 : 주문자상표 부착방식 제조생산(OEM: original equipment manufacturing)을 말한다. 자기 상표가 아닌 주문자 상표에 의한 생산방식으로 수출하는 것이다. 즉, OEM은 주문자로부터 제품생산을 의뢰받아 주문물량만을 생산 · 인도해주는 방식이다.

활동을 하면서 다수의 해외 자회사를 소유하거나 통제하는 동시에, 이들 자회사들이 국경을 넘어 경영활동을 하는 것을 1개국에 위치한 의사결정 센터에서 총괄하는 기업"이라고 정의할 수 있다. 즉, ① 다국적기업(모기업)이 해외 자회사에 대해 경영통제권을 행사하고 ② 구조 · 성과 · 형태 측면에서 다국적성(2개국 이상)을 지니고 있고 ③ 모기업(또는 본사)이 어느 1개국에 하나의 단일화한 의사결정센터를 가지고 있어야 한다.

(2) 다국적기업의 특징[43)]

거대한 경제력

다국적기업의 가장 큰 특징은 초대규모의 경제력이다. 다국적기업들의 연간 매출액은 수백억 달러에서 최고 수천억 달러에 이르고 있다. 다국적기업의 매출액이 일부 국가 전체의 GDP와 비슷한 규모인 초대형 기업도 허다하다. 예컨대 2007년 기준으로 월마트, 엑슨모빌, 로열다치쉘, 영국석유, 지엠 등 세계 5대 기업의 연간매출액은 2,100억~3,500억 달러인데 이는 오스트리아, 노르웨이, 폴란드, 덴마크, 그리스 등 유럽 여러 나라의 GDP와 비슷한 규모다.

강력한 기술력

다국적기업의 두 번째 특징은 다국적기업 자체의 R&D 투자에 의해서

---

43) 김철, 전게서, pp.11~26 참조.

기술개발의 우위를 독점적으로 행사함으로써 강력한 경쟁력을 확보할 수 있다는 것이다. 또한 개인 또는 소규모기업에 의해서 개발된 획기적 창작물에 대한 소유권을 매입함으로써 인력 · 자금 · 판매량 · 투자 등에 대한 제약에서 벗어나 다국적기업의 기술로 활용한다. 2007년 기준으로 지엠, IBM, 지멘스 등의 연간 R&D투자액은 4,100억~5,300억 달러로 스웨덴, 네덜란드, 스위스 등 유럽국가들의 국가 전체 R&D투자액과 비등한 실적을 나타내고 있다.

이와 같이 다국적기업은 거대한 기술력이 있어 오늘날과 같이 각국의 산업경쟁력과 국제경쟁력을 결정짓는 기술주도형 국제분업시대에 대응하고 있고 또 현지기업에 대한 다국적기업의 중요한 독점우위(monopolistic advantages)의 원천을 이룩하고 있다.

범세계적 분업

UN 다국적기업센터에 의하면 오늘날 약 4만여 개의 다국적기업이 전 세계에 8만여 개의 자회사 망을 가지고 국제생산체제를 구축하고 있다(UN. World Investment Report). 이 같은 분업의 이유는 원료 · 자재의 안정적 공급, 자회사의 용이한 설립, 조세 부담을 절감, 생산비(노동력, 임차료 등 생산요소) 절감, 환리스크의 극소화 등에 기인된다.

지역적 계층화

다국적기업은 글로벌 경영체제를 갖추고 세계의 여러 지역을 모회사, 자회사, 단순생산거점 등으로 계층화(hierarchization) 하는 피라밋 조직체계를 가지고 있다.

〈표 11-4〉 다국적기업의 지역적 계층화

	주요기능	의사결정유형	위 치	관리자
① 모회사	〈전략본부〉 • 경영목표 및 전략수립 • 기술개발(R&D) • 자금관리	전략적 의사결정	〈선진국〉 뉴욕, 런던, 프랑크푸르트, 도쿄 등 국제금융센터 근처에 위치	〈최고경영자〉 주로 미국인, 유럽인, 일본인으로 구성
② 자회사	〈지역본부〉 • 정보전달 • 교육훈련 • 3단계관리자의 업무조정	관리적 의사결정	〈선진개발도상국〉 싱가포르, 홍콩, 리오데자네이로 등 지역적 거점도시에 위치	〈중간관리층〉 다양한 나라에서 온 직업적 국제경영자로 구성
③ 단순생산거점	〈생산거점〉 • 노무관리 • 시장조사 등 일상적 업무	일상적 의사결정	〈개도국〉 노동력이 풍부한 국가에 위치	〈현지채용관리자〉 주로 현지국의 전문관리자를 채용

※ 자료: 안세영, 다국적기업 경제학, 박영사, 1993. p.23.

〈표 11-4〉은 S. Hymer 또는 H. C. Reed 등이 말하는 '다국적기업의 피라미드형 계층 조직구조'다. 즉, ① 1단계(본사 · 모기업의 전략본부) ② 2단계(지역본부) ③ 3단계(단순 생산거점)로 구성된다. 국경을 초월한 제품, 기술, 자본, 정보, 인력의 이동과 경영의사의 결정-전달-집행이 다국적기업 내부의 삼원적(三元的) 피라미드 조직 속에서 이루어진다.

집권화(centralization)

가. 의사결정의 집권화

다국적기업은 해외 자회사의 활동에 영향을 미치는 중요 의사결정, 즉, 임원의 임명, 배당률, 장기자금조달, 제품의 구조, 설비투자 및 연구개발계획 등 의사결정이 전략본부에서 이루어지며 피라밋형 계층조직을 통해 2단계, 3단계의 지역본부와 해외생산기지에 상의하달식으로 전달되는데, 이러한 의사결정체계를 의사결정의 집권화라고 말한다. 그러나 지역본부에서도 제품생산시기, 생산량, 재고량, 원재료 부품조달, 현지 마케팅 방법, 제품 판매가격 등 자체의 의사결정이 이루어진다.

나. R&D 집권화

다국적기업은 신제품이나 새로운 기술을 개발하는 연구개발, 즉 R&D 활동도 의사결정 못지않게 피라미드의 장점인 전략본부에 집권화 되어 있다. 다시 말해서 미국, 일본, EU 등 선진 투자국(전략본부 소재지)에서 주로 이루어진다.

내부화(internalization) : 기업내부 거래

다국적기업은 그들이 지닌 기업 특유의 우위를 내부화 하기 위해서 재화와 기술의 '기업내 거래'(intra-firm transaction)를 선호하는 경향이 있다. 즉, 겉으로는 A국에서 B국으로 재화나 기술이 이동하는 것처럼 보이지만, 실제는 A국에 위치한 모기업에서 B국에 위치한 해외 자회사로 이동하는 것에 불과한 경우가 많다.

다국적기업의 내부거래의 특징을 보면 다음과 같다.

가. 독점기술유출 방지

다국적기업이 개발한 기술을 모·자회사간 기업 내부거래를 통하여 무상 또는 저렴한 가격으로 이전할 수 있으며, 독점기술의 외부유출을 방지하고 규모의 경제를 실현할 수 있다.

나. 거래비용 절감

다국적기업의 제품생산에 소요되는 원료, 중간재, 부품 등에 대한 내부거래에 의해서 저렴한 생산비와 상품 경쟁력을 제고시킬 수 있다.

다. 규모의 경제 실현

방대한 해외 생산거점체제를 구축하고 부품과 중간재 생산을 최적생산 거점에 집중하여 규모의 경제(economy of scale)를 실현할 수 있다.

초국경적 기업활동 : 무국적성

가. 다국적기업의 해외 매출액 비중의 절대우위

다국적기업의 경영활동과 해외매출액비중과 해외자산비중이 50%~96% 까지 달한다. 예컨대 스위스에 본사를 둔 네슬레(Nestle)는 해외매출액비중이 98%, 해외자산비중이 95%에 달하고 있다.

나. 기업 소유의 무국적화

1980년대에 들어 '국경을 넘나드는 주식투자'(cross-border equity investment)가 급속히 증가하고 있다. 예컨대 미국인, 영국인, 일본인 등에 의한 국제간 포트폴리오 주식투자가 매년 증가하고 있다. 이와 같이 주식투자의 국제화는 다국적기업 주식이 여러 나라 국적을 가진 주주에 의해 분산 소유되는 것을 촉진하고 특정국(모기업 국적)에 대한 귀속성을 희석시킨다.

다. 상품의 무국적화

다국적기업이 생산한 상품에 대한 국적 판별이 어려워지는 것을 말한다. 상품의 국적을 판단하는 데는 두 가지 기준이 있는데, 생산한 기업의 '상표(mark) 기준'과 '생산지 기준'이 그것이다. 예컨대 GM 마크가 붙은 Pontiac Le Mans 자동차는 미국차이지만 실은 독일의 OPEL사가 설계, 한국 대우의 일본엔진조립, GM의 미국판매 등 역할이 나누어진다. 또 GE 마크가 붙은 전자제품도 미국제품('Made in U.S.A')이지만 실은 중간재의 대부분이 동남아 또는 멕시코에서 하청 생산한 것이다.

(3) 해외직접투자의 개념

해외직접투자(Foreign Direct Investment: FDI)는 해외에서 경영지배 또는 통제권을 행사함으로써 직접 사업을 수행하기 위하여 해외현지에 투자하는 것으로서, 자본뿐만 아니라 기술, 경영노하우 등과 같은 제반 경영자원의 이동을 의미한다. 이러한 해외직접투자의 개념을 루트(F. Root)는 경영통제권을 갖는 해외기업에 대한 장기지분투자로 정의하였으며, 고지마(K. Kojima)는 해외기업의 경영과 이익에 대한 통제권을 주목적으로 하는 자본이동으로 정의한다. 이와 반면에 해외간접투자(해외증권투자)는 경영지배나 통제의 목적이 아닌 단순한 배당금이나 이자수입을 목적으로 외국기업의 주식이나 채권을 취득하는 것으로서, 자본, 즉 화폐자산만의 이동을 의미한다. 따라서 해외직접투자와 해외간접투자의 차이는 피투자기업에 대한 경영통제권의 행사 유무에 있다고 할 수 있다.

제4절 세계 500대 기업의 동향분석

1. 세계 15대 기업의 매출액 순위

2013년 7월 22일자 "포춘(*Fortune*)" 지[44)]의 '세계 500대 기업'(global five hundred corporations)의 발표내용을 분석해 보면 불과 1년 동안에 순

〈표 11-5〉 2012년중 세계 20대기업의 매출액순위 변동

(단위: 100만 달러)

2012	2011	회사명	국 적	매출액(Revenues)
1	1	Royal Dutch Shell	네덜란드	481,700.0
2	3	Wal-Mart Stores	미 국	469,162.0
3	2	Exxon Mobil	미 국	449,886.0
4	5	Cino-Pec Group	중 국	428,167.4
5	6	China National Petroleum	중 국	408,630.0
6	4	British Petroleum(BP)	영 국	388,285.0
7	7	State Grid	중 국	298,448.8
8	10	Toyota Motorl	일 본	265,701.8
9	12	Volkswagen	독 일	247,613.5
10	11	Total	프랑스	234,277.5
11	8	Chevron	미 국	233,899.0
12	14	Glencore International	스위스	214,436.0
13	13	Japan Post Holdings	일 본	190,859.3
14	20	Samsung Electronics	한 국	178,554.8
15	–	E.ON	독 일	169,756.4
16	–	Phillips 66	미 국	169,551.0
17	17	ENI	이탤리	167,904.5
18	24	Berkshire Hathaway	미 국	162,453.0
19	55	Apple	미 국	156,508.0
20	25	Axa	미 국	154,571.3

※ 자료: Fortune, July 22, 2013, page F-1에서 요약 발췌하여 새로 작성함.

위변동이 크게 일어났음을 알 수 있다. 이들 기업은 이미 우리가 고찰해 온 바와 같이 모두 다국적기업들이다.

〈표 11-5〉에서 보면 2012년 및 2011년의 세계 20대 기업(매출액 기준)의 순위변동을 보여주고 있는데, 유통업과 석유산업, 자동차산업 및 전자산업이 강세를 보이고 있다.

이 표에서 20대 기업을 국적별로 분석하면, 미국 7개사, 중국 3개사, 일본과 독일이 각각 2개사, 네덜란드, 프랑스, 영국, 한국, 스위스, 이탤리 등이 각각 1개사다.

2. 세계 500대 기업 중 한국기업의 매출액 순위

"포춘"지에 의하면 〈표 11-6〉에서 보는 바와 같이 500대 기업 가운데 한국기업들은 14개사이며, 삼성전자(14위), SK(57위), 현대자동차(104위) 등이 상위에 들었고, 포스코(167위), 현대중공업(206위), LG전자(225위), 한국전력(235위), GS 칼텍스(239위), 기아자동차(252위), 한국가스(365위), S-Oil(371위), 현대모비스(426위), 삼성생명(427위), LG디스플레이(447위) 등이 그 뒤를 따르고 있다.

---

44) 포춘(Fortune)誌 : 미국의 격주간(隔週刊) 종합경제지. 1930년 2월 대공황중에 타임(TIME)誌 사장인 헨리 루스에 의해 창간되었다. 품위 있는 체제와 미국을 중심으로 한 세계의 경제 기업 동향의 신속한 보도 등이 이 잡지의 특징이며 중견 이상의 경영인을 그 구독 대상으로 하고 있다. 매년 7월에 발표하는 '세계500대 기업'(Global 500, the World's Largest Corporations)의 순위분석은 유명하다. 1978년 월간에서 격주간으로 바뀌었으며 판매부수는 1986년 당시 약 75만 부였다.

〈표 11-6〉 2012년중 세계 500대기업 중 한국 기업 매출액순위

(단위: 100만 달러)

2012	2011	회 사 명	업종	매출액 (Revenues)	세계 업종1위기업
14	20	1. 삼성전자	전 자	178,554.8	Samsung Electr.(한)
57	65	2. SK(선경)	정 유	106,258.8	Royal Dut. Shell(네)
104	117	3. 현대자동차	자동차	74,998.5	Toyota(일)
167	146	4. 포스코(포항제철)	철 강	56,472.5	Arcelor Mittal(룩)
206	203	5. 현대중공업	중공업	48,809.8	Caterpillar(미)
225	196	6. LG전자	전 자	45,246.1	Samsung Electr.(한)
235	264	7. 한국전력	전 력	43,612.9	State Grid(중)
239	235	8. GS칼텍스	정 유	43,407.6	Royal Dut. Shell(네)
252	266	9. 기아자동차	자동차	41,945.8	Toyota(일)
365	429	10. 한국가스	가 스	31,103.4	E.ON(독)
371	383	11. S-Oil	정 유	30,829.9	Royal Dut. Shell(네)
426	465	12. 현대모비스	자동차부품	27,336.8	Caterpillar(미)
427	-	13. 삼성생명	보 험	27,253.0	Axa(프)
447	-	14. LG 디스프레이	전 자	26,129.9	Samsung Electr.(한)
합계		14 개사			

※ 자료: Fortune, July 22, 2013, page F-19에서 요약 발췌하여 새로 작성함.

여기서 보면 한국도 세계기업환경에 적응하면서 전자, 자동차, 석유, 철강, 중공업 등의 신업부문에 기업이 집중되고 있음을 알 수 있다. 그러나 세계시장에서의 시장경쟁력은 아직 미흡하여 총매출액 점유비에 있어서는 다른 선진국들(중국을 포함)과 신흥시장국가들의 신장세에 밀리고 있는 실정이다.

3. 세계 500대 기업 중 주요국 기업체 수 현황

각 국별로 500대 기업 보유국을 보면, 〈표 11-7〉에서 보는 바와 같이

〈표 11-7〉 2012년중 세계 500대기업 중 주요국 기업수

2012	2011	국가명	증감	주요 기업 이름
132	132	1. 미 국	-	Exxon Mobil, Wal-Mart, GM, Chevron, Apple, Phillips 66, GE, Ford Mortor, Fannie Mae
89	73	**2. 중 국**	+16	SINOPEC, State Grid, China National Petroleum, Industrial & Commercial Bank of China
62	68	3. 일 본	-6	Toyota Mortor, Honda Mortor, NipponT.T., Japan Post Holdings, Hitach, Nissan Mortor
31	32	4. 프랑스	-1	TOTAL, Axa, Carrefour, BNP Paribas,Electricite de France, Societe Generale, Credit Agricole, Peugeot
29	32	4. 독 일	-3	Volkswagen, E.ON, Daimler Chrysler, Allianz, Siemens, Deutsche Bank, Deutsche Telecom
26	26	6. 영 국	-	BP, HSBC Holdings, Tesco, AVIVA, Royal Bank of Scotland, Prudential, Lloyds Banking Group
14	15	7. 스위스	-1	Glencore Extrata, Nestle, Credit Swisse, UBS, Zurich Insurance Group, NOVARTIS, Roche Group, Credit Suisse Group
14	**13**	**7. 한 국**	+1	삼성전자, 현대자동차, SK, 포스코, LG전자, 한국전력, 삼성생명, GS칼텍스, S-Oil, 현대모비스, 기아자동차, 한국가스
11	12	9. 네덜란드	-1	Royal Dutch Shell, ING Group, AEGON, EAOS, Royal Ahold
9	11	10. 캐나다	-2	Suncor Energy, Royal Bank of Canada, ManuLife Finacial, George Weston, Power Corp. of Canada
8	9	10. 이탤리	-1	ENI, Assicurazioni Generali, ENEL, Unicredit Group, Telecom Italiano, Poste Italiano
8	8	10. 스페인	-	Banco Santander, Telefonica, Repsol, Iberdrola, ACS, Gas Natural Fenosa
8	9	10. 호 주	-1	BHP Billiton, National Australia Bank, Wesfarmers, Westpac Banking, Woolworths, Woolworths, Commonwealthl Bank of Australia
8	8	10. 인 도	-	Indian Oil, Reliance Industries, Bharat Petroleum, State Bank of India, Tata Motors
8	8	10. 브라질	-	PetroBras, Banco do Brasil, Vale, JBS, Ultrapar Holdings, Brazilian Distribution
7	7	16. 러시아	-	Gazprom, Luk Oil, Rosneft Oil, Sber Bank, Sistema,Surgutneft Gas

※ 자료: Fortune, July 22, 2013, page F15 - F20에서 요약 발췌하여 새로 작성함.

미국(132개), 중국(89개), 일본(62개), 프랑스(31개), 독일(29개), 영국(26개) 등이며, 한국은 14개로 보유회사 수를 기준해서 세계 7위를 차지하고 있다. 그

러나 중국이 일본을 추월하였고 인도, 러시아, 브라질의 질주로 앞으로 순위에 많은 기복이 있을 것으로 전망된다. 특히 중국은 전년 대비 16개사가 새로 증가하여 신흥시장의 위력을 크게 발휘하고 있는데 그들은 한국의 수출시장과 수출품목에서 경합되고 있어 앞으로 중국과 일본의 양자 사이에서 넛크래커(nut cracker) 또는 샌드위치(sandwich)와 같은 형국 속에서 어렵게 활로를 개척해 나아가야 할 것이다.

4. 과거 17년간 500대 기업의 국가별 매출액 합계 순위 변동

〈표 11-8〉 17년간 세계 500대기업 국가별매출액 합계 순위 변동

(단위: 10억 달러)

순위변동			국가별 순위	2012 매출액 합 계(A)	1996 매출액 합 계(B)	매출액 증감 [(A)-(B)]
2012	1996	변동				
1	1	-	미 국	8,597.6	3,540.0	+5,057.8
2	15	+13	**중 국**	4,957.4	50.4	+4,907.0
3	2	-1	일 본	3,449.4	3,317.5	+131.9
4	3	-1	독 일	2,071.8	1,050.6	+1,021.2
5	4	-1	프랑스	2,036.6	931.1	+1,105.5
6	5	-1	영 국	1,591.8	594.3	+997.5
7	9	+2	네덜란드	979.9	198.3	+781.6
8	6	-2	스위스	794.3	334.0	+460.3
9	7	-2	**한 국**	781.9	326.6	+455.3
10	22	+11	러시아	780.7	32.2	+748.5
11	8	-2	이탤리	700.3	288.4	+411.9
12	10	-2	스페인	466.1	78.6	+387.5
13	11	-2	브라질	443.3	76.4	+366.9
14	12	-2	호 주	395.5	61.6	+333.9
15	23	+8	인 도	371.8	20.9	+350.9

※ 자료: Fortune, July 22, 2013. Page F15-20 〈표〉에서 발췌 작성.

한편 지난 17년간 세계 500대 기업 총 매출액의 국가별 합계액 추이를 분석해 보면 매우 흥미롭다. 〈표 11-8〉에서 세계 500대 기업의 국가별 매출액 합계액을 1996년과 2012년의 17년 동안의 증감변동 추이를 분석하고 있다. 여기서 미국, 일본, 독일, 프랑스, 영국 등 선진국의 순위는 17년 동안에 별로 변동이 없는데 반하여 중국, 러시아, 인도 등 신흥국가들 사이에서 급격한 변동이 나타나고 있다. 즉, 1996년에 15위였던 중국이 2위로 대약진을 했고 러시아, 인도, 브라질 등 BRICs 신흥시장 국가들이 500대 기업 대열에 합류했다. 또한 이와 반면에 선진국 중에서는 독일, 영국, 스위스, 이탤리 등이 밀리고 있다. 특히 중국은 이 기간 중 매출액 증가액이 미국, 프랑스, 독일의 평균 증가액을 크게 앞지르고 있다.

5. 아시아 50대 기업 매출액 순위

한편, 세계 500대 기업의 지역별 분포에서 아시아지역 50대 기업을 분석하면, 〈표 11-9〉에서 보는 바와 같이 일본이 31개회사로서 아시아 전체에서 62%를 차지하였고, 다음이 중국 8개사로서 16%를 차지했으며, 한국이 6개사로서 12%를 차지하고 있다. 그 밖에 인도, 말레이시아, 대만, 호주, 태국이 각각 1개사씩을 가지고 있다.

〈표 11-9〉 아시아 50대 기업 매출액 순위

(단위: 100만 달러)

아시아 순위	500 대순위	국가명	회사명	매출액	아시아 순위	500 대순위	국가명	회사명	매출액
1	6	일본	TOYOTA자동차	204,746	26	152	일본	AEON	41,249
2	17	중국	SINOPEC	131,636	27	154	대만	HonHaiPrecision산업	40,596
3	24	중국	중국석유공사	110,520	28	157	일본	Dai-Ichi호생명보험	40,146
4	29	중국	STATE GRID	107,186	29	159	일본	NEC(일본전기)	39,778
5	37	일본	HONDA자동차	94,791	30	170	중국	중국공상은행	36,833
6	40	일본	일본전신전화공사	91,998	31	171	일본	일본철강	36,782
7	45	일본	NISSAN자동차	89,502	32	177	일본	MILLEA Holdings	36,067
8	46	한국	삼성전자	89,476	33	180	중국	중국이동통신	35,914
9	48	일본	HITACHI	87,615	34	182	일본	CANON	35,727
10	59	일본	MATSUSHITA전기	77,871	35	186	일본	MIZUO 금융그룹	35,050
11	69	일본	SONY	70,925	36	192	중국	중국생명보험	33,712
12	73	한국	LG	68,754	37	194	일본	住友·三井금융그룹	33,354
13	76	한국	현대자동차	66,666	38	196	일본	MITSUBISHI전기	32,965
14	91	일본	TOSHIBA	60,842	39	202	일본	SUMITOMO생명보험	32,320
15	98	한국	SK	59,002	40	205	호주	BHP BILLITON	32,153
16	107	일본	일본생명보험	56,624	41	207	태국	PTT	32,046
17	118	일본	MITSUBISH UFJ 금융그룹	52,101	42	211	일본	MARUBENI	31,282
18	121	말레이시아	PETRONAS	50,988	43	214	일본	DENSO	30,861
19	125	일본	일본석유	48,013	44	215	중국	Bank of China	30,751
20	134	일본	SEVEN &I Holdings	45,635	45	220	일본	明治·安田생명보험	29,979
21	135	인도	인도석유	45,217	46	221	일본	일본광업지주회사	29,714
22	136	일본	토교전력회사	45,168	47	228	한국	한국전력	29,708
23	144	일본	FUJITSU 전기	43,604	48	229	한국	삼성생명보험	29,639
24	146	일본	MITSUBISHI	43,490	49	230	중국	중국건설은행	28,532
25	150	일본	MITSUI	42,728	50	231	일본	KDDI	28,525

※ 자료: Fortune, July 23, 2007. p.102에서 참조

제5절 글로벌 기업환경의 주요 이슈와 전망

글로벌 기업경영의 2008년 키워드(key-word)는 '힘의 이동'과 '성장축의 변화'로 요약된다. 세계경제의 장기호황이 막을 내리는 가운데, 세계경제에서 중국을 위시한 신흥국가의 비중과 중요성은 날로 확대되는 등 힘의 이동이 발생할 것이다. 글로벌기업들은 새로운 성장 동력을 확보하기 위해 미래지향적 사업구조로의 전환 등 성장축(軸)의 변화를 시도할 것이다. 2008년 글로벌기업 경영 7대 이슈는 이머징마켓(emerging market : 신흥시장)공략 본격화, 신흥시장 기업의 'Buy Global' 증대, 글로벌 금융산업의 판도 변화, 성역없는 사업구조조정의 가속화, CEO의 역할과 평가 간의 딜레마 확대, 다양성과 개방성을 지향하는 경영시스템 구축, 그린 이코노미(Green Economy: 환경경제)시대 대비 등이다. 이를 간단히 요약하면 다음과 같다.

이머징마켓(emerging market : 신흥시장) 공략 본격화

선진국시장이 침체국면으로 진입함에 따라 글로벌기업들은 그 대안으로 신흥시장 공략에 박차를 가할 것이다. 글로벌기업, 로컬기업과 아시아권 신흥 글로벌기업들은 신흥시장을 차지하기 위해 무한경쟁에 돌입할 것으로 전망된다.

신흥시장 기업의 'Buy Global' 증대

글로벌 자금 경색으로 미국과 유럽기업 주도의 글로벌 M&A가 위축되는 반면, 중국, 중동 및 인도기업들의 글로벌 M&A는 확대될 것이다.

글로벌 금융산업의 판도 변화

서브프라임 모기지 사태로 인해 월가(街)의 대표적 금융기관들의 사업구조조정이 본격화하면서 글로벌 금융업계의 판도가 재편될 가능성이 있다. 특히 국부(國富)펀드가 글로벌 금융업계의 구조조정에 적극 참여할 전망이다.

성역없는 사업구조조정의 가속화

경영성과의 양호 및 부진에 관계없이 글로벌기업들은 구조조정에 사력을 다 할 것이다. 특히 현재 실적이 양호하더라도 사후 사업전망이 불투명하다고 판단되면 사업 철수나 매각 등을 단행할 것이다.

CEO의 역할과 평가 간의 딜레마 확대

다양한 이해관계자들의 주문을 모두 만족시킬 수 있는 팔방미인형 CEO상(像)이 크게 요구될 것이다. 그러나 CEO에 대한 최종 평가는 재무성과에 치중되면서 대다수의 CEO들은 기업의 실적 향상과 사회적 인정 사이에서 고민하는 딜레마에 봉착하게 될 것이다.

다양성과 개방성을 지향하는 경영시스템 구축

글로벌기업들은 다양한 인재채용 방식을 통한 창의적인 인재 확보, 조직문화 및 시스템 혁신을 통한 자율성과 개방성을 보다 확대할 것이다.

그린 이코노미(Green Economy : 환경경제)시대 대비

지구 온난화 방지를 위한 온실가스 규제 논의가 전 세계 이슈로 부상하면서 글로벌기업들의 친환경경영에 대한 관심과 노력이 '기업의 사회적 책임'의 강조와 함께 앞으로 크게 증대할 것이다. 특히 재생에너지 개발사업을 차세대 성장동력으로 인식하고 이에 대한 투자를 확대할 전망이다.

힘의 이동과 성장축의 변화라는 글로벌기업 경영의 흐름 속에서 한국기업은 첫째, 이머징마켓(신흥시장)의 수성(守城)전략 수립에 만전을 기해야 한다. 그 동안 한국기업의 텃밭으로 인식되어 온 이머징마켓에 대한 글로벌기업들의 공략이 본격화할 경우 시장잠식이 우려되기 때문이다. 둘째, M&A 프리미엄 약화에 따른 M&A의 호기(好機)를 전략적으로 최대한 활용해야 한다. 특히 경쟁국 기업이 선진업체를 먼저 M&A함으로써 글로벌 경쟁력을 갖출 경우 한국기업의 입지가 축소되는 것을 경계해야 한다. 셋째, 기존의 경쟁이나 사업방식이 한계에 다다르자 성장전략에서 발 빠르게 '선택과 운신의 폭'을 넓혀 가는 글로벌기업들의 전략적 유연성을 한국기업도 강화할 필요가 있다.

기업사례[13]

조세회피를 위한 투자 최적지는 영국령 아일랜드

영국령 버진 아일랜드로 세계기업들이 몰려들고 있다. 1996년 한해만 해도 각국기업들이 아일랜드 주요 섬 중 하나인 토롤라지역에 무려 42,000여 개의 자회사를 설립하여 기업등록절차를 완료하였다. 이로써 96년 말까지 버진 아일랜드에 진출한 기업 수는 모두 210,260개에 달하고 있다. 이 같은 추세로 봐서 99년이 되면 파나마를 제치고 세계 최대의 해외자회사 설립센터가 될 것으로 파이낸셜타임지는 보도했다. 97년 현재 파나마는 324,786개 업체가 등록되어 있다. 버진 아일랜드 외에도 바하마지역과 케이맨제도에 96년 각각 신규로 13,000여 개, 6658개 해외기업 자회사가 들어섰다. 이같이 많은 외국기업들이 몰리는 주요인은 기업활동에 따른 세금부담이 적기 때문이다. 버진 아일랜드는 이 지역에 소재한 자회사에 송금되는 소득에 대해서만 과세하고 있다. 이 같은 이점을 활용하여 현재 약 100개의 뮤츄얼펀드가 550억달러의 자금을 이 지역에서 운용하고 있다. 또한 회사설립이 용이한 점을 이용하여 미국, 영국은행과 법률회사들이 해외자회사를 설립하고 있다.

이처럼 양호한 투자환경을 지닌 버진 아일랜드와 케이맨제도는 조세회피범을 위한 세금피난처와 돈세탁지라는 명예롭지 못한 이미지도 갖고 있다.

최근에는 이와 같은 범법행위를 방지하기 위해 강력한 처벌방안을 마련하고, 효율적인 규제를 위해 노력하고 있어 더 많은 해외기업들이 자회사 설립을 위해 이 지역을 찾을 것으로 파이낸셜타임지는 내다보았다.

※ 자료: 매일경제 1997. 4. 9.

12
CHAPTER
기업의 재무관리

제1절 기업의 재무관리란 무엇인가?[45)]

기업재무관리의 개요

기업의 재무관리라 함은 기업의 경영활동을 결정하는 일련의 과정을 말한다. 이 재무관리는 다음의 세 가지 내용으로 구성되어 있다.

① 투자의사결정(투자활동)

투자의사의 결정 및 최적투자안 선택에 관한 정보를 제공한다. 이는 자본예산(capital budgeting)결정에 관한 사항으로 투자수익률이 가장 큰 투자안을 선택하는 문제와 투자로부터 기대되는 미래현금흐름에 관한

45) 강길환 · 이상근, 기업재무의 이해, 삼영사, 2002, 제3장 참조.

정보, 즉 미래현금흐름이 확실한 것이라면 확실성(certainty)에서 의사결정을, 불확실(uncertainty)한 것이라면 확률(probability)을 도입한 위험(risk)하에서의 의사결정에 관한 정보를 제공하는 것이다.

② 자금조달의사결정(재무활동)

최적 투자안이 선택되었을 때 투자소요 자금조달, 즉 자금조달의사결정에 관한 과정과 정보를 제공하는 자본조달의사결정(financing decision making)으로 자본조달비용이 최소화되는 조달방법을 선택하는 과정에 관한 정보를 제공해야만 한다. 이것의 결과로 나타나는 것이 자본구조(capital structure)다.

③ 적절한 유동성관리, 신용관리, 순운전자본관리(영업활동)

앞에서 설명한 투자, 재무, 영업활동으로부터 유지되어야 할 기업의 유동성(liquidity)문제와 관련된 현금관리, 신용관리, 위험관리 및 순운전자본(networking capital)관리 등이 재무관리의 주요 사항이라고 할 수 있다.

이와 같이 기업의 경영활동을 결정하는 재무관리의 주요사항을 종합해 보면, 재무관리는 가치평가(value evaluation)와 선택(choice)에 관한 내용이라고 집약할 수 있다.

제2절 기업재무관리의 목적은 무엇인가?

기업재무관리의 목적은 기업자금의 투자와 조달에 관한 의사결정 행위에 대해서 기업의 전반적인 관점에서 계획 · 조정 · 통제하는 통합적인 관리기능을 수행하는 데 있다. 재무관리의 목적은 기업의 목적과 일치한다고 할 수 있다.

이와 함께 기업은 기업의 사회적 존재가치를 실현시키기 위하여 이익 극대화에 초점을 두어야 한다. 이익 극대화라는 개념은 이해하기는 쉬우나 이익 자체가 장기적 · 단기적 이익인지, 순이익 또는 주당이익 중 어느 것을 의미하는지 불분명하다는 문제점이 있다. 그리고 이익의 극대화에서 이익은 시간적 가치와 위험을 무시하고 있다고 할 수 있다. 또한 이익의 극대화라는 의미는 수단과 방법을 가리지 않고 이익만 추구하여 비윤리적이고 불법적인 행위를 자행할 수 있다는 의미는 아니다.

재무관리에서는 기업의 목표를 기업 부(wealth)의 극대화에 두고 있다. 기업의 부는 기업의 가치를 의미한다. 기업의 가치는 이론적으로는 기업의 미래이익 또는 미래 현금흐름을 시간과 위험을 고려하여 현재시점의 가치로 평가한 것이다. 부는 이익과는 달리 그 개념이 분명하고 화폐의 시간적 가치와 위험을 함께 고려하므로 이익보다 정확하고 포괄적인 개념이라고 할 수 있다. 그러나 미래의 현금흐름을 정확히 추정하여 현재가치로 환산한다는 것이 쉬운 일은 아니다.

기업의 가치는 기업의 총 자산가치를 의미하며 총 자산가치에서 채권자의 청구지분을 제외한 나머지가 궁극적으로 주주에게 귀속되는 부분이다. 채권자의 청구지분은 사전적으로 확정되는 것이 보통이며, 기업의 가치 중 주주에게 귀속되는 자기자본가치는 주식시장에서 주가의 형태로 투자자들에 의하여 평가된다.

즉, 자기자본의 실질적인 가치는 기업이 발행한 총 주식 수에 주가를 곱하여 산출한다. 기업의 가치는 채권자 청구지분의 변동이 그리 심하지 않다면 자기자본가치의 변동, 즉 주가의 변동에 의하여 주로 영향을 받는다고 할 수 있다. 따라서 기업의 가치는 주가를 기초로 평가할 수 있으며 주가를 기초로 기업의 가치를 평가할 수 있다면 기업가치의 극대화란 주가의 극대화를 뜻하는 것이 된다.

일반적으로 주가는 기업의 현재 수익실현능력뿐만 아니라 미래의 수익력, 미래수익의 불확실성과 시간적 가치, 사회적 책임의 이행 정도 등 종합적인 요인을 반영하고 있다고 할 수 있다. 따라서 부의 극대화, 즉 기업가치의 극대화는 기업이 경영활동을 수행하는데 추구해야 할 목적이 되는 동시에 재무관리의 목적이 된다고 하겠다.

제3절 기업의 경영활동과 재무제표

기업의 경영활동은 크게 세 가지로 나누어 볼 수 있다는 것은 앞에서 고찰한 바와 같다. 즉, 기업이 필요로 하는 자금조달 · 부채상환 · 배당금 지급 등 기업에게 자금을 제공하는 주주나 채권자와의 거래인 재무활동(financing activity)과 조달한 자금을 가지고 기업이 필요로 하는 자산(assets)을 구입하는 투자활동(investing activity)과, 투자활동을 통하여 마련한 공장 · 설비 · 사무실 등을 기반으로 제조에 필요한 원재료 · 부품 등을 구입하고, 이를 생산현장에 투입하여 생산한 제품을 마케팅 활동을 통하여 판매하고 대금을 회수하는 영업활동(business activity)으로 나누어 볼 수 있다.

물론 기업의 재무활동이 먼저인지 투자활동이 먼저인지에 관해서는 각 기업이 처해 있는 상황에 따라서 상이할 수 있다. 즉, 어떤 기업은 자금확보 후 투자안을 물색할 수도 있고, 투자안을 먼저 확보한 후 자금을 조달할 수도 있다. 또한 동일한 기업에서도 상황에 따라 투자활동과 재무활동이 바뀔 수 있을 것이다.

한 회계기간(fiscal year, 보통 1년)동안 기업의 영업활동, 투자 및 재무활동을 요약한 일련의 보고서를 재무제표(financial statement)라고 한다. 즉, 재무제표란 기업 외부의 정보이용자들(투자자, 채권자, 공급자, 정부 등)에게 유용한 기업의 정보(기업의 영업, 투자, 재무활동 상황 및 결과에 관한 정보)를 제공하는 회계(accounting)의 핵심적인 보고서다.

[그림 12-1]과 같이 주요 재무제표에는 일정시점(stock의 개념)에서 기업의 재무상태를 나타내는 대차대조표(B/S; balance sheet)와 일정기간 동안(flow의 개념)에 기업의 영업활동의 성과를 보여주는 손익계산서(I/S; income statement)가 있으며, 일정기간 동안에 기업의 영업과 투자 및 재무활동으로부터 현금을 얼마나 조달하고 사용했는가를 보여주는 현금흐름표(statement of cash flows), 일정기간 동안에 대차대조표의 구성항목

[그림 12-1] 기업의 주요 재무제표

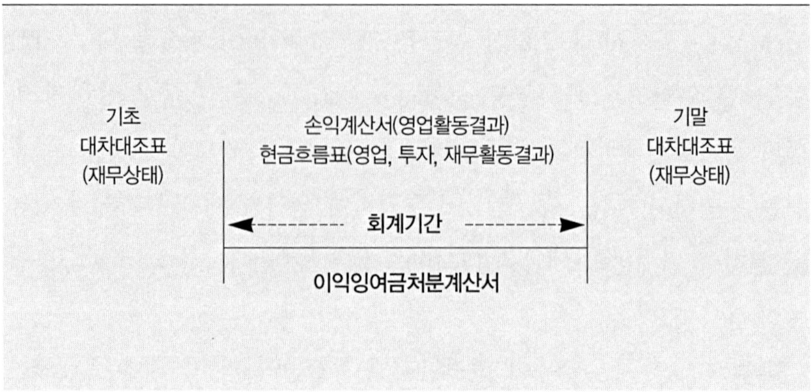

인 이익잉여금 변동을 보여주는 이익잉여금처분계산서(statement of appropriation of retained earnings)가 대표적이다.

이와 같은 기업의 주요 재무제표는 기업이 임의대로 작성할 수 없으며 일반적으로 인정된 회계원칙(GAAP; generally accepted accounting principles)에 의하여 작성되어야 한다.

우리나라에서 일반적으로 인정된 회계원칙은 기업회계기준(1998. 12. 11)에 따르고 있었으나, 2011년부터 국제회계기준(International Financial Reporting Standards : IFRS)체제를 새로 도입하여 각 기업으로 하여금 의무적으로 적용하도록 하고 있다. 이 제도는 연결재무제표 작성을 의무화하고 있다.

제4절 재무제표 관리는 어떻게 하나?[46)]

(1) 대차대조표와 재무관리

대차대조표

대차대조표(balance sheet)는 일정시점에서 기업의 재무상태를 보고하는 데 목적이 있다. 여기서 재무상태란 일정시점의 자산(assets)과 타인자본(부채, liabilities 또는 debt) 및 자기자본(equity) 등, 각각의 구성내용 및 그 크기를 의미한다. 대차대조표의 기본 양식은 다음과 같다.

$$\underset{(\text{투자활동})}{\frac{\text{자산(유동 · 고정자산)}}{\text{경제적 자원}}} = \underbrace{\frac{\text{타인자본(유동 · 고정부채)}}{\text{채권자의 청구권}} + \frac{\text{자기자본}}{\text{주주의지분}}}_{(\text{재무활동})} \quad \cdots \text{ 식}(12-1)$$

이와 같은 등식을 대차대조표등식(balance sheet equation)이라고 한다. 이 등식에 의하면 기업이 소유하고 있는 경제적 자원(자산)의 합계는 이들 자산에 대한 청구권(타인자본과 자기자본)의 합계와 같아야 한다.

자산에는 크게 1년 이내에 현금화가 가능한 유동자산(current assets)과 현금화에 1년 이상이 걸린다고 보는 고정자산(non-current assets)이 있다. 즉, 자산의 종류와 금액은 자금조달원천과는 관계없이 기업이 어떤 자산에 투자했는가를 보여 주므로 기업의 투자활동의 결과를 보여 준다고

46) 김길환 · 이상근, 전게서, pp. 56~63 참조.

할 수 있다.

반면에 타인자본과 자기자본의 종류와 금액은 기업이 자산을 구입하기 위한 자금을 어떤 방식으로 조달하였는가를 보여 주는 것이므로 재무활동의 결과를 요약한 것이라고 볼 수 있다. 즉, 타인자본은 기업의 채권자가 제공한 자금의 크기를 나타낸 것이고 자기자본은 주주가 직접 출자한 자금과 기업이 벌어들인 이익 중에서 아직 주주에게 배분되지 않은 금액의 크기를 나타낸다. 이와 같은 대차대조표와 기업의 재무관리 관계를 살펴보면 다음과 같다.

대차대조표와 재무관리 내용

재무관리의 관점에서 대차대조표상 자산과 타인자본은 각각 단기(보통 1년 이내), 장기(보통 1년 이상)의 구분이 중요하다고 할 수 있다. 일반적으로 단기를 나타내는 유동자산(current assets)은 현금과 예금, 유가증권, 매출채권, 재고자산 등 유동성(liquidity)이 높은 순서대로 기록된다. 유동부채(current liabilities)도 마찬가지로 매입채무, 단기차입금, 미지급금 등의 순서대로 기록된다. 기업에서 유동자산과 유동부채의 차이를 순운전자본(net working capital)이라고 하며 유동자산이 유동부채를 초과한 기업은 고정자산을 현금화하지 않고도 유동부채를 모두 상환할 수 있기 때문에 유동성 포지션(liquidity position)을 가지고 있다고 말한다.

고정자산(non-current assets)에는 건물, 토지, 기계설비, 차량 운반구 등과 같은 유형자산(tangible assets)과 영업권, 특허권, 상표권, 의장권, 어업권, 광산채굴권 등과 같은 무형자산(intangible assets), 그리고 타기업을 지배할 목적으로 보유하는 타기업 발행의 주식, 채권과 같은 투자자산(investment assets)이 있다. 이와 같은 고정자산은 1년 이상의 기간에 걸쳐 사용되고 대부분의 기업에 있어 유형자산은 수익성(profitability)이 가장 높다고 할 수 있지만 유동성이 가장 낮은 자산이라고 할 수 있다. 기업의 목적이 주주의 부(wealth), 기업가치의 극대화라고 할 때 이러한 목적을 달성하기 위해서는 반드시 최적 투자결정이 이루어져야 하는데 재무관리에서 다루어지는 고정자산에 대한 투자결정에 관한 자본예산 의사결정(capital budgeting decision making) 또한 중요한 부분이다.

이와 같은 자본예산결정이 이루어지면 투자소요금액을 어떻게 조달할 것인가에 관한 사항이 남게 된다. 즉, 장기자본조달에 있어 타인자본과 자기자본 간의 비율을 선택하는 자본구조(capital structure)에 관한 의사결정이 주요한 재무관리의 부분이다. 일정한 투자자금을 조달하는데 필요한 타인자본과 자기자본을 어떤 비율로 조달해야 할 것인가를 알려면, 자본구조의 변화에 따른 타인자본조달비용과 자기자본조달비용을 계산하고 이에 따라 가중평균자본비용을 계산해야 할 것이다. 따라서 가중평균자본비용이 최소화되고 기업의 가치가 극대화되는 타인자본과 자기자본의 비율로 자본구조가 이루어지도록 하는 최적자본구조의 결정요인에 관한 사항을 분석하는 것이 중요한 재무관리의 분야다.

자기자본(owners' equity)은 자본금(capital stock), 자본잉여금(capital surplus), 이익잉여금(retained earnings)으로 구성된다. 자본금은 주당 액면가에 총 발행주식 수를 곱한 금액이고, 액면가를 초과한 금액으로 납입이 이루어지면 그 초과금은 주식발행 초과금으로서 자본잉여금으로 기록된다. 이익잉여금은 기업의 설립 이래 영업활동의 결과로부터 매년 이월된 유보이익을 누적합계한 금액이다. 따라서 유보이익은 손익계산서상의 현금흐름과 대차대조표상의 자산 및 타인자본의 양을 연결시켜 주는 역할을 한다고 할 수 있다. 이와 같이 대차대조표에 나타난 항목과 재무관리와의 관계를 요약하면 〈표 12-1〉과 같다.

〈표 12-1〉 대차대조표와 재무관리

총 자 산	타인자본 · 자기자본
Ⅰ. 유동자산 : 운전자본관리	Ⅰ. 유동부채 : 운전자본관리
현금및예금 : 유동성관리	매입채무
유가증권 : 증권관리	미지급금
매출채권 : 신용관리	단기차입금
재고자산 : 재고관리	
	Ⅱ. 고정부채(사채) : 자본구조및조달비용
Ⅱ. 고정자산 : 자본예산편성(투자의사결정)	
유형자산	Ⅲ. 자본
무형자산	자본금
투자자산	자본잉여금
	이익잉여금

(2) 손익계산서와 재무관리

손익계산서

손익계산서(income statement)는 한 회계기간 동안 기업의 영업성과를 보고하는 재무보고서다. 영업의 성과는 이익(profit 또는 income)의 크기로 나타낸다. 이 때 순이익(net income)이란 일정기간 동안 기업에서 벌어들인 수익과 수익을 창출하기 위하여 발생된 비용간의 차이를 말한다고 할 수 있다. 이런 관계를 식으로 나타내면 다음과 같다.

수익(revenue) − 비용(expenses) + 이득(gain) − 손실(loss) = 순이익 … 식*(12−2)*

위 식에서 이득은 기업의 영업과 관계없이 기업에 유입된 수익이고, 손실은 기업의 영업과 관계없이 기업으로부터 유출된 부분이라고 할 수 있다.

손익계산서와 재무관리 내용

손익계산서상 수익은 기업이 일정기간 동안 생산한(제조업의 경우) 제품 또는 매입한 재고자산(도 · 소매업의 경우)의 매출액을 나타낸다. 기업의 매출액은 경기변동, 계절적인 요인 등에 따라 변동하는데 이를 수익위험(revenue risk)이라고 부른다.

손익계산서상의 비용은 〈표 12-2〉에서 보는 바와 같이 통상 매출원가

〈표 12-2〉 손익계산서와 재무관리

손익계산서	재무관리
수이(매출액)	
−변동원가	:수익위험분석
−고정원가	
−감가상각비	:영업레버리지
EBIT(이자 및 세금공제전 이익)	:영업위험
−이자비용	:재무레버리지
EBT(법인세차감전 이익)	
−법인세	:세금관리
NI(순이익)	
÷총발행주식수(EPS :주당 순이익)	:재무위험
−배당금	:배당정책
RE(이익잉여금)	

(cost of goods sold)와 영업비용인 판매비 및 일반관리비(selling and administrative expenses), 영업외비용(nonoperating expenses), 법인세비용(income tax expenses)으로 구분된다.

재무관리에서는 고정원가(fixed cost)와 변동원가(flexible cost)의 구분이 더 중요할 때가 있다. 고정원가는 기업의 생산활동 및 매출액과는 관계없이 항상 일정하게 발생하는 것으로 고정현금원가(재산세, 일반관리비, 임금 등)와 감가상각비로 구성되어 있다. 변동원가는 생산에 사용된 원재료와 서비스의 구입, 생산활동과 관련된 노동원가 등을 포함한다.

재무관리자는 생산방법을 선택하는데 있어서 고정원가와 변동원가간의 비율을 결정해야 하는데 이를 영업레버리지(operating leverage)라고 한다. 여기서 레버리지란 지렛대 작용을 의미한다. 즉, 과다한 고정자산을 보유함으로써 고정영업비용이 지렛대 작용을 하며 영업이익의 변동성(영업위험: business risk)에 영향을 주는 것을 말한다.

재무관리자로서 비용(expenses)과 원가(cost)의 개념을 분명히 해 둘 필요가 있다. 비용은 감가상각비(depreciation expenses)를 제외하고 기업의 주된 영업활동이나 기타 경상적이고 반복적인 활동으로부터 주로 현금지출을 수반하는 것이다. 즉, 자산의 감소나 부채의 증가를 가져온다. 반면에 원가(cost)는 자산이다. 예를 들어 제조업체에서 제품생산을 위하여 원재료를 구입하였다면 재료원가(raw material cost)로 재고자산에 포함시킨다. 그리고 이 재료가 생산공정에 투입되어 완제품이 되기 전까지를 재공품(work on process)이라고 하며 재공품 또한 재고자산에 포함시킨다. 재공품이 완성되었을 때 제품이 되고 제품은 물론 재고자산에 포함된다. 이 제품이 판매되는 시점에서 매출원가로 비용화된다.

영업수익에서 영업비용을 차감하여 영업이익(operating income)을 구하는데, 이를 이자 및 세금공제전 이익(EBIT; earnings before interest and taxes)이라고 부르며, 수익위험과 영업레버리지의 결합에 의하여 EBIT흐름의 변동성이 결정되는데 이를 기업의 영업위험(business risk)이라고 한다. EBIT에서 이자비용을 차감하면 법인세차감전 순이익(EBT; earnings before taxes)이 되고 여기서 다시 법인세를 차감하면 순이익(NI; net income)이 된다. 그리고 순이익을 총 발행주식수로 나누면 주당순이익(EPS; earning per share)이 된다.

타인자본사용이 증가할수록 이자비용이 증가하며 이 이자비용이 지렛대 역할을 해 기업의 재무레버리지(financial leverage)가 커지게 된다. 이에 따른 고정이자지급의 증가는 주당순이익의 변동성을 더 크게 한다. 이와 같이 타인자본 사용의 증가가 주당순이익의 변동성을 증가시키는 것을 재무위험(financial risk)이라고 한다.

순이익은 주주가 소유하고 있는 잔여이익의 흐름이므로 그 크기와 위험은 기업의 경영자가 선택한 영업위험과 재무위험에 의하여 영향을 받는다. 일반적으로 이사회는 주주들을 위하여 순이익 중 일부를 배당금 형태로 주주에게 지불하는 부분과 기업에 재투자되는 부분을 결정한다.

재투자되는 부분을 이익잉여금 또는 유보이익(RE; retained earnings)이라고 하며 감가상각비와 유보이익의 합계는 사내유보금, 즉 기업저축이 된다. 배당정책의 중심적인 과제는 기업의 순이익 중 배당금으로 지급되는 비율, 즉 배당성향(dividend payout ratio)이 주식가치, 기업의 가치에 어떤 영향을 미치는가 하는 것이다. 이 또한 재무관리의 중요한 부분을 차지한다고 하겠다.

(3) 현금흐름표와 재무관리

현금흐름표(statement of cash flows)는 한 회계기간 동안 기업의 영업활동, 투자활동, 재무활동으로 유입된 현금과 유출된 현금의 내역을 나타내는 재무제표다.

대차대조표나 손익계산서에서 기업의 재무상태와 영업실적이라는 매우 중요한 정보를 얻을 수 있으나 많은 투자자들은 이외에도 기업의 자금조달형태나 투자전략 등에 관한 정보를 알고 싶어한다. 특히 현금이나 현금등가물의 유입과 유출은 그 기업의 유동성(liquidity)에 매우 중요한 역할을 하므로 정보이용자들은 현금흐름에 관한 정보를 요구하게 된다.

손익계산서는 발생주의에 의하여 작성되었기 때문에 수익과 비용은 현금수지에 관하여 정확한 정보를 제공할 수 없다. 이러한 문제점을 보완하기 위하여 작성되는 것이 현금흐름표다. 또한 손익계산서의 수익과 비용은 영업활동에 관한 정보만을 제공하는데 반해, 현금흐름표는 이외에도 타인자본이나 신주공모 등을 통한 새로운 자금의 유입, 타인자본의 상환, 고정자산의 취득 등 중요 정보를 제공한다.

현금유입은 자산항목의 감소, 부채 및 자본의 증가로, 현금유출은 자산항목의 증가, 부채 및 자본항목의 감소의 원칙으로 분류되지만 고정자산의 증가와 이익잉여금의 증가는 다음과 같은 조정이 이루어진다.

즉, 총고정자산의 증가분을 현금유출로 하고 감가상각비를 현금유입으로 하는 것이다. 왜냐하면 감가상각비는 회계기준상 비용으로 분류되지만 현금의 유출을 수반하지 않기 때문이다. 따라서 재무관리자 입장에서 감가상각비는 기업 내에 적립되어 있는 이용 가능한 자금이 된다. 그리고 현금흐름표에서 당기순이익을 현금유입으로 보기 때문에 배당금의 지급은 현금의 유출이 되는 것이 당연하다.

(4) 이익잉여금처분계산서와 재무관리

이익잉여금처분계산서는 대차대조표상 자본항목의 하나인 이익잉여금의 변화를 설명해 주는 재무보고서다.

이익잉여금처분계산서에서 이익잉여금은 대차대조표의 자본항목이고, 당기순이익은 손익계산서의 항목이므로 대차대조표와 손익계산서가 일정한 관계로 연결되어 있음을 알 수 있다. 배당금(dividend)은 대차대조표나 손익계산서와는 관계없이 이익잉여금의 처분상황을 나타낸 것으로서 이익잉여금처분계산서에만 나타나는 고유항목이다.

차기이익잉여금은 사내유보금의 중요한 원천이다. 따라서 재무관리자 입장에서 유보이익인 차기이익잉여금과 감가상각비를 재투자의 자금조달원천으로 고려해야 하며 기업의 가치 극대화 측면에서뿐만 아니라 재투자의 자금원천으로서 배당정책을 고려해야만 한다.

기 업 사 례 [14]

해외영업을 강화하는 현대자동차

(1) 현대車, 상트페테르부르크 입성(入城) … 공장 후보지 선정

현대자동차가 러시아에 건설할 새로운 자동차공장 후보지로 러시아 제2의 도시인 상트페테르부르크가 유력시되고 있다. 자동차 업계에 따르면 현대차의 주요 부품공급사 중 한 곳인 만도 해외 영업진은 최근 상트페테르부르크를 다녀왔다.
해외영업 총괄담당(부사장)을 포함한 만도 해외영업진의 러시아 방문은 정몽구 현대·기아차 회장이 이달 초 러시아 방문 중 현지에서 10만대 규모의 완성차 공장을 러시아에 건설 한다고 밝힌 직후다. 보통 국내 완성차 업체가 해외에 완성차공장 건설에 나서면 현대모비스, 만도 등 국내 자동차 부품업체들도 완성차 업체와 함께 해외에 동반 진출하는 사례가 많다.
부품업체들은 새로운 수요처 확보 차원에서 그리고 완성차 업체들은 부품 수급을 원활하게 하기 위해 완성차와 부품 협력업체의 해외 동반진출을 선호하기 때문이다. 업계에서는 만도의 갑작스런 러시아 방문도 이 때문으로 해석한다. A부품업체 관계자는 "최근 국내 부품업체들의 관심사는 현대차 러시아 공장 건설" 이라며 "현대자동차가 러시아 내 6개 후보지를 놓고 저울질하고 있고 이 중 상트페테르부르크가 투자 환경·생활여건·인력 확보 차원에서 최적의 조건을 갖췄다고 결론을 낸 것으로 파악하고 있다"고 설명했다.

※ 자료: 매일경제 매일경제 2007. 12. 26.

(2) 현대車, 상트페테르부르크 공장 착공 2년만에 준공 … 연 15만대 소형차생산

현대자동차가 2010. 9. 21. 러시아 상트페테르부르크 북쪽 25km 떨어진 카멘카 지역에서 현대 완성차('쏠라리스' –Solaris) 준공식이 푸틴 러시아 총리 참석 하에 정몽구 회장 주관으로 성대하게 거행되었다. 총 5억 달러가 투입된 자동차 생산 공장은 200만km²(60만평) 부지에 프레스, 차체, 도장, 의장공정 등 총 10만m²(3만평) 규모로 건설됐다. 이날 준공식에서는 푸틴 총리가 정 회장과 함께 직접 쏠라리스를 시승하는 퍼포먼스를 연출해서 큰 관심을 끌었다.
이 공장은 러시아에 진출한 외국계 완성차 업체로는 처음으로 전 생산공정(프레스·차체·도장·의장)을 하나의 공정에서 일괄수행하는 완성차공장(full–cycle plant)으로서, 국내의 현대모비스를 비롯하여 11개 부품업체가 공장 인근에 동반 진출하여 커다란 연관효과의 기대치를 높이고 있다.

※ 자료: 이투데이 경제신문 2010. 9. 21.

13
CHAPTER

기업관련 신금융상품

제1절 전통적 금융상품[47)]

1. 단기금융상품

콜(*call*)

콜(*call*)은 주로 금융기관 상호간의 단기자금의 과부족을 조절하기 위한 단기차입 · 대여로서 극히 단기간(1, 3, 5, 7, 9, 11, 15일 등)거래이며 불확실성이 크지 않은 금융상품으로서 대출해 주는 입장에서는 콜론(call loan)으로, 차입하는 입장에서는 콜머니(call money)라 부른다. 우리나라의 콜시장은 과거에는 은행권을 중심으로 한 장내시장과 제2금융권간의 단기자금이 거래되는 장외시장으로 양분화 되었으나 콜시장의 효율적

47) 전통적 금융상품: 이요섭, 금융시장과 금융상품, 제4판, 연암사, 2009. 참조.

운영을 위해 1996년 11월 콜거래 전문중개기관인 한국자금중개회사를 설립하여 운영하고 있다. 콜시장에서 형성된 금리는 일반적으로 단기금융시장의 기준금리 역할을 하게 된다. 은행의 지준마감일에 임박하여 과부족을 조절키 위해 활발히 거래된다.

[그림 13-1] 콜어음 견양

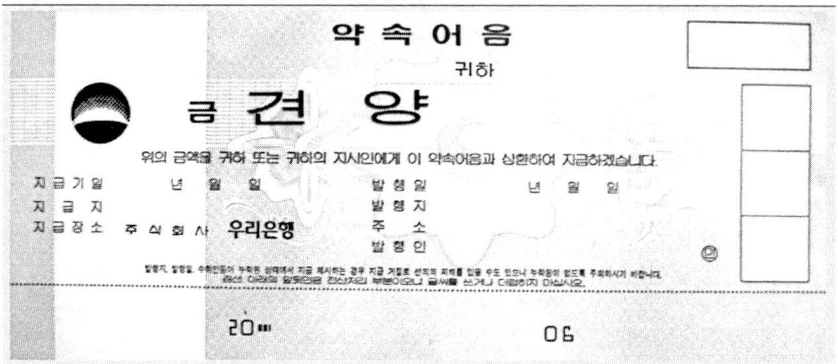

※ 자료: 이요섭, 전게서, p.61

통화안정증권(*MSB*)

통화안정증권(monetary stabilization bond; *MSB*)은 시중유동성을 조절하기 위한 수단으로 중앙은행인 한국은행에서 발행한 통화조절용 채권이다. 원래는 공개시장조작의 수단으로 발행되기 시작했으나 채권시장의 미발달로 인하여 시중의 유동성을 흡수하기 위한 수단으로 준강제적(準强制的)으로 인수시키는 방법으로 발행되기도 했다. *MSB*는 경쟁입찰 및 일반매출에 의해 발행된다. 경쟁입찰은 한국은행과 「통화안정증권거래에 관한 약정」을 체결한 금융기관을 대상으로 실시되며, 한국은행과 거래약정을 체결하지 않은 금융기관들은 경쟁입찰 참가기관을 통해 간접적으로 입찰에 참여할 수 있다. 일반매출은 매수자에 제한없이 한국은행 본지점 창구를 통해 발행하는 것을 의미하며 금융기관이 발행 물량의 대부분을 소화한다. 1997년 8월 ROK-wire를 통한 전자입찰제를 도입하였다. 만기는 2년 이내에서 11종류의 *MSB*가 발행되고 있으며, 실제로는 91일물, 364일물 및 2년물 위주로 발행되고 있다(예: 14, 28, 63, 91, 140, 182, 364, 371, 392, 546일, 2년).

[그림 13-2] 통화안정증권 견양

재정증권(*T-bill*)

재정증권(Treasury bill; *T-bill*)은 예산회계법과 재정증권법에 의거하여 국고금의 출납과 통화관리에 관한 정책을 효율적으로 수행하기 위하여 만기 1년 이내의 기간으로 발행되는 단기국채다. 통화관리 목적의 재정증권과 국고출납상 일시 부족자금의 조달을 위한 국고출납 목적의 재정증권이 있으나, 후자를 위한 발행실적은 미미한 편이고 전자를 위한 발행도 MSB 발행 이후 그 발생실적이 미미하다.

양도성예금증서(*CD*)

양도성예금증서(certificate of deposit; *CD*)는 은행이 정기예금에 대하여 발행하는 양도가 가능한 1년 이내의 무기명예금증서다. 즉 일정 기간 후 특정 이자율로 원금과 이자를 지급하는 확정이자부 예금증서로서 만기 전 유통시장에서 양도가 가능하다. 만기나 최저 액면금액 제한은 폐지되었고 금리는 자유화 했으며 기간은 30일물, 180일물 등이 있다. 여기에는 증권회사, 종합금융회사 및 한국자금중개회사가 유통기관으로 참여하고 있다(그러나 2006년 9월부터 CD 실명등록제가 병행 실시되고 있다).

[그림 13-3] 양도성정기예금증서(CD) 견양

양도성 예금증서 (무 기 명 식)

계좌번호

만 기 지급액 견 양

1억원 이하 할인매출액 : ₩

수입 인지

기간 일 만기일 년 월 일

위의 금액을 상기조건과 해당약관 및 뒷면특약에 따라 만기 지급일에 이 증서와 상환하여 소지인에게 지급하겠습니다.

년 월 일

주식회사 우리은행

기업어음(*CP*)

기업어음(commercial paper; *CP*)은 철저한 신용조사와 재무구조 및 경영상황의 분석에 의해 선정된 적격기업이 단기운전자금을 조달하기 위하여 발행하는 융통어음으로서 일반적인 상거래에서 발생되는 진성어음인 상업어음과 구분된다. 따라서 일정한 신용등급평가를 받은 기업만이 발행할 수 있다.

외국에서는 기업의 신용도에 따라 발행되는 것이 일반적이나 과거 우리 기업들은 신용도가 낮아 대부분 보증어음을 발행하였다. 그러나 1981년 이후 무보증어음으로서 *CP*를 신종기업어음이란 명칭으로 발행하고 있다. 통상 기업어음은 취급기관이 할인매입 후 매출하는 방법으로 발행하는데 기간은 1일 이상 180일 이내다. 할인금리는 자유화되어

[그림 13-4] 기업어음(CP) 견양

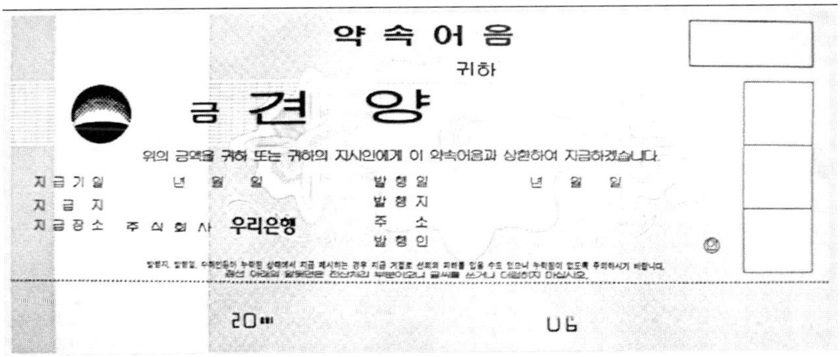

〈표 13-1〉 한국의 CP 신용등급체계

구 분	평가등급	등급정의
투자등급 (investment grade)	A1 A2+, A2, A2− A3+, A3, A3−	• 적기상환능력이 최고수준이며 안정성은 예측가능한 장래 환경에 영향을 받지 않을 정도 • 적기상환능력 우수, 안정성 A1에 다소 열등 • 적기상환능력 양호, 안정성 A2에 다소 열등
투기등급 (speculative grade)	B+, B, B− C D	• 적기상환능력은 있으나 단기적인 여건변화에 따라 그 안정성에 투기적인 요소가 내포되어 있음 • 적기상환능력 및 안정성에 투기적인 요소가 큼 • 현재 채무불이행상태

있으며, 증권회사, 은행신탁, 여신전문금융회사, 투신사 및 보험사에서 취급하고 있다.

무역어음(*BA*: 은행인수어음)

무역어음(banker' s acceptance; *BA*)은 [그림 13-5]에서 보는 바와 같이

[그림 13-5] 무역어음(*BA*: 은행인수어음)의 메커니즘

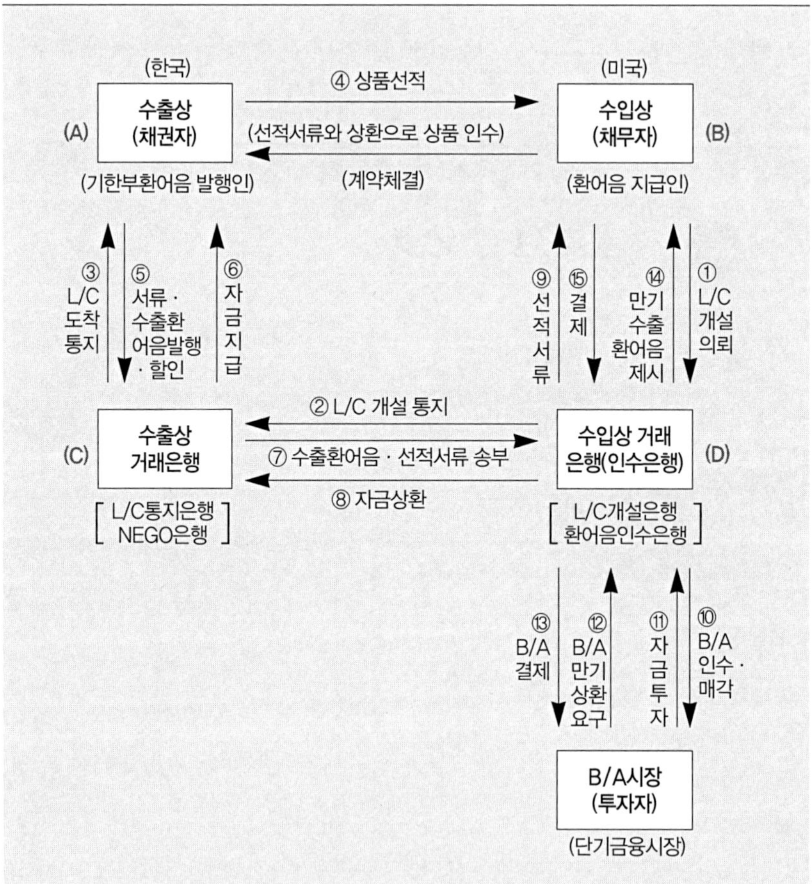

수출신용장(수출 L/C)을 수취한 수출기업(exporter)이 선적 전에 발행한 환어음(bill of exchange)이 지급자(수입업체) 금융기관에 의해 인수(acceptance)된 어음을 말한다. 금융기관이 인수함으로써 이 어음은 발행인(수출업자: exporter)의 신용에서 금융기관의 신용으로 대체되며, 인수금융기관의 신용을 바탕으로 금융시장에서 유통이 가능한 금융수단이다. *BA*시장에 매각되는 어음을 매입한 어음중재기관은 개인이나 기관투자자에게 재분매 · 매출함으로써 이 어음을 유통시키고 투자자들은 만기에 가서 인수금융기관을 통해서 어음결제대금을 상환 받게 된다.

환매조건부채권(*RP*)

환매조건부채권(repurchase agreement; *RP*)은 채권을 매매하면서 일정한 반대매매 조건을 미리 약정하고 그 조건대로 일정 기간 후에 반대매매 되는 채권을 말하며, 채권을 일정 기간 후에 일정가액으로 환매수할 것을 조건으로 고객에 매도하는 조건부 채권매도(repo)와 채권을 일정 기간 후에 환매도할 것을 조건으로 고객으로부터 매수하는 조건부채권 매수(reverse-repo)로 구분된다. 매매대상 유가증권은 국채, 지방채, 특수채, 회사채 및 전환권 행사기간이 경과한 전환사채와 신주인수권부 사채 등이다. 취급기관은 증권회사, 한국증권금융, 은행, 우체국, 농협, 종금사 등이나 증권회사 및 한국증권금융을 제외한 나머지 기관은 조건부채권 매수업무를 할 수 없다. 1997년에 *RP*의 최저거래금액과 만기규제가 폐지되면서 소액 *RP*와 거액 *RP*가 일원화하고 종금사에 대해 *RP* 매도업무가 허용되었다.

2008년 3월 7일부터 한국은행의 종전 콜금리목표제가 폐지되고 대신

[그림 13-6] 상업어음 견양/앞면 및 뒷면

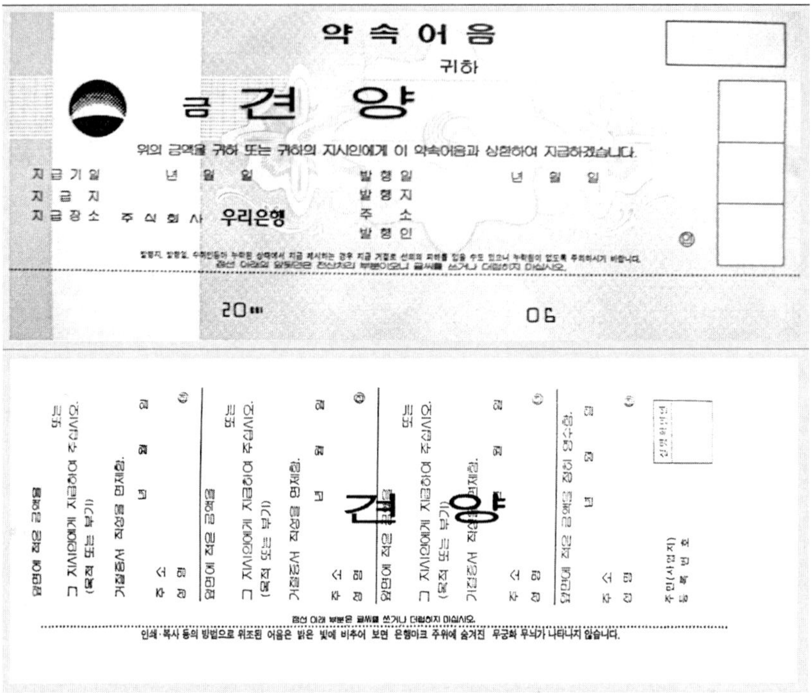
약 속 어 음

귀하

금 견 양

위의 금액을 귀하 또는 귀하의 지시인에게 이 약속어음과 상환하여 지급하겠습니다.

지급기일 년 월 일 발행일 년 월 일

지 급 지 발행지

지급장소 주식회사 우리은행 주 소

발행인

20 06

7일물 *RP*금리가 새로운 정책기준금리로 도입되었다.

상업어음(*real commercial bill*)

기업 간의 일반적인 상거래에서 수반하여 발행된 진성어음(real bill)을 말하며, 이 상업어음을 받은 기업이 만기일 이전에 금융기관에서 할인방식을 통하여 자금을 조달하는 행위를 상업어음할인이라 한다. 이 때 상업어음을 할인매입한 금융기관은 어음 만기일에 어음발행인으로부터 자금을 회수하게 된다. 금융기관은 어음 만기일 이전에 한국은행에 다시 할인하여 매출할 수도 있는데 이를 상업어음재할인(rediscount)이라 한다.

어음할인기간에 제약은 없으며 할인율도 자율화되었다. 중앙은행재할인은 90일 이며 재할인금리는 그때 그때 통화정책에 따라 정해진다. 상업어음의 특성은 그 유동성에 상응하는 재화나 서비스의 뒷받침이 있는 비인플레이션(non-inflation)적인 금융방식인 동시에 상거래의 이행에 따른 자체청산력(self-liquidation)을 가진 전통적 금융상품의 특징이 있다.

어음관리구좌(*CMA*)

어음관리구좌(cash management account; *CMA*)는 투자규모의 영세성, 투자에 필요한 정보와 전문성의 부족 및 직접투자에 수반되는 높은 위험 등의 이유로 기존의 단기금융상품을 통한 단기금융시장에의 직접 참여가 어려운 투자자들을 위하여, 단기금융회사가 소액투자자들로부터 예탁금을 받아 단기금융상품에 투자 · 운용하고 그 결과 수익금을 투자자에게 분배해 주는 투자신탁형 상품이다. 우리나라의 *CMA*는 미국의 그것과는 성격이 판이하고 오히려 *MMF*(money market fund)와 유사하다고 할 수 있다. 최소거래단위는 400만원 이상이며 예탁 및 인출단위는 제한이 없고 최고 180일 이내의 단기금융상품이다. *CMA*의 운용대상으로는 할인어음, 기업어음, 팩토링금융어음, 채권, *CD*, 무역어음과 지급준비자산 등이 해당된다.

통화채권펀드(*BMF*)

통화채권펀드(bond management fund; BMF)는 증권회사가 인수한 통화조절용 채권과 회사채를 투자신탁에 편입하고, 투자신탁회사가 발행한 수익증권을 증권회사가 인수하여 증권회사 영업점을 통하여 판매하는 통장형태의 금융상품으로서 유동성, 안정성, 이용편리성 등의 특징을 지니고 있다.

증권투자신탁상품

전문적인 투자대행기관인 투자신탁회사 등이 불특정다수의 투자자로부터 조달한 자금을 증권거래법에 규정한 유가증권에 투자 · 운용한 후 그 수익금을 투자자에게 분배해 주는 상품이다. 이 상품은 유가증권투자에 대한 전문지식과 경험 등이 부족하거나 소액자금 또는 시간적 제약으로 증권투자에 직접 참여할 수 없는 투자자들을 주 대상으로 하고 있다. 분류기준에 따라 계약형과 회사형, 단위형과 기금형, 그리고 개방형과 폐쇄형으로 나눈다.

2. 자본시장 상품

[1] 채권(*bond*)

채권(bond)이란 정부, 지방자치단체 또는 기업 등의 발행기관이 채무형태로 외부자금을 조달하기 위하여 발행한 유가증권이다. 채권의 종류는 내용이나 형식에 따라 다양하게 구분된다.

가. 채권의 종류

국채

국채는 정부가 일반 국민을 상대로 발행한 채권을 의미하며 대부분의 외국 정부는 재정적자를 보전하기 위하여 국채를 발행하나 우리나라 정부는 재정흑자를 실현하는 경우가 많아 재정적자 보전을 위하여 발행된 국채는 거의 없고 특별한 사업추진을 목적으로 발행된 국민주택채권, 철도채권, 양곡기금채권, 국민투자채권 등으로 나눈다.

지방채

지방채(municipal bond)는 지방자치단체가 지방재정의 부족을 보전하기 위하여 발행된 채권으로서 우리나라에서도 앞으로 재정이 부족한 지방자치단체들의 지방채 발행이 크게 늘어날 전망이다. 보통 지방채는 면세채권으로 발행된다. 지방채는 특수한 사업의 수익을 이자로 지급하는 수익채권(revenue bond)과 지방자치단체가 특수사업과 관계없이 원리금 지급을 하는 일반의무채권(general obligation bond; GO)으로 나눈다.

특수채

정부출자기관이 특별법에 의하여 발행한 채권으로서 전력공사채권, 전기통신공사채권, 지하철공사채권, 기술개발금융채권 등이 있다.

금융채

특수채 가운데서 은행 등 금융기관이 발행한 채권을 말하며 산업금융채권, 중소기업금융채권 및 통화안정증권 등이 이에 해당된다.

회사채

일반사업 법인인 주식회사가 신용평가등급에 따라서 발행하는 채권으로서 기업의 주요한 자금조달 수단이다. 회사채는 담보와 보증의 유무에 따라 여러 형태로 구분된다. 물적담보여부에 따라 담보부사채와 무담보사채로 구분되고 발행회사 이외의 제3자에 의해 원리금지급이 보증되는 보증사채와 제3자의 보증 없이 기업의 신용에 의하여 발행되는 무보증사채가 있다. 보증사채의 보증기관으로는 은행, 신용보증기금 등의 금융기관으로 제한되어 있다.

주식과 유사한 채권

① 전환사채

전환사채(convertible bond; *CB*)는 채권발행 후 일정 기한(전환청구기간) 내에 일정한 조건(전환조건)으로 발행회사의 주식 등 다른 유가증권으로 전환할 수 있는 권리가 부여된 채권을 의미하며 일반적으로 전환대상은 보통주식이다. 전환사채는 고정금리채로서의 안전성과 주가상승에 따르는 이익을 기대할 수 있다는 특징이 있으므로 발행회사는 비교적 낮은 금리로 발행이 가능하다. 채권 하나가 몇 개의 주식으로 전환되느냐의 비율을 전환비율(conversion ratio)이라 하며 채권 액면가액을 전환비율로 나눈 값을 전환가격(conversion price)이라 한다.

② 신주인수권부사채

신주인수권부사채(bond with warrant ; *BW*)는 발행 후 일정한 기한 내에 일정한 가격으로 발행회사의 주식을 매입할 수 있는 권리가 부여된 채권을 말한다. 신주인수권부사채의 소유자는 신주인수권 행사에 의하여 주식을 취득하더라도 여전히 사채권자로서의 자격을 갖고 있다. *CB*

와의 차이점은 *CB*의 경우 전환에 의해서 기업에 새로운 투자자금이 유입되지 않으나 *BW*의 경우에는 신주인수권을 행사하게 되면 그만큼 자기자본이 증가하게 된다. 신주인수권부사채는 발행 후 신주인수권과 사채가 분리되어 유통될 수 있는 분리형과 그렇지 않은 비분리형으로 구분되나, 선진국에서 분리형이 일반적인 반면 우리나라에서는 현재 비분리형만이 존재한다(회사채발행에 있어서 '신용등급체계'는 〈표 13-1〉 참조).

나. 자산담보부증권(*ABS*)

자산담보부증권(asset backed security ; *ABS*)은 금융기관이나 기업들이 보유하고 있는 대출채권이나 매출채권 등을 담보로 하여 발행된 유가증권으로서 선진국 자본시장에서 급속히 진행되고 있는 증권화 현상의 산물이다.

은행의 주택대출 등은 대출기간이 정기이므로 자금의 회수기간이 길어 유동성에 압박을 주게 되는 반면 신규대출 수요는 계속 증가하나 예금을 통한 자금조성은 한계가 있고 예금기간은 주로 단기로 구성되어 있어 자산과 부채의 만기 불일치로 금융기관은 금리변동위험에 크게 노출된다. 금융기관은 이들 채권을 매각함으로써 신규대출재원으로 활용할 수 있고 이를 통하여 자금의 장기고정화를 방지하고 금리변동위험을 줄일 수 있으며, 투자자로서는 비교적 수익성과 안정성이 높은 금융상품을 이용할 수 있게 된다.

1998년 9월 16일 「자산유동화에 관한 법률」이 제정 · 시행되어 우리나라도 금융기관 · 성업공사(현, 자산관리공사) 등의 보유자산을 조기 현금화하여 자금조달의 원활화를 도모하고, 주택저당채권을 증권화하기 위하여 자산유동화제도를 도입하였다.

[2] 주식(*stock*)

가. 주식시장의 분류

발행시장

주식발행시장은 주식을 신규로 발행하여 장기자금을 조달하는 시장으로서 이를 제1차시장(primary market)이라고도 한다. 한국은 신주발행방식에 있어서 일반적으로 인수자에 의한 간접발행방식을 채택하고 있고, 또한 공모가격 산정방식에 있어서도 발행자와 인수자가 협의하여 자율적으로 결정토록 되어 있다. 그리고 주식발행분은 주간사(book runner)가 총액 인수하여 기관투자가로 구성된 인수단을 대상으로 수요예측방식(book building)으로 배정함으로써 주간사의 인수책임을 강화했다.

수요예측방식은 유가증권의 공모인수가격을 결정하기 위해 주간사가 사전에 예정인수단으로부터 당해 증권의 공모희망가격과 수량 등을 제시받아 가격탐색과정(price discovery process)을 거친 후, 공모가격을 사업성, 시장상황, 공모규모 등을 고려하여 발행회사와 협의가액으로 결정하는 방식이다.

증권의 발행을 주관한 인수인(underwriter)은 동 증권의 가격이 상장 또는 등록 후 일정기간 동안 적어도 인수가격의 일정수준 이상이 되도록 가격지지책을 쓰는 경우도 있는데 이를 시장조성(market making)이라 한다. 시장조성기능이 없이 상장 또는 등록 후 증권의 가격이 발행가격(인수가격)을 하회할 경우 인수인을 믿고 증권을 구입한 일반투자자는 손실을 볼 우려가 있다. 즉, 이 경우 인수인(증권회사)의 공신력이 떨어지게 된다.

유통시장

① 유가증권시장(*KRX*)(주식시장)

유통시장은 이미 발행된 증권이 투자자간에 재매매거래가 이루어지는 시장으로서 증권거래소가 개설하는 시장이 중심이 되는 구체적 시장이다. 또한 이미 발행된 증권이 유통된다는 뜻에서 제2차시장(secondary market)이라 한다(KOSPI 시장이라고도 한다).

한국의 주식매매제도는 계속거래 제도가 근간을 이루고 있으며 다만 유가증권시장에서는 동시호가의 처리에 있어서만 경매형의 집중거래제도를 채택하고 있다. '증권거래법' 에서는 증권거래소를 유가증권의 매매를 위한 유가증권시장을 개설하는 주체로 규정하고 있다. 증권거래소는 상장증권의 집단적 매매거래가 매일 정해진 시각에 한하여 형성되는 조직적인 시장기구다.

② 협회중개시장(*KOSDAQ*, 코스닥시장)

장외주식 전문 중개시장인 코스닥증권시장(Korea Securities Dealers Automated Quotations: *KOSDAQ*)이 1996년 7월 1일 개설되었는데 증권거래소시장(*KRX*)과는 별도의 시장으로 증권업협회에 등록된 주식이 매매되는 곳으로서, 증권거래소시장과 마찬가지로 경쟁매매방식을 도입하여 고객의 매매주문을 '가격 및 시간우선의 원칙' 에 따라 거래체결을 한다.

이 밖에 코스닥시장 상장요건(연간 매출액 50억원 이상)에 미달하는 중소기업에 대해서 별도의 제3시장인 "중소기업 전용 주식시장" 개장에 대한 논의 및 검토가 당국(금융위원회)에 의해서 검토·진행 중에 있다.

나. 주식의 종류

주식(stock)은 주식회사에 대한 지분(equity)을 표창하는 증서인 동시에 자본의 구성단위로서의 의미와 주주권으로서의 의미를 동시에 갖는다. 출자단위로서의 주식은 자본금을 산출하는 기초로서 액면주식만이 인정되고 있는데, 1주의 금액은 5,000원 이상이어야 한다. 벤처기업의 주식은 1주의 금액을 100원 이상으로 할 수도 있다. 발행주식의 액면총액이 회사의 자본금이 되며, 액면 이상으로 주식을 발행한 때에는 액면 초과금액이 자본준비금으로 적립된다. 주식은 배당방법, 의결권의 유무, 자본형성방법, 주주성명공시 여부, 주금기재 여부 등 각 기준에 따라 여러 가지로 각각 분류된다.

보통주(common stock)

보통주는 주주가 가지는 각종 권리, 즉 이익배당청구권, 경영참가권, 잔여재산분배청구권 등을 평등하게 가진 주식으로 이익배당이나 잔여재산분배 등의 권리에 있어서 차이가 있는 다른 주식과 구별되는 상대적 의미에서 보통주라고 부르며 우선주와 후배주의 중간형태로서 기준이 되는 주식이다.

[그림 13-7] 주권(株券)의 견양

우선주(preferred stock)

우선주는 이익배당 또는 잔여재산분배등과 같은 재산적 이익을 받는데 있어서 여기에 참가순위가 보통주에 비하여 우선적 지위가 인정되는 주식이다. 그러나 사채보다는 후순위에 있다.

우선주는 보통주에 우선하여 배당을 받을 수 있는 우선배당률이 사전에 결정되어 있다는 점에서 사채와 유사하나, 우선배당률은 사채와 같이 보증되어 있는 것은 아니다. 그런데 우선주는 여기서 부족배당의 차후 누적실행시기를 놓고, 다시 누적적우선주, 참가적운선주 등과 같이 우선권에 대해서 다음과 같이 분류한다. 즉, 누적적 · 비누적적우선주, 참가적 · 비참가적우선주로 구분된다.

① 누적적우선주와 비누적적우선주

누적적우선주란 회사의 경영사정에 의해 어떤 사업년도에 우선배당률 이하의 배당을 하거나 전혀 배당을 하지 못하는 경우, 미지급된 배당분을 다음 결산기에 보상하는 누적적조건을 붙인 우선주를 말한다.

비누적적우선주는 이러한 부족배당이 보전되지 않고 당해 결산기가 경과하면 자동 소멸되는 우선주다.

② 참가적우선주와 비참가적우선주

우선주가 일정률의 우선배당을 받은 다음에 남은 이익에 대해서도 보통주와 같이 배당에 참가하느냐 않느냐에 따른 구분인데, 일반적으로 배당률에 제한이 없는 보통주의 배당액이 우선주보다 높은 경우 그 차액에 대한 참여가 가능한 것이 참가적우선주이며, 이에 참가할 수 없는 주식이 비참가적우선주다.

후배주(deferred stock)

후배주는 보통주에 비해 이익배당이나 잔여재산분배의 참가순위가 열위(후순위)에 있는 주식이다. 열후주 또는 후취주라고도 하며, 이익이나 이자의 배당, 잔여재산의 분배 등에 있어 다른 주식에 비해 불리한 조건이 인정되는 주식을 말한다. 통상 배당을 지급하지 않고 지배를 위한 의결권만의 부여를 목적으로 발기인 등에 제공되기 때문에 미국이나 영국에서는 발기인주(founder' s share)라고 한다. 한국에서는 실용되지 않고 있다.

의결권주와 무의결권주

의결권이라 함은 주주총회에 상정되는 여러 의결사항에 대한 결정권을 의미하는데, 주식에는 의결권이 부여되는 것이 일반적이다. 이러한 주식을 의결권주(voting stock)라고 부른다.

무의결권주(non-voting stock)는 의결권이 부여되지 않거나 의결권행사에 특별한 제한이 가해지는 주식이다. 무의결권주는 우선적 배당을 전제로 의결권을 부여하지 않는 것이므로 소정의 배당우선권이 실현되지 아니할 때에는 의결권이 부활된다. 무의결권주식의 총수는 발행주식 총수의 1/4을 넘지 못하도록 하고 있다. 그리고 발행주식 총수에는 산입하지 아니한다.

액면주와 무액면주

액면주(par value stock)는 주권에 그 주식의 액면가액이 기재되어 있는 주식을 말한다. 액면가액은 자본금의 구성단위(=액면가액×주식발행수)라는 점 이외에는 별 의미가 없다. 한국에서는 액면주 발행만이 허용된다.

무액면주(non value stock)는 주권에 액면가액이 기재되지 않은 주식으로서 발행가액은 주식을 발행할 당시의 시가가 보통이다. 한국의 '상법'에는 무액면주의 발행을 인정하지 않고 미국 · 일본 등 선진국에서는 무액면주가 보편화했다.

기명주와 무기명주

기명주는 주주의 이름이 주권 및 주주명부에 기재되어 있는 주식으로 권리행사자를 명확히 알 수 있고 그 통지를 함에 있어서도 편리하다는 이점이 있다.

무기명주는 주주의 이름이 주권이나 주주명부에 기재되지 않고 주권을 소지함으로써 주주로의 자격을 인정받게 된다. 한국의 경우 무기명주는 정관에 그 발행을 예정하고 있는 경우에만 가능토록 되어 있고 발행이 되었을 경우에도 그 권리행사를 확정짓기 위해서는 주권을 회사에 공탁시키도록 하고 있다.

보증주, 상환주, 전환주

① 보증주(guaranteed stock)

이익배당의 지급을 제3자가 보증한 주식으로 사회적 신용도가 낮은 회사가 주로 발행하며 대개 모회사가 보증하는 경우가 대부분이다.

② 상환주(redeemable stock/callable stock)

주주권의 존속기간이 한정되어 있는 주식이다. 주식발행으로 조달된 자본은 회사의 자기자본을 구성하고 회사가 존속할 때까지 영구적으로 회사에 귀속되는 것이 원칙이나, 상환주는 그 발행시부터 일정기간 후에는 회사이익으로 소각하도록 예정되어 있는 주식을 말한다. 수의상환채권(callable bond)과 유사한 성격을 가지고 있다. 따라서 원금이 상환된다는 점에서 사채적 성격을 가지고 있다.

한국 '상법' 에서는 우선주에 한하여 발행이 허용된다.

③ 전환주(convertible stock)

주식 소유자의 의사에 따라 일정조건하에 소유주식을 다른 종류의 주식으로 전환할 수 있는 주식이다. 회사가 여러 종류의 주식을 발행하는 경우 일정 요건에 정해진 전환률에 따라 다른 종류의 주식으로 전환할 수 있는 권리가 부여된 주식이다. 전환권은 우선주에 부여되는 경우가 많으며 보통주로 전환되는 것이 일반적이다.

제2절 파생금융상품(신금융상품)[48)]

파생금융상품이란 무엇인가?

20세기 후반 이후 파생금융상품이 등장하게 된 배경은 인플레이션의 추세적인 지속과 기초자산(금리, 주가, 환율, 상품가격) 가격의 불안정성, 그리고 금태환정지와 변동환율제 이행에 따른 환율변동성의 확대 등에 기인된다. 여기에 더하여 같은 시기에 컴퓨터통신기술과 고도의 수학이론의 결합을 바탕으로 생성된 금융공학(financial engineering)의 새로운 응용기법이 발표되어 간편하게 신상품개발에 적용됨으로써 파생금융상품의 새로운 시대를 열게 되었다.

파생금융상품(derivatives)이라 함은 금리(채권, 예금증서 등 기초자산가격), 주가(주식의 가격), 환율(외환의 가격) 등 기초자산(underlying asset)의 가격으로부터 그 경제적 가치가 파생(derive)되어 만들어진 신상품(금융상품)을 일컫는다. 이와 같은 파생금융상품에는 선물(futures), 옵션(option), 스왑

48) 파생금융상품: 이요섭, 전게서, 참조.

(swap) 등이 있다.

선물(futures contracts)이라 함은 두 거래당사자가 선물시장(futures market)에 상장된 특정 기초자산(underlying asset)을 대상으로 미래의 어떤 시점(만기일)에 특정한 선물가격으로 특정량을 쌍방간에 매매 인·수도할 것을 현재의 시점에서 표준화계약조건에 따라 약정한 계약을 말한다. 선물은 크게 농산물, 축산물, 귀금속, 산업용 금속, 에너지 등 실물자산을 기초자산으로 하는 상품선물과 주가지수, 금리, 통화 등의 금융상품을 기초자산으로 하는 금융선물로 대별된다.

옵션(option)이라 함은 미리 정해진 가격으로 미래의 정해진 기간 동안에 특정증권(혹은 자산)을 매입할 수 있는(혹은 매도할 수 있는) 권리(right), 즉 선택권이 부여된 증권(자산)을 말한다. 이 때 그 특정증권(자산)을 매입할 수 있는 권리를 콜옵션(call option)이라 하고, 매도할 수 있는 권리를 풋옵션(put option)이라 한다.

스왑(swaps)이라 함은 두 당사자가 장차 일정 수량의 기초자산을 교환하기로 약정한 계약을 말한다. 스왑에서 교환되는 기초자산은 현물시장에서 거래되는 실물자산(actuals)과 구별하기 위해 명목자산(notionals)이라 한다. 대개 스왑거래에서는 명목자산을 한 번 이상 거래하며, 일반적으로 스왑 개시시점에서 명목자산을 교환하고 스왑 종료시점에서 이를 재교환한다.

스왑은 은행, 투자은행, 보험회사 등 금융기관이 중심이 되는 장외파생상품이란 점에서, 선물이나 옵션과 같이 거래소(장내거래)가 중심이 되는 장내파생상품과 구별된다.

최근 국제금융시장에서 가장 괄목할 만한 성장을 보이는 것이 스왑,

옵션, 선물 등 파생증권(derivative securities)이라 할 수 있다. 이들 자산가치는 상품가격이나 주식, 채권 및 주가지수 등 다른 기초자산(underlying asset)의 가치변화에 의해 영향을 받기 때문에 조건부 청구권(contingent claims)이라 부르기도 한다.

기업사례[15]

레이커(Laker) 항공사의 환거래노출 사례

환위험(환리스크) 측면에서 가장 중요한 것은 거래노출(transaction exposure)이다. 거래노출은 수입과 지출의 표시통화가 불일치할 때 자주 발생하며, 그 결과는 기업의 손실 · 이익으로 직결된다.

예컨대, 미국 Laker 항공사의 경우를 보기로 하자. 1970년대 말에는 미국 달러가 약세이고 영국 파운드가 강세였기 때문에 미국 관광비용이 상대적으로 저렴하였다. 이에 따라 Laker 항공사는 미국으로 향하는 영국인 관광객의 증가에 대비하여 DC-5기 5대를 미 달러 차입금으로 구매하였다. Laker 항공사의 수입은 주로 미국으로 향하는 영국인 관광객으로부터의 파운드 항공수입이고, 지출은 주로 미 달러차입금에 대한 이자비용이기 때문에, 수입과 지출의 표시통화가 서로 불일치하였다.

이런 상황에서 1981년부터 미 달러가 강세로 돌아섬에 따라 Laker 항공사는 거래노출에 직면하게 되었고, 그것이 한 원인이 되어 결국 파산하게 되었다. 즉, 달러의 강세로 영국인 관광객이 감소하여 파운드표시 항공수입이 감소한 반면에, 달러표시 부채를 상환하기 위한 파운드 지출은 증가되어 Laker 항공사는 파산하게 된 것이다.

1. 선물(futures)

선물계약(futures contract)은 미리 정해 놓은 일정한 시점(delivery date 또는 maturity date)에 품질, 규격 등이 표준화한 특정 상품을 현 시점에서 약정한 가격(futures price)으로 매매하기로 계약을 맺고 이 계약의 만기일에 현물에 대한 인수도를 하거나 만기일 이전에 원계약에 대한 반대매매(reversing trade)를 함으로써 완료되는 거래다.

선물매입자(long position을 취한 자)와 선물매도자(short position을 취한 자)는 자기의 계약이행을 보증하기 위한 수단으로 증거금(margin)을 각각 납부하게 되며, 선물계약은 옵션과 달리 의무이기 때문에 반드시 계약을 이행하여야 할 책임을 지게 된다.

다시 정리하자면, 선물(futures contracts)이란 두 거래당사자가 선물시장(futures market)에 상장된 특정 기초자산(underlying asset)을 대상으로 미래의 어떤 시점(만기일)에 특정한 선물가격으로 특정량을 쌍방간에 매매 인수 · 도할 것을 현재의 시점에서 표준화계약조건에 따라 약정한 계약을 말한다.

선물거래(futures transaction)는 [그림 13-8]에서 보는 바와 같이 현재시점에서 기초자산의 가격을 즉시 지불함과 동시에 그 기초자산을 즉시 인

[그림 13-8] 선물거래와 현물거래

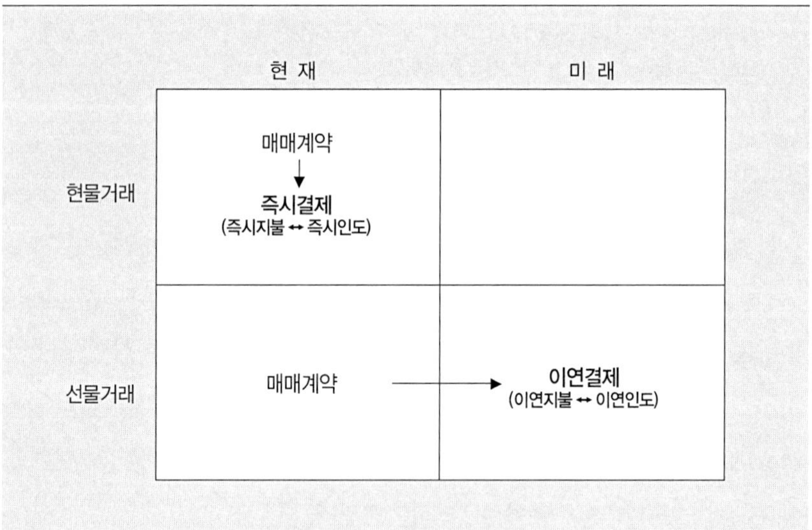

도하는 현물거래(spot transaction 또는 cash transaction)와 달리, 미래의 만기일까지 거래대금의 지불 및 인도를 이연시키는 이연거래형태, 다시 말해서 현물거래는 즉시지불과 즉시인도, 즉 즉시결제(immediate settlement)를 조건으로 거래가 이루어지는데 반해, 선물거래는 이연지불과 이연인도, 즉 이연결제(deferred settlement)를 조건으로 거래가 이루어지며, 이런 관점에서 선물은 이연인도계약(deferred delivery contracts)에 속한다.

일상적으로 우리가 행하는 거래는 현물거래(spot transaction)다. 즉, 지금 가격을 지불하고 상품을 인도받는 거래를 현물거래라고 한다. 예를 들어 베스트셀러인 책 한 권을 구입하려고 서점에 들렀다고 하자. 만약 서점에 그 책이 있다면 가격을 지불하고 책을 사면 이러한 거래는 현물거래에 속할 것이다. 그러나 만약에 베스트셀러라 다 팔려서 서점에 그 책이 한 권도 없고 그 책을 구입하려면 3개월은 기다려야 한다고 서점 주인이 말했다고 하자.

그러면 책을 구입하고자 하는 사람이나 서점 주인은 다음과 같은 거래를 제안할 수 있다. 즉, 가격은 현재가격으로 하고 3개월 후 책이 나오면 대금을 지불하고 책을 사는 거래를 제안할 수 있다. 이러한 거래의 경우 구입자 입장에서는 책값 인상과 관계없이 현재가격으로 책을 구입할 수 있고, 서점 주인은 책을 구입하고자 하는 구입자를 확보해서 좋을 것이다. 이러한 계약과 거래를 선물계약(future contract)과 선물거래(future transaction)라고 한다.

기업사례 [16]

선도(선물)거래의 발전과정

선도거래의 기원은 아직 분명하지 않다. 그러나 꼭 찾아본다면 고대 로마, 고대 그리스 또는 고대 인도까지 거슬러 올라갈 수 있다(고대 그리스의 기하학자 탈레스 이야기에 이미 선물 · 옵션거래 내용이 나온다).

한국에서도 조선말 1896년에 인천미곡거래소가 설립되어 연거래(延去來)의 형태로 선도거래가 이루어졌다. 이 때 고유한 선도거래로 입도선매, 입목거래, 밭떼기거래, 창고떼기거래 등이 있었다. 영국에서는 산업혁명과정에서 부족한 기초금속을 해외에서 조달하기 위해 금속선물을 일찍 도입하였고, 일본의 도쿠가와(德川)막부는 1730년에 도지마 쌀거래소를 개설하고 쌀표를 거래하였는데, 이것이 세계 최초의 선물거래일 가능성이 높다는 견해가 제시되고 있다.

미국선물시장은 농산물선물을 시작으로 19세기 중엽부터 실질적으로 선물거래가 발전하였으나 1970년대에는 금융선물이 도입되어 새로운 전기를 맞이하게 되었다.

한국도 1996년 5월부터 한국증권거래소가 KOSPI 200지수선물을 도입함에 따라 선물시대가 열렸으며, 이어서 CD금리선물, 미 달러선물, 금선물, 국채선물, KOSDAQ 50지수선물을 차례로 도입함으로써 본격적인 선물거래시대가 열리게 되었다. 또한 2005년 1월 한국증권선물거래소가 기존의 기구들을 통합하여 새로이 출범했다.

상품선물

미국 시카고에서 1848년에 시카고상품거래소(*CBOT*: Chicago Board of Trade)가 개설된 이후 밀, 옥수수, 귀리, 대두, 대두박, 대두유 등을 대상으로 한 농산물선물이 공식 거래되었고, 영국에서는 1877년에 런던금속거래소(*LME*)가 개설된 이후 동, 납, 알루미늄, 니켈, 은, 아연 등을 대상으로 한 금속선물이 거래되었으며, 그 외의 각국에서도 다양한 상품선물이 거래되고 있다.

상품선물 중 농수산물선물은 면화, 고무, 보리, 대두, 밀, 감자, 옥수수, 오렌지, 코코아, 커피, 설탕, 귀리, 대두박, 쌀, 야자유 등을 대상으로 하고, 축산물선물은 생우, 생돈, 육계 등을 대상으로 한다. 금속선물은 귀금속선물과 산업용금속선물로 구분되는데, 귀금속선물은 금, 은, 백금 등을 대상으로 하고, 산업용금속선물은 알루미늄, 구리, 주석, 니켈, 납 등을 대상으로 한다. 또 에너지선물은 원유, 난방유, 무연휘발유, 프로판가스, 전기 등을 대상으로 한다.

금융선물

금융선물은 주가지수, 금리, 통화를 기초자산으로 하며, 1972년에 시카고상업거래소(*CME*) 내의 국제통화시장(*IMM*)에 의해 영국 파운드, 캐나다 달러, 독일 마르크, 일본 엔, 스위스 프랑을 기초통화(자산)로 하는 통화선물이 도입되고, T-bill선물, T-bond선물, 유로달러선물, T-note선물 등의 금리선물이 도입되었으며, 1982년 이후에는 VLI(Value Line Index)지수선물, S&P 500지수선물, NYSE종합지수선물, MMI지수선물 등의 주가지수선물이 도입되었다.(*MMI*; Major Market Index는 NYSE에서 거래되는 기계, 컴퓨터, 석유, 화학 등을 비롯한 20개의 주요 우량주의 성과를 측정하는 주가지수다.)

영국에서는 1982년에 런던국제금융선물거래소(*LIFFE*: London international financial futures exchange)가 개설되어 통화선물, 금리선물, 주가지수선물이 도입되었고, 1985년 오사카증권거래소(OSE)에서 일본 국채선물을 도입하였으며 이어서 Nikkei 225지수선물을 도입했다.

금리선물은 장기금리선물, 중기금리선물, 단기금리선물로 분류되는데, 장기금리선물은 미국의 T-bond, Muni-bond, 영국의 장기국채, 일본의 장기국채, 캐나다의 장기국채 등 각국의 장기국채를 대상으로 하고, 중기금리선물은 미국의 T-note, 영국의 중기국채, 일본의 중기국채, 한국의 국채 등을 대상으로 하며, 단기국채선물은 미국의 T-bill,

〈표 13-2〉 미국 재무성 채권선물 주요 거래조건

	T-bond	10년 T-note	5년 T-note	2년 T-note
거래단위	액면가액U$10만	액면가액U$10만	액면가액 U$10만	액면가액U$0만
인도가능 등급	인도월 최초영업일로부터 만기일이나 중도상환일이 15년 이상남은8%액면이자율의T-bond	인도월 최초영업일로부터 잔존만기가6 $\frac{1}{2}$~10년인 액면이자율8%의T-note	만기가 5 $\frac{1}{4}$년 이하이고 인도월 최초영업일로부터 잔존만기가 4 $\frac{1}{4}$ 이상 남은 T-note	만기가 5 $\frac{1}{4}$년 이하이고 인도월 최초영업일로부터 잔존만기가 $\frac{3}{4}$년~2년인 T-note
가격호가	1/32%, 액면 100기준백분율로표시	1/32%, 액면 100기준백분율로표시	0.5/32%	0.25/32%
틱 크기	U$31.25($10만×1/100×1/32)	U$31.25($10만×1/100×1/32)	U$15.625	
일일가격 변동폭	전일 정상가격의 상하3포인트	전일 정상가격의상하3포인트	전일 정상가격의상하3포인트	상하1포인트
인도월	3,6,9,12월	3,6,9,12월	3,6,9,12월	3,6,9,12월
최종 거래일	인도월최종영업일7영업일전	인도월최종영업일7영업일전	인도월최종영업일7영업일전	인도월최종영업일7영업일전
최종인도일	인도월최종영업일	인도월최종영업일	인도월최종영업일	인도월최종영업일
약호	US	TY	FY	TU
인도방법	연방준비은행장부상의전신이체제도에 의해 인도 · 인수시 인도가격은8%와상이한액면이자율, 상이한채권만기 또는상환일을조정하기 위해 전환계수제도에 의하여조정 · 계산된다.			

CP, 영국의 단기국채, 프랑스의 단기국채, 유로달러정기예금, 한국의 CD 등 기초자산을 대상으로 한다.

통화선물은 일본 엔, 영국 파운드, 독일 마르크, 스위스 프랑, 캐나다 달러, 호주 달러, 멕시코 페소, EU 유로화 등을 대상으로 한다.

미재무성 채권선물 내용 및 세계 주요 단기금리선물 내용을 각각 보면 〈표13-2〉 및 〈표13-3〉과 같다.

2. 옵션(option)

일정한 자산(기초자산; underlying asset)을 일정한 가격(행사가격; exercise price)으로 일정 기한(만기; term to maturity)에 또는 기한 내에 사거나 팔 수 있는 권리로서, 살 수 있는 권리를 콜옵션(call option), 팔 수 있는 권리를 풋옵션(put option)이라 부른다. 옵션은 권리이기 때문에 투자자가 판단하여 자기에게 유리하다고 생각될 때에만 행사하게 된다.

파생금융상품 중에서 옵션은 옵션 매입자가 본인에게 유리하면, 즉 이익이 발생한다면 권리를 행사하고, 그렇지 않다면 옵션을 포기하는 선택권을 가지는 파생상품이다.

옵션상품에는 주식을 기초자산으로 하는 주식옵션(stock option), 주가

〈표 13-3〉 세계 주요 거래소의 단기금리선물

국 명	거래소	거래대상증권
미 국	CME	T-bill(90일), LIBOR(30일), T-bill(1년), 유로달러(3개월), $/£ Diff(3개월)
	MidAm	T-bill(3개월)
캐나다	TFE	캐나다T-bill(90일)
영 국	LIFFE	유로달러(3개월), 유로마르크(3개월), 스털링 금리(3개월), ECU(3개월)
프랑스	MATIF	프랑스국채(90일), PIBOR(3개월), 유로마르크(3개월)
독 일	DTB	FIBOR(3개월)
일 본	TIFFE	유로엔(3개월), 유로달러(3개월), 유로엔(1년)
홍 콩	HKFE	HIBOR(91일)
싱가포르	SIMEX	유로달러(3개월), 유로엔(3개월), 유로마르크(3개월)
호 주	SFE	Bank-bill(90일)
뉴질랜드	NZFE	Bank-bill(90일)
브라질	BM&F	Cruzeiro 금리

기업사례 [17]

미국 저축대부조합(S&L)의 금리노출 사례

1970년대에는 미국의 S&L(Savings and Loan Associations: 저축대부조합)이 수익성이 너무 좋아 마치 "돈 찍어내는 기계"와 같아 보였다. 이 당시에 미국의 수익률곡선(yield curve)은 우상향곡선(upward sloping curve)을 이루고 있었기 때문에 S&L에서는 단기저축으로 저렴하게 자금을 조달하여 높은 장기고정금리로 부동산담보대출을 실행함으로써 안정적인 수익을 올릴 수 있었다. 이 당시 S&L의 손익계산서를 보면, 수입은 금리변동과 무관하게 장기적으로 고정된 반면에, 지출은 단기금리변동에 민감하게 영향을 받게 되었다. 즉, 단기금리가 상승하면 S&L의 비용이 증가되어 S&L은 거래노출에 처하게 되어 있었으나, 1970년대 동안에는 수익률곡선이 우상향곡선을 이루고 있었기 때문에 S&L은 거래노출에 처하지 않았다.

그러나 1980년대에 접어들어, 장 · 단기금리가 역전되기 시작하였다. 즉, 단기금리는 상승하고 장기금리는 하락하여 수익률곡선이 우하향곡선(downward sloping curve)으로 역전되었고, 이에 따라 S&L은 "돈 찍어내는 기계"에서 "밑 빠진 독"으로 전락하고 말았다. 즉, 수익률곡선이 우하향곡선으로 역전됨에 따라 단기차입금리가 장기대출금리를 초과하는 "역금리 현상"이 발생하여 S&L은 "밑 빠진 독"으로 부실화되고 말았다.

지수가 기초자산인 주가지수옵션(stock index option)과 외국통화가 기초자산인 통화옵션(foreign currency option) 등이 있다.

옵션의 기본거래구조를 설명하면 [그림 13-9]와 같다.

[그림 13-9] 옵션의 기본구조

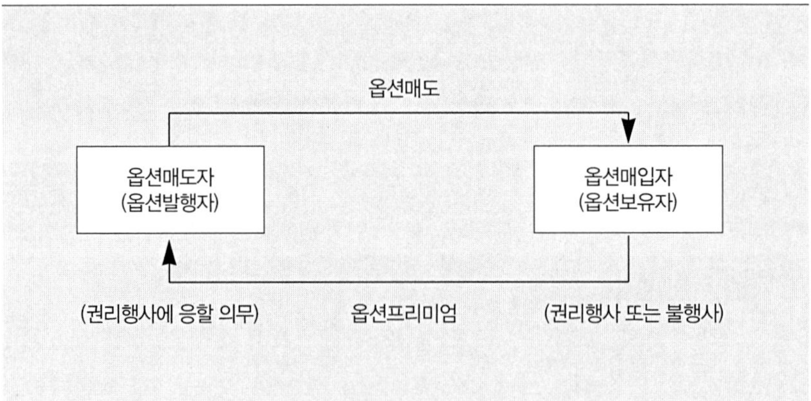

기업사례 [18]

옵션거래의 역사

옵션의 기원에 대해서는 고대 그리스시대부터 옵션거래가 시작되었다는 주장이 있다. 그러나 최초의 옵션거래는 네덜란드에서 시작된 튤립 구근(球根)에 대한 옵션거래에서 유래되었다는 주장이 설득력을 가지고 있다. 16세기 초 네덜란드에는 튤립 재배기술이 보급되기 시작하였는데, 1630년대에는 재배가 크게 유행하여 많은 사람들이 튤립의 재배와 매매에 참가하게 되었다. 그러나 튤립은 작황에 따라 가격변동이 격심해서 재배자나 수요자들은 거래에 매우 어려움을 겪어야만 했다. 재배자들은 가격안정을 바라고 있었고 수요자들도 안정된 가격으로 튤립을 공급받기를 원하게 되어 새로운 거래방식으로 등장하게 된 것이 튤립에 대한 옵션거래였다. 즉, 튤립거래 딜러들은 튤립에 대한 콜옵션을 매입하여 미래의 시장 가격에 관계없이 안정된 가격으로 매입할 수 있게 되었고, 튤립재배자들은 풋옵션을 매입함으로써 공급가격의 최저선을 정할 수 있었다. 그러나 네덜란드의 튤립 옵션거래제도는 그 당시 계약불이행에 대한 방지제도, 즉 신용리스크에 대한 대응책 미비로 실패하게 된다.

주식에 대한 옵션거래는 1690년 런던에서 최초로 시작되었는데, 그 후 미국에 도입되어 19세기 말부터 뉴욕 월스트리트(Wall Street) 에서 점두거래형태로 등장하였다. 주식옵션에 대한 거래가 활발해지자 1920년대에는 옵션거래가 주가조작에 이용되는 사례가 빈발했고, 이 때문에 1934년 의회는 옵션거래를 금지할 것을 고려하였다. 그러나 옵션의 보험기능 및 주식시장의 안정화 기능에 대한 주장이 대두되어 주가조작행위만을 금지하는 형태로 내용변경이 이루어졌다. 1960년대에서 1970년대의 증권시장의 장기침체기를 거치면서 새로운 금융상품에 대한 요구가 증대됨에 따라 1973년 4월 시카고옵션거래소가 문을 열게 됨으로써 오늘날 통화옵션, 지수옵션까지 그 대상과 범위가 날로 확장되어 오고 있다.

한편, 세계 주요 금융옵션 상품들을 살펴보면 〈표 13-4〉와 같다.

〈표 13-4〉 주요 금융 옵션상품

구분	상품	
(1) 통화옵션	• 영국 파운드(£) • 독일 마르크(DM) • 일본 엔(¥) • 원/달러 환율	• 캐나다 달러(C$) • 스위스 프랑(SFr) • 독일 마르크 선물(DM Futures)
(2) 금리옵션	• 미재무성 단기채권(13 Week Treasury-Bill) • 미재무성 중기채권(Treasury-Note) • 미재무성 장기채권(Treasury-Bond) • 정부저당채권(GNMA: Government National Mortgage Association) • CD(Certificate of Deposit) • T-Bond Futures • GNMA-Ⅱ Futures	
(3) 주가지수옵션	• S&P 100지수 • MMI(Major Market Index) • NYSE Composite Index • NYSE Composite Index futures	• S&P 500지수 • Amex Market Value index • S&P 500지수선물옵션 • KOSPI 200지수옵션

주식옵션

주식옵션(stock option)은 개별주식을 기초자산으로 하는 옵션을 말하며, 금융옵션 중에서 가장 오래된 상품으로서 거래가 활발하다. 미국의 경우 *CBOE*, *AMEX*, *PHLX* 등이 주요한 주식옵션거래소다. 미국에서는 500개 이상의 주식에 대한 옵션이 거래되고 있고, IBM, Kodak, GM주식에 대한 옵션이 활발한 주식옵션들이다. 〈표 13-5〉는 *CBOE* 주식옵션의 명세서다.

〈표 13-5〉 CBOE 주식옵션 명세서

구분	내역
기초주식	개별주식
거래소	CBOE
계약단위	기초주식 100주
가격제한폭	없음
개시일	최종거래일 익일
결제월	JAJO(1, 4, 7, 10월), FMAN(2, 5, 8, 11월), MJSD(3, 6, 9, 12월) 주기 중 선택
만기일	결제월의 제3토요일
최종거래일	만기일 직전 영업일
행사방식	미국형
결제방법	최종거래일의 옵션가격과 행사가격의 차이를 현금결제
계약조건 조정	주식분할이나 주식배당의 경우에 거래단위와 행사가격 조정

주가지수옵션

주가지수를 기초자산으로 하는 옵션을 주가지수옵션(stock index option)이라 한다. 주가지수옵션의 대상상품은 현물지수와 지수선물 모두 가능하다. 현물지수옵션은 옵션의 매입자에게 특정 주가지수를 특정 가격에 매입 혹은 매도할 수 있는 권리를 부여한다.

그러나 주가지수는 현물이 아니어서 실물을 주고받을 수 없으므로 옵션의 행사에 따른 손익은 현금결제를 한다. 즉, 행사일의 최종지수와 행사가격의 차이에 미리 정해진 지수승수(예컨대, S&P 500의 경우 지수승수는 500)를 곱한 금액을 현금으로 결제한다. 현재 미국에서 다양한 지수옵션이 거래되고 있다.

금리옵션

금리옵션(interest rate option)은 이자율을 기초자산으로 하는 옵션이다. 통상 채권옵션(bond option), 채권선물옵션(bond futures option), 금리스왑옵션(interest rate swap option) 등을 포함한다. 거래소에서 거래되는 금리옵션 중에서 가장 활발한 것은 T-bond선물옵션과 T-note선물옵션 등 장기금리옵션, 그리고 T-bill옵션과 유로달러선물옵션 등의 단기금리옵션 등이 있다.

채권의 가격이 상승하면(즉, 금리가 하락하면), 금리선물의 가격은 상승하고, 채권의 가격이 하락하면(즉, 금리가 상승하면), 금리선물의 가격은 하락한다. 따라서 단기금리가 상승할 것으로 예상하는 투자자는 유로달러선물 풋옵션을 매입하여 투기할 수도 있고, 단기금리가 하락할 것으로 예상하는 투자자는 유로달러선물 콜옵션을 매입하여 투기할 수 있다. 반면에, 장기금리가 상승할 것으로 예상하는 투자자는 T-bond 또는 T-note에 대한 선물 풋옵션을 매입하여 투기할 수 있고, 장기금리가 하락할 것으로 예상하는 투자자는 T-bond 또는 T-note에 대한 선물 콜옵션을 매입하여 투기할 수 있다.

① 단기금리옵션: 대부분의 단기금리옵션은 유로달러선물옵션과 같은 선물옵션이고 그 외의 T-bill옵션이 있다. 유로달러선물계약은 미래에 유로달러자금차입 또는 대여를 할 때 적용되는 실질금리수준을 확정시키기 위하여 거래된다.

② 장기금리옵션: 주요 장기금리옵션으로는 T-bond와 T-note, 영국에서는 T-bond를 들 수 있다. 현재 거래되고 있는 T-bond와 T-note

옵션의 계약단위는 채권액면금액 $100,000이다. 각 옵션시리즈의 행사가격과 만기월은 당해 옵션시리즈가 거래될 옵션거래소가 정하며, 행사가격은 액면금액에 대한 %로 정한다.

〈표 13-6〉는 전 세계 주요 금리옵션의 현황이다.

〈표 13-6〉 전 세계 주요 금리옵션

국가	거래소	기초자산	
		단기자산	장기자산
미 국	CBOE	T-bill(3개월)	T-note, T-bond
	CBOT		T-note, T-bond, Muni-bond
	CME	유로달러, 유로엔(3개월)	
	MidAm	LIBOR(3개월)	T-bond
캐나다	ME	캐나다 BA(3개월)	캐나다 장기국채
영 국	LIFFE	스털링(3개월), LIBOR(3개월), 유로스위스(3개월)	영국Long gilt, 독일장기국채, 이탈리아장기국채, 미국T-bond
프랑스	MATIF	EURIBOR(3개월)	프랑스 장기국채(10년), 중기국채(5년)
독일 · 스위스	EUREX	EURIBOR(3개월)	Bund, Euro-Bund, 스위스국채
네덜란드	AEX		네덜란드장기국채
벨기에	BXS		벨기에장기국채
덴마크	FUTOP		덴마크장기국채
일 본	TIFFE	유로엔(3개월)	
	TSE		일본장기국채(10년)
싱가포르	SIMEX	유로엔(3개월), 유로달러(3개월)	일본장기국채(10년)
호 주	ASX		호주장기국채
	SFE	호주BA(3개월)	호주장기국채(10년), 중기국채(3년)
뉴질랜드	NZFOE	뉴질랜드BA(3개월)	뉴질랜드 장기국채(10년)
브라질	BBF	브라질 은행간 평균금리	

통화옵션

두 국가 간의 환율을 기초자산으로 하는 옵션을 통화옵션(currency option)이라 한다. 즉, 통화옵션은 특정통화 일정액을 미리 일정 기간 내 또는 특정일에 특정의 환율에 의해 다른 통화로 매입 또는 매도할 수 있는 권리다.

통화옵션은 옵션시장을 개설하고 있는 국가의 통화와 세계 주요 통화 간의 환율을 기초자산으로 한다. 필라델피아거래소(PHLX)가 1982년에 최초로 통화옵션을 거래하기 시작한 이래 통화옵션의 규모는 급속히 성장하였다.

선물옵션

선물옵션(futures option)이란 선물을 기초자산으로 하는 옵션으로서, 옵션을 행사하면 옵션소유자가 약정된 가격으로 미래시점에서 자산을 사거나 팔 수 있는 권리를 갖는다.

다시 말해 현물옵션의 경우 옵션의 행사는 즉시 현물인 기초자산의 인도 혹은 인수를 유발하나, 선물옵션의 행사는 현물이 아닌 선물을 매입(long futures)하거나 매도(short futures)하는 포지션을 취하게 되므로 옵션 행사 이후 미래 선물 만기에 실제로 기초자산을 거래하게 된다. T-bond 의 선물옵션 거래명세는 〈표 13-7〉과 같다.

〈표 13-7〉 T-bond선물옵션의 명세서

구분	내 역
기초자산	T-bond 선물
표준물	잔여만기 20년, 표면금리 8%인 T-bond
거래소	CBOT
계약단위	액면가 $100,000
가격제한폭	전일 옵션결제가격의 상하 3포인트(계약당 $3,000)이나 4.5포인트까지 확장가능. 단, 최종거래일에는 가격제한 해제
가격표시	액면가의 백분율(%) 및 1/64%
개시일	최종거래일 익일
결제월	4개결제월 : 3,6,9,12월중 연속3개근월및최근월
만기일	최종거래일 후 최초 토요일
최종거래일	결제월 전월의 최종영업일로부터 최소한5영업일 앞선 기간 중 최종 금요일
행사가격	근월물 : 기초선물가격 포함하여 1포인트 간격으로 상하 각각 4개 및 이 범위 밖에서는 2 포인트 간격 원월물 : 기초선물가격 포함하여 상하 1 포인트 간격
행사방식	미국형
호가단위	액면가의 1/64% 또는 1틱($15.625)

3. 스왑(swap)

스왑거래(swap transaction)란 미래의 특정일 또는 특정기간 동안 일정 상품 또는 금융자산을 상대방의 상품이나 금융자산과 맞교환하는 거래를 말한다. 교환대상이 상품인 경우를 상품스왑(commodity swap)이라 하고 금융자산인 경우를 금융스왑(financial swap)이라고 한다. 스왑거래의 기원은 국제기업간의 평행대출에서 비롯된다. [그림 13-10]에서 이해할 수 있다.

1980년대 들어와 기업의 재무관리자, 은행의 부채관리자 및 각종 포

[그림 13-10] 평행대출과 자금의 흐름

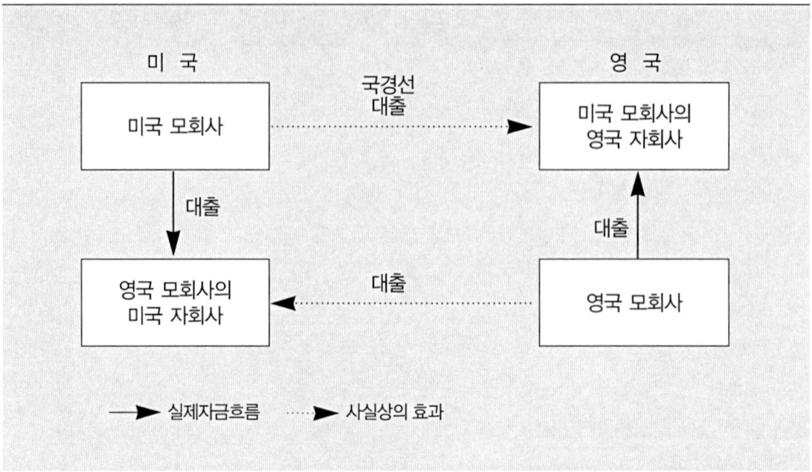

트폴리오 관리자들의 요구를 충족시켜주는 기법들의 개발로 스왑금융이 급성장하게 되었다.

상품스왑의 대표적 거래상품으로는 원유 · 벙커-C유 · 곡물 등이 있고, 금융스왑의 대상으로는 외환 · 채권 등이 있다. 스왑거래는 일정장소가 있는 거래소에서의 거래가 아닌 일종의 선도거래(forward transaction)에 속한다고 할 수 있다.

금융스왑에는 금리스왑(interest rate swap), 고정금리통화스왑(fixed rate currency swap), 금리 · 통화스왑(interest rate currency swap), 베이시스 레이트 스왑(basis rate swap) 등이 있다.

기업사례[19]

ASEAN CMI에 의한 양자간 통화스왑 체결

한국은행은 2002년 6월 24일 중국 베이징에서 중국인민은행과 U$20억 규모의 통화스왑계약을 체결했었고, 일본과도 이미 U$20억 규모의 스왑계약을 체결했으며, 태국과도 U$10억 규모의 스왑을 체결한 바 있다.

이어서 2005년 5월 4일 ASEAN+3(한 · 중 · 일)재무장관회의에서 합의에 따라 스왑체결협력이 강화되었다. 이번 한 · 중 · 일 중앙은행간의 통화스왑계약은 외화유동성 부족 등이 발생할 경우 3국간 통화를 상호교환(스왑)하여 사용할 수 있도록 하는 계약으로서, 자금지원 요청국은 필요시 상대국 통화 대신 미달러화를 지원받아 사용할 수도 있게 되었다. 이로써 당사국들은 국제금융시장에서의 신인도 향상, 금융위기의 조기극복에 크게 기여하게 될 것으로 기대된다.

이번 통화스왑체결은 2000년 5월 ASEAN 10개국과 한 · 중 · 일 3개국이 합의한 치앙마이선언(CMI: Chiang Mai Initiative)에 따라 동아시아 역내에서 추진되고 있는 양자간(bilateral) 금융협력방안의 일환으로 이루어진 것이다.

2005년 5월 25일 현재 CMI에 의한 양자간 통화스왑 추진현황은 〈표 13-8〉과 같다. 이 표에서 한국은 총합계 130억 달러의 스왑계약을 확보하고 있다.

(한국은행 보도자료, 2005. 5. 25.)

〈표 13-8〉 CMI Bilateral Swap Agreements

(단위: 억 달러)

	한국	일본	중국	태국	필리핀	말레이시아	인도네시아
한 국	–	50	40	10	10	10	10
일 본	50	–	30	30	30	10	...
중 국	40	30	–	20			

금리스왑

① 금리스왑의 개념

금리스왑(interest rate swap)이란 두 거래당사자가 각각 상대방에게 미래의 특정시점에서 명목원금에 기초한 각자의 채무에 대해서 동일통화에 의한 이자지급의무를 일정 기간 동안 서로 바꾸어 부담하기로 상호 약정하는 거래인데, 여기서 양 당사자 중 한쪽은 스왑계약시점에서 미리 약정한 고정금리를 지급하는 고정금리지급자이고, 다른쪽 상대방은 스왑의 만기까지 매 기간마다 재조정되는 변동금리를 지급하는 변동금리지급자이며, 원금은 교환하지 않고 단지 이자만 교환하는 거래계약이다. 즉, 금리스왑은 통화스왑과는 달리 거래당사자간 이자지급의무만 있고 원금상환의무는 없다. 따라서 한쪽 상대방이 이자를 지급하지 않을 경우 다른 상대방도 이자지급을 하지 않을 수 있으므로 통화스왑에 비해 위험(risk)이 훨씬 적다.

금리스왑은 오늘날 스왑거래에서 가장 거래가 많은 대표적 형태로서 때로는 generic swap 또는 plain vanilla swap, 혹은 coupon swap이라고도 불리는데, 주된 거래동기는 신용도의 격차에서 나오는 것이다.

금리스왑은 거래당사자가 되는 각 차입자들이 특정의 자본시장에서 비교우위(comparative advantage)를 가지고 있을 때, 이를 이용하여 자기가 원하는 자금을 보다 저렴한 비용으로 조달하는 방법이다.

② 표준형 금리스왑

표준형 금리스왑은 앞서 이미 설명한대로 두 스왑당사자가 계약기간 동안 명목금리에 기초하여 동일한 통화로 표시된 이자를 지급하되, 한쪽 당사자는 고정이자지급자(fixed-rate payer)로서 계약시점에 미리 약정한 고정이자를 지급하고 다른 쪽 당사자는 변동이자지급자(floating-rate payer)로서 특정 금리지표를 기준으로 매 기간마다 재조정되는 변동이자를 지급하는 두 당사자간의 계약이다.

표준형 금리스왑에서는 앞에서처럼 결과적으로 두 당사자들 간에 고정이자와 변동이자만 교환된다는 점에서 표준형 금리스왑을 고정 대 변동스왑(fixed-against-floating swap)이라 한다. 표준형 금리스왑에서는 명목원금(notional principal)은 교환되지 않고, 명목원금에 고정금리를 곱하여 산정한 고정이자와 명목원금에 변동금리를 곱하여 산정한 변동이자가 두 당사자들 간에 주기적으로 교환된다. 또한 고정금리는 이표채권의 표면이자를 반영한다는 의미에서 표준형 금리스왑을 이표스왑(coupon swap)이라고도 한다.

③ 통화스왑의 개요

통화스왑(currency swap)이란 서로 다른 통화로 표시된 자금을 필요로 하는 두 거래당사자가 계약기간 동안 원금에 기초하여 상이한 통화로 표시된 이자를 지급하고, 만기일에는 계약시점에 미리 약정한 환율에 의해 원금을 교환하는 것이다.

여기서는 금리스왑에서와 같은 이자지급뿐만 아니라 원금에 대한 현금흐름까지 교환하기로 약속하는 협약을 말한다. 통화스왑은 다음과 같은 몇 가지 사항을 제외하면 금리조건을 교환한다는 점에서는 금리스왑과 같다.

즉, 통화스왑의 특성은 다음과 같다.

- 거래 쌍방이 상호 교환하는 현금흐름을 서로 다른 통화로 표시한다.
- 만기에서는 항상 명목원금을 상호 교환한다.
- 유효일에 명목원금을 상호 교환할 수도 있다.
- 거래 쌍방이 상호 교환하는 현금흐름은,
  양쪽 다 고정금리이자이거나,

양쪽 다 변동금리이자이거나,

한쪽은 고정금리이자, 다른 한쪽은 변동금리이자일 수도 있다.

다시 요약하면 통화스왑은 서로 다른 통화를 갖는 쌍방이 고정금리부채를 갖는 경우 연속적으로 현금흐름을 교환하는 금융기법으로 기간은 보통 5년에서 12년이며, 금액은 1,000만 달러 내지 1억 달러 정도다. 이는 금리스왑과는 달리 이자지급뿐만 아니라 원금지급을 위한 현금흐름까지도 포함한다.

④ 표준형 통화스왑

표준형 통화스왑(generic or plain vanilla currency swap)은 두 스왑당사자가 계약기간 동안 명목원금에 기초하여 상이한 통화로 표시된 이자를 지급하고, 만기일에는 계약시점에 미리 약정한 환율에 의해 명목원금을 재교환하는 두 당사자 간의 계약이다. 여기서 표준형 통화스왑은 표준형 금리스왑의 특수형태로 볼 수 있는데, 양자 간의 차이점은 다음과 같다.

- 표준형 금리스왑에서는 두 스왑당사자가 서로 교환하는 현금 흐름을 서로 동일한 통화로 표시하는데 반해, 표준형 통화스왑에서는 서로 상이한 통화로 표시한다.
- 표준형 금리스왑에서는 두 스왑당사자가 만기일에 명목원금을 재교환하지 않는데 반해, 표준형 통화스왑에서는 만기일에 명목원금을 서로 재교환한다.

• 표준형 금리스왑에서는 두 스왑당사자가 계약기간 동안 고정이자와 변동이자를 서로 교환하는데 반해, 표준형 통화스왑에서는 두 스왑당사자가 고정이자를 서로 교환할 수도 있고, 변동이자를 서로 교환할 수 있으며, 고정이자와 변동이자를 서로 교환할 수도 있다. 표준형 통화스왑의 명세는 〈표 13-9〉에서 보는 바와 같다.

〈표 13-9〉 표준형 통화스왑 명세서

구분	내 역
최종사용자	통화스왑, 합성통화상품, 통화스왑스프레드 거래자
주요 스왑딜러	상업은행, 투자은행
스왑딜러의수입	호가스프레드(표준형 스왑의 경우 5 ~ 10bp)
주요 거래자	머니센터 상업은행, 투자은행, 대형 지역은행
거래규모	거래별로 다름 : 평균명목원금 : $10,000,000 ~$50,000,000
만 기	1 ~ 7년(1 ~ 5년은 유동성이 매우 높음)
신용위험	신용위험 존재(담보, 증거금, 주기적 정산 필요)
경쟁상태	상품수명주기상 성숙단계 진입, 경쟁치열

상품스왑

상품스왑(commodity swap)에서는 스왑당사자의 일방이 상대방에게 주어진 상품의 수량에 대한 단위당 고정가격을 주기적으로 지급하는 대신에 단위당 변동가격을 주기적으로 수취한다. 상품스왑에서 교환되는 상품의 종류는 같을 수도 있고 다를 수도 있다. 상품의 종류가 같으면 명목원금의 교환이 불필요하고, 상품의 종류가 다르면 명목원금의 교환이 필요하지만, 일반적으로는 명목원금의 교환이 발생하지 않는다. 〈표 13-10〉는 상품스왑의 명세서를 보여주고 있는데, 상품스왑거래의 상세

〈표 13-10〉 상품스왑 명세서

구분	내 역
최종사용자	대규모상품생산자및상품소비자
주요스왑딜러	상업은행, 투자은행
스왑딜러의수입	호가스프레드+1 ~5%의알선수수료
주요거래자	Chase Manhattan, Phibro Energy, Banque Paribas, Bankers Trust, Goldman Sachs, Continental, First Chicago, Chemical Bank
거래규모	$25,000,000 ~$250,000,000
신용위험	금리스왑보다 신용위험이높음
경쟁상태	상품수명주기상도입단계진입, 경쟁은약함

한 제도가 설명되고 있다. 상품스왑은 위험헷지, 규제회피, 원자재의 안정적 확보 등 여러 가지 기능이 있다.

4. 한국의 파생상품시장

한국선물시장 개요

한국의 선물시장은 2005년 1월에 기존의 한국증권거래소(*KSE*), 한국선물거래소(*KOFEX*), 코스닥(*KOSDAQ*: 협회중개시장)시장, 코스닥위원회 등 4개 증권기구가 하나로 통합하여 한국증권선물거래소(*KRX* : Korea Exchange)가 새로이 출범하였고, 그 후 2009년 2월 4일 "자본시장법"이 시행되면서 명칭을 '한국거래소' (*KRX*)로 변경하였다.

한국거래소(*KRX*) 상장상품

2011년 7월 현재 한국거래소에 상장되고 있는 파생상품 상장현황은 〈표 13-11〉과 같다.

〈표 13-11〉 한국거래소 파생상품 상장현황

기초자산	선물(futures)	옵션(option)
금 리	– 국채선물: 3종 (3. 5. 10년 만기물)	–
통 화	– 미국달러선물 – 일본엔화선물 – 유로선물	– 미국달러옵션
주 식	– KOSPI 200지수선물 – 개별주식선물[1]: 25종목 – 스타지수선물	– KOSPI 200지수옵션 – 개별주식옵션[2]: 33종목
상 품	– 금선물: 2종 (1kg, 100g) – 돈육선물	–

※ 자료 : 한국거래소, 2011. 7. 25.

주 1) KB금융지주, 삼성전자, 이마트, 신한금융지주, SK텔레콤, 우리금융지주, LG전자, LG디스플레이, KT, KT&G, 포스코, 하나금융지주, 한국전력공사, 현대중공업, 현대자동차, 기아자동차, 대우증권, 대한항공, 두산인프라코어, 삼성물산, 하이닉스반도체, 현대제철, GS건설, NHN, SK이노베이션

주 2) 강원랜드, KB금융지주, 기아자동차, 대한항공, 삼성물산, 삼성전기, 삼성전자, 삼성증권, 삼성화재해상보험, 삼성SDI, 신한금융지주, KT, KT&G, 포스코, 하나금융지주, 한국가스공사, 한국전력공사, 한국타이어, 한진해운, 현대모비스, 현대자동차, 현대중공업, CJ, GS홀딩스, 현대제철, LG, LG전자, LG화학, SK이노베이션, SK텔레콤, LG디스플레이, 우리금융지주, 이마트

□ 참 고 문 헌 □

강대경 · 윤강술 · 최영만 공저, "글로벌시대의 국제경영", 도서출판 효일, 2000.

강길환 · 이상근 공저, "기업재무의 이해", 삼영사, 2002.

김소연 · 신현안, "기업의 지배구조 문헌연구", 금융학회지 제12권 제3호, 한국금융학회, 2007. 9월호, p.31

김용열, "기업이란 무엇인가?", 이슈투데이, 2002.

김종선 · 김종호 공저, "금융시장론", 학현사, 2001.

김철, "다국적기업론", 법문사, 1996.

박덕제 · 안영도 공저, "기업경제학", 개정판, 중앙경제, 1999.

신민식, "파생상품시장론", 법문사, 2001.

안영도 · 박덕제 공저, "경영인 경제학", 비봉출판사, 2001.

어윤소 · 정한경, "다국적기업경영", 천지출판, 2000.

어윤소 · 정한경 · 안용 · 한문성 공저, "기업과 경영", 형설출판사, 2007.

이요섭, "관리경제학", 호서대 강의집, 2000.

이요섭, "기업과 경제", 명지대 강의집, 2002.

이요섭, "국제경제와 다국적기업", 명지대 강의집, 2002.

이요섭, "금융시장과 금융상품", 제3판, 연암사, 2007.

이준구, "미시경제학", 제2판, 법문사, 1997.

이필상 · 정은호 · 조한용 공저, "선물 · 옵션", 법문사, 2001.

이필상 외, "신금융상품론", 대전서적, 1997.

임재석 · 엄명철 공저, "생산관리", 개정판, 형설출판사, 2008.

대신증권, "자동차 부품", 분석연구, 2008.

삼성경제연구소, "글로벌 산업재편과 글로벌 선도기업의 M&A 특징", 연구보고서, 2007. 9. 4. Ⅳ, Ⅴ, 및 부록, pp.40-63.

한국은행, "기업의 사회적 책임", 한은조사연구, 한국은행 2007-22호, 2007.

青木昌彦,『現代の企業』, 岩波新書, 1994.

伊丹敬之, 藤本隆宏, 岡崎哲二, 伊藤秀史, 沼上幹,『企業とカバナンス』, 日本の企業システム, 第2巻, 有斐閣, 2005.

伊丹敬之, 藤本隆宏, 岡崎哲二, 伊藤秀史, 沼上幹,『組織能力·知識·人材』, 日本の企業システム, 第4巻, 有斐閣, 2005.

石井 耕,『企業行動論』, 八千代出版社, 2004.

岩井克人,『會社はたれのものか』, 平凡社. 2005.

小田切宏之,『日本の企業戰略と組織』, 東洋經濟新報社, 1992.

小田切宏之,『企業經濟學』, 東洋經濟新報社, 2006.

宮隆太郎 外,『日本の産業政策』, 東京大學出版會, 1991.

日興リサーチセンタ,『金融工學』, 投資工學研究所, 2000.

伊藤秀史, 小佐野廣,『インセンティブ設計の經濟學』, 勁草書房, 第4章, 2003.

Adam Smith(1776), "An Inquiry into the Nature and Causes of the Wealth of Nations" , The mordern Library published by Random House, Inc., New York, 1937. pp.4~6.

Alfred, D. and Chandler, Jr., "The Evolution of the Modern Global Corporation", Competition in Global Industries (ed.), Michael E. Porter, Boston, Harvard Business School Press, 1986, pp.405-448.

Andrews, K. R., "The Concept of Corporate Strategy", 3rd ed., Homewood, Ill, : Irwin, 1987.

Aoki, Masahiko, "Toward an Economic Model of the Japanese Firm", Journal of Economic Literature, 28(1), 1990, 1-27.

Baumol, William J., Business Behavior, Value and Growth, Harcourt Brace Jovanovich, 1959.

Bergolof, Erik, and Enrico Perotti, The Governance structuer of the Japanese Financial Keiretsu", Journal of Financial Economics, 36, 1994, 255-269

Berle, Adolf A. and Gardiner C. Means, The Modern Corporation and Private Property, New York: Commerce Clearing House, 1932.

Bhagat, Sanjay, Andrei Shleifer, and Robert Vishny, "Hostile takeovers in the 1980s : There turn to corporate specialization", Brookings Papers on Economic Activity : Microeconomics, Special Issue, 1990, 1-72.

Brealey, Richard & Myers, Stewart, "Principles of Corporate Finance," 2nd ed., New York : McGraw Hill Book Co., 1988.

Cantwell, J. and Santangero, G., "M&A and the Global Strategy of TNCs", The Developing Economies, XL-4, 2002.

Cavusgil, S. T. and Nevin J. R. "Internal Determinants of Export Marketing Behavior : An Empirical Investigation", Journal of Marketing Research, Vol. 18, February 1981. pp.114-119.

Dahya, J. and J. J. McConnell, "Outside Diretors and Corporate Board Decisions", Working Paper, Krannert School of Management, Purdue University, 2002.

Davidson, W. H., "The Location of Foreign Direct Investment Activity: Country Characteristics and Experience Effect", Journal of International Business Studies, Fall 1980, pp.9-16.

Demsetz Harold, "The Structure of Ownership and the Theory of the Firm", Journal of the Law and Economics, Corporations and Private Property: An Conference Sponsored by the Hoover Institution. 26(2), 1983, 375-390.

Dymza, W. A., "Multinational Business Strategy," McGraw Hill, 1972.

Fama, Eugene F., "Agency Problems and the Theory of the Firm", Journal of Political Economy, 88(2), 1980, 288-307.

Fama, Eugene F. & Miller, Merton H., "The Theory of Finance", The Dryden Press, 1972.

Gompers, Paul A., Joy L. Ishii, and Andrew Metrick, "Corporate Governance and Equity Prices", Quarterly Journal of Economics, 118, 2003, 107-155.

Hall, E. T., "The Silent Language," Garden City, New York, : Doubleday, 1959.

Jensen, Michael C., "Takeovers: Their Causes and Consequences", Journal of Economic Perspectives, 2(1), 1988, 21-48.

Jensen, Michael, and William Meckling, "Theory of the Firm; Managerial Behavior, Agency Cost, and Ownership Structure", Journal of Financial Economics 3, 1976.

Kaplan, Steven N., "Top Executive Rewards and Firm performance: A Comparison of Japan and the United States", Journal of Political Economy, 102(3), 1994, 510-546.

Kolde, E. J. "International Business Enterprise", Prentice Hall, 1968.

Mankiw N. Gregory, "Principles of Economics", 2nd ed., Harcourt College Publishers, New York. pp.4~5.

Marris, Robin L., The Economic Theory of Managerial Capitalism, McMillan, 1964.

Milgram, P. and Robert, J., "Economics, Organization and Management", Practice Hall, Englewood Cliffs, New Jersey, 1992.

Robinson, R. D. "Beyond the Multinational Corporation", Impublished Manuscript, 1973.

Rossi, Stefano, and Volpin, Paolo F., "Cross-country determinants of Mergers and Aquisition", Journal of Financial Economics, 2004, 74(2), 277-304.

Salvatore, Dominick, "International Economics", 3rd ed., New york, 1992.

TIME INC, Fortune, "Global 500 the World' s Largest Corporations", July 23, 2007, and July 24, 2006.

Ting, W., "The Production Development Process in MIC Multinationals", Columbia Journal of World Business(Spring 1982). pp.76~81.

Williamson, Oliver, E., The Economics of Discretionary Behavior, Prentice Hall, 1964.

□ 찾 아 보 기 □

이요섭李堯燮; Yo-Sup, Lee

■저자약력

- 고려대학교 경제학과 졸업(경제학사)
- 고려대학교 대학원 경제학과 졸업(경제학석사)
- 명지대학교 대학원 경제학과 졸업(경제학박사)
- 한일은행 바레인(Bahrain)지점장, 국제부장, 종합기획부장 역임
- 한일은행(현 「우리은행」 前身) 상무이사(現, 부행장) 역임
- 비씨카드(주) 전무이사(現, 부사장) 역임, 비자카드 아 · 태지역 이사(겸임)역임
- 한국동북아경제학회 이사, 감사 역임/한국관세학회 상임이사 역임
- 한국경제학회 및 한국금융학회 종신회원
- 고려대학교 경제학과(한국경제론) 강사 역임
- 단국대학교 회계학과(미시경제학) 강사 역임
- 호서대학교 경제통상학부 겸임교수 역임
- 현재 명지대학교 경제학과 초빙교수

■주요저서

- 「글로벌기업경제학」 개정판, 연암사, 2011
- 「신용카드경제론」, 개정판, 연암사, 2009
- 「금융시장의 이해」(1,2,3,4,5판), 연암사, 2009
- 「금융시장과 금융상품」(1,2,3,4판), 연암사, 2009
- 「진화경제학의 이해」, 연암사, 2007
- 「한국경제와 금융개혁」, 연암사, 2004
- 「남북경협포커스」(공저), 연암사, 2003
- 「이슬람경제의 사상과 적용」(공동연구편저), 도서출판 민선, 1999

■국제학술대회참가 및 논문발표

- "*Banking Sector Restructuring in Korea After the 1997–1998 Crisis*"(co-work), Congress of Political Economists, International(COPE: 국제정치경제학회지), 14th Annual Conference 2003,vol. 1., pp.178~192, Mexicocity, Mexico, July, 2003.

■주요논문

- 신용카드이용액증가가 통화량에 미치는 영향, 동북아경제연구, 제14권 제2호. 한국동북아경제학회, 2002.
- 전자화폐의 화폐수요에 대한 영향분석, 대한경영학회지, 제25호, 2000.
- 소비와 화폐수요에 대한 신용카드효과, 산학기술성공학회지, 제2권 제2호, 2002.
- 벡터자기회귀모형을 이용한 통화량에 대한 신용카드효과 실증분석, 신용카드, 제20호, 한국여신금융협회, 2002. 外 다수